會走路的錢

(下)

MONEY WALKS

(PART II)

Money Walks (Part II)
會走路的錢 （下）

A true story of an average income family that has made ten million dollars in ten years through investments...

普通家庭十年一千萬美元理財實錄

Bayfamily

貝版

三藩市，加利福尼亞州，美國

San Francisco, California，USA

2020

Money walks: A true story of an average income family that has made ten million dollars in ten years through investments...

First Printing: Jan 2020

ISBN 978-1-79486-219-7

Total number of Chinese characters：161,978 (Part II)

Proofread and Editing: Hong Hong, Amy Bai, HenryMa

Publisher is identified as the owner of the email address bayfamily2020@gmail.com

San Francisco, California, USA

The author and the owner of this book can be reach at bayfamily2020@gmail.com

Author's blog is https://blog.wenxuecity.com/myoverview/23244/

Author's WeChat ID is: key-east

Author's WeChat Public Channel: WXC-Bayfamily

Special discounts are available on quantity purchases by corporations, associations, educators, and others. For details, contact the publisher at the above listed address.

獻給我的家人

To my family

目錄

The author, Bayfamily, was the forum moderator of Investment BBS on Wenxuecity.com, a popular Chinese American social website. Since 2005, he has published a series of blogs on investment and personal finance, and he has attracted millions of page viewers. In 2006, he posted a blog on this investment forum about his goal to make ten million dollars in ten years by investing. He named his plan "Ten Million in Ten Years Investment Plan for an Average Income Family." Since then, he has published his investment activities and financial records every year for 11 years, and eventually he achieved his goal and made ten million in 2018; a total of eleven and a half years, which is a bit longer than the planned 10 years. This book is a memoir and a record of his efforts to fulfill his ten-million-dollar goal. The book includes details of all of his investment activities, how he prepared himself, how he accumulated capital, how he found investment opportunities, and most importantly, the failures and hard lessons learned throughout the process.

Bayfamily came to the US in 1997 with only 200 dollars in his pocket as a PhD student in engineering. With his student stipend and interning income, he saved up ten thousand dollars in two years. Afterwards, he moved to the San Francisco Bay Area where he and his family only earned the average income. However, they made their first one hundred thousand in two years, and one million dollars in six years, all though saving and investments. This book is organized in four sections to describe this investment history: from zero to ten thousand dollars, ten thousand to a hundred thousand dollars, a hundred thousand to a million dollars, and finally, from a million to ten million dollars. The wealth accumulated in each section is one level of magnate higher than before.

After the 2008 financial crisis, Bayfamily graduated from a top MBA in the US and worked in a famous investment bank. During the last ten years, most of his wealth has accumulated through three investment activities: investing in the real estate market in China, purchasing Bay Area real estate at the market downturn in 2010, and holding Bitcoin since 2016.

Under his "Money Walks" theory, a good investor should understand their own personality first before investing, whether they are a "lazy man" or a "diligent man". In an efficient competitive market, investors should use the "lazy man" investment strategy; in an inefficient competitive market, they should use the "diligent man" investment strategy. In terms of saving, Bayfamily believes diligent work and a simple life are virtues. An extravagant and exorbitant lifestyle is wasteful. People can always save one third of their money, no matter what income level. This is simply because those who earn one third less than you are still living with a similar quality of life.

On his first day in the US, he was taught five simple rules on personal finance, which was passed down by generations of new Chinese Americans immigrants. The rules of saving money are: keep a good credit score, avoid loans and excessive consumption, avoid legal disputes, fix and repair stuff yourself, and stay fit and healthy. This book "Money Walks" uses the author's own life experiences as an example to describe all these rules and principles.

摘要

錢是會走路的，即使你把錢壓在箱子裡，抱在被窩裡，換成金銀股票放在保險櫃裡，都擋不住錢會像長腳一樣走來走去。投資理財，就是要專找那些別人看不見，正在走路的錢。

BAYFAMILY(貝版）曾是北美文學城投資理財論壇的版主，從 2006 年開始陸陸續續發表投資理財的博客文章，累計閱讀人數超過數百萬。貝版 2006 年因為提出"普通家庭十年一千萬美元理財計畫"而引發熱議，該計畫於 2018 年最終實現。本書用紀實的方式記錄了貝版實現該投資計畫的每一步細節，涵蓋他對市場趨勢的判斷，積累資本的方式，和每一筆投資交易的細節與心態歷程，當然也包括眾多失敗的經驗教訓。全文按照 0-1 萬，1 萬-10 萬，10 萬-100 萬，100 萬-1000 萬美元四個數量級的增長歷程，把他投資的經歷原汁原味地呈現給讀者。

貝版記錄了美國老中代代傳下來的五條理財真經：提高信用分數、避免超前消費、開二手車、親自維修、不打官司多運動。這本書現身說法證明你總是可以存三分之一的收入的，因為那些比你少掙三分之一的人的生活品質不比你差很多。這世上，沒有人可能比你自己對自己的錢更加上心，不要指望任何人能夠管好你的錢。

2007-2018 年投資理財貝版做了三件事：投資中國房地產，次貸危機灣區抄底，持有比特幣。貝版投資的核心理念就是"會走路的錢"。在充分效率的市場，用懶人投資法；在非充分效率的市場，用勤快人投資法。投資要跟著屌絲年輕人走，你只需要比新錢搶先一步，永遠不要和舊錢拼體力。

本書為全文的下冊。記錄了從 1,000,000 美元到 10,000,000 美元財富的成長歷史，以及投資心得。

第九章 投資不是為了退休

01 為退休而投資是令人喪氣的

在美國絕大多數時候投資理財通常和退休掛在一起。我在美國第一次接觸到投資的入門讀物，也是教你怎麼投資退休的。然而我覺得為退休而投資，這是一個最無聊、最無趣、最讓人喪氣、最讓人失去奮鬥精神的理由。

為退休而理財就好比中國舊社會常說的"人活著一輩子就是為了攢棺材板錢"一樣。你在年輕的時候存一些錢，這樣你死了之後可以給自己買一個金絲楠木的好棺材。如果你沒錢，可能就是草席子卷一卷就被埋掉了。

全世界幾乎沒有哪個地方像美國這樣對著年輕人天天宣傳退休的思想了。20 多歲的中國年輕人，幾乎都沒有像美國人這樣想著退休。當美國年輕人每個月忙著數自己 401K 的 nest egg（金蛋）有多大的時候，太平洋對面的中國人在四處盤算著哪裡去開個公司，怎樣賺錢，商業模式是什麼。美國社會把提早退休作為夢想的宣傳，讓整個國家失去了銳氣。

年輕人很難接受為退休而理財這樣的想法，這樣的想法也很容易被"活在當下"這樣的口號所推翻。退休都七老八十了，走也走不動，跑也跑不動，要那麼多錢幹什麼？因為輿論宣傳上把退休和投資掛鉤在一起，所以很多年輕人壓根不想著投資的事情，吃光用盡再說。

如果你贅述人類歷史，甚至不用回到古代的人類歷史，看一看其他國家的文化，一般都沒有人是為了退休攢錢去投資的。農業社會養老問題是通過家庭內部解決的。中國叫作養兒防老。也就是說多生一些子女，為了自己養老做準備。等你老了，孩子會照顧你。

會走路的錢

其實為了退休你不需要多少資產。因為退休之後通常你有 social security（社保），或者有 pension（年金）。更主要的是你的開支降了下來，你不再撫養孩子，你的房子也基本付清了；你身材走樣了，你對衣服和穿戴失去了興趣；你甚至對這個世界失去了探索的興趣，不再熱衷於旅行。你的生活沒有那麼多的開支，因為你也不必生活在物價高昂的城市中心或者是學區房裡，可以選擇住在廉價的遠郊。

很多人夢想著六十幾歲剛退休的時候，就去周遊世界。但是旅行很快就會變得索然無味。因為旅行的意義是時空變幻。就像你在房間裡待久了，要出去走走透透氣一樣。但是如果讓你一直長時間地生活在戶外，大部分人是受不了的。老了之後的長期旅行也是一樣，會讓人覺得又無聊，又不適應。走遍千山萬水，還是自己的家好。等你過了 70 歲手腳不靈便的時候，大部分人選擇不再出門旅行。

你可能說如果我不旅行，我有錢可以吃好穿好住好吧? 其實年紀大的人，真是無法吃好，無法穿好。自己不能像年輕的時候那樣隨意地放縱自己，大口吃肉，大碗喝酒，你需要顧及自己身體的健康和飲食的平衡。穿好就更是一個笑話，因為你身體漸漸走形，地心引力把你連皮帶肉一起往下拉，你會覺得穿什麼樣的衣服都不得勁兒。最後的選擇都是以寬鬆為主的鬆緊帶衣服。住好也是一句空話。因為老人無法管理好太大面積的房子。而一些適合老人休閒療養的地方，總的來說要比市中心好學區住房要便宜一些。

如果你理性地想想，只要你保持和退休前近似的生活方式，退休的時候，你需要的金錢其實並不多。大部分退休前攢了很多錢的人，他們最終都沒有能力把自己的錢花完。而老人最需要的親情、親人的陪伴和子孫同堂的快樂，往往又是和金錢的多少沒有太大關係的。

年輕人如果是抱著為退休而投資這樣的想法，往往容易失去對投資的熱情。他們經常想這些錢也許已經夠養老了，養老的錢已經夠了，我又何必努力存錢和投資呢?

但是為什麼偏偏美國把投資和退休兩件事情綁定在一起呢？你問問所有的人，打開所有的財經雜誌，都是說你退休之後的金蛋有多少，你攢夠了嗎？

我覺得主要原因還是來自稅法和華爾街的原因。退休基金 401K 和華爾街的利益有非常密切的關係。是華爾街推動了稅法改革，生出了 401K 這樣的怪胎，逼著大家把辛辛苦苦掙來的錢給華爾街管理，讓他們掙錢。

既然投資不是為了退休，那年輕的時候你好好地工作，我們為什麼要去投資呢？為什麼不能保持吃光用盡的狀態，有一天過一天呢？

其實投資理財有遠遠比退休更加高尚和激動人心的理由。那個理由就是為我們擁有更多的財富而投資，為我們的自由而投資，為我們能有更多選擇而投資。

02 為自由而投資

錢不是萬能的，但沒有錢的的確確會寸步難行。在職場上競爭非常激烈，當你年輕的時候，你只需要出賣自己的勞動力就可以了。我說的勞動力不僅僅是體力，也可以是智力和腦力。但是隨著你年齡一點點的地上漲，等到中年的時候，你會發現你在這個世界上的競爭力會漸漸下降。

無論是你從事體力工作的，還是從事智力工作的，無論你是藍領階層還是白領階層，甚至不論你是前臺的秘書，還是一個軟件工程師，你會發現所有的雇主都喜歡年輕人，因為年輕人學習新知識速度快，負擔和牢騷少，而且沒有那麼多壞習慣。

我自己也做過雇主。對於雇主而言，最喜歡雇傭的人是工作了 3~5 年的人。這樣的人有一些經驗，你不需要從頭訓練。對於雇主而言，大部分應聘者工作經驗在 5 年以上的，就沒有太大區別。但是有 10 年工作經驗的人的工資要大大超過有 5 年工作經驗的人。

這點是我 90 年代還在中國的時候就觀察到的現象。在中國以前的國企從來都是論資排輩的，你年齡越大資歷越高，收入也就越高。所以讓每個人都

會走路的錢

覺得自己只要在一個企業一年年地熬下去，生活就會越來越好，越來越有奔頭。

改革開放之後，外企進入中國，顛覆了很多人在這方面的思考。我們大學畢業之後，有的同學直接去了外企，過了幾年他們被提升為專案經理或者是部門一個小小的主管。他們有的時候手下會管一些年齡比他們大的人。而當這些小小的主管在聘用新人的時候，他們基本上的一個原則就是不會雇傭比他們年齡再大的人，或者比他們經驗更豐富的人。

我們換位思考一下，如果你是一個30歲的主管，你願意雇30歲以下的人呢，還是 30 歲以上的人？除非有一些特別技能的需求，你肯定願意雇傭比你更年輕的人，因為你指揮得動他們。哪怕他們年輕經驗少，你也更願意花錢培訓他們，而不願意去雇傭那些有可能在你面前以老賣老的人，比你年紀更大的人。

總的來說隨著年齡的增長，雇員在市場上的競爭力是逐步下降的。你可能說我在公司勤奮努力，我獨當一面，做個經理當個主管，這樣總可以了吧。也許我的腦力和我的體力不如年輕人，但是我有豐富的管理經驗，我懂得如何和人相處，我還知道如何管理一個專案的進度，對公司內部流程熟悉，知道如何調配各方面的資源，按時準確地完成一項任務。

非常可惜地告訴你，在一個企業裡，即使你一層層地升了上去，但是隨著你的職務越高，你的競爭優勢也是同步在下降的。並不是你的管理能力變差，而是需要的職位變得越來越少。

一個公司可能需要 10 個入門級別的工作、2 個中層、一個更高級的主管。那麼這 10 個入門級別工作的人，最終他們都去哪兒了呢？因為主管只有一個，那剩下的 9 個人隨著時間的推移，都去哪裡了？

當然整個社會經濟在發展，公司在增多。但是人口總量其實沒有什麼太多的變化。那 10 個入門級別的職位的人，有 9 個其實被淘汰掉了。大部分公司選擇的方案都是 5 年內，你或者升職上去或者被淘汰掉。

被淘汰掉的，往往是離開這個公司，繼續做入門級別的工作。或者他們繼續做那些本質上是入門級別的工作，但是為了好看前面加了一個 senior（高

4

級）標籤的。那隨著時間推移，他們一天天地變老，在這個層次上的競爭力就會越來越差。當你過了四十幾歲的時候，你就會惶惶不可終日，即使你還能保住最底層的工作，你也會發現你的重要性越來越低，學習能力越來越差，一有風吹草動，你就渾身緊張。

競爭可能是來自公司內部的，也可能是來自公司外部的。畢竟誰也不想永遠做最底層的工作，誰都有生存的壓力。即使你在一個公司裡表現出色，升了主管，並且常年政治正確，跟對了領導，甚至還需要團隊一起努力保住自己主管的飯碗。但是當公司整合或者公司被出售的時候，整個團隊就不一定能夠保住了。而這一切又完全不是你和你的工友通過努力就能夠把握的事情。

一個失業的中年主管，除非是他主動跳槽，如果是被動裁員，其實很難一下子找到另外一個主管的職務。因為每一個主管的職務都被很多入門級別的人虎視眈眈地盯著。為了保證自己能夠在職場位於不敗之地，於是每個人只能拼命地混圈子。Networking（混圈子）對於有些人可能容易，但是對於大部分美國的老中是一個痛苦的事情。你總有一種要湊上去，人家又不帶你玩兒的感覺。在矽谷你經常會聽見老中嫉妒老印管理層爬得快，其實是我們老中在美國不擅長混圈子。

03 不堪的中年人

我博士畢業後的第一份工作才幹了幾個月，就活生生看到一個案例，結結實實地給我上了一課。我剛剛到灣區不久，互聯網泡沫的經濟危機風暴就如期而至。一開始還只是股市劇烈下跌人心惶惶，但是就業市場還好，並沒有出現大規模的裁員潮。

大約過了一年之後，就業市場開始變得特別地糟糕。911之後就業市場簡直是到了冰點。有一次，我對面辦公室來了一個客人。說他是客人，其實是我們同一個單位的同事，只是另外一個部門的。他當時應該有 50 多歲，也是一個中國人，雖然我們平時很少說話，但是我知道他是從大陸來的中國人。

會走路的錢

這個老兄不知道為什麼對中國帶著特別的仇恨，大概是因為父輩在當年"文革"反右時代受到過迫害。他性格也不是特別的合群，很少跟我們老中交往，也從來不和我們說中文，張嘴都是英文和我們交流。在美國生活久了，你經常會碰到這樣一批人，他們出於各種原因，好像恨不得要忘記身上中國的一切，斷絕和中國的一切關係，要把中國在他們身上的痕跡都抹掉。

不過沒有關係，每個人有自己的世界觀，有自己的想法，我還是很尊重他的。經常還和他一起吃飯聊天。聽他說說辦公室裡的八卦故事。

但是那天，他與我對面的主管幾乎用一種哀求的方式在說話。他工作的那個部門因為經費的原因被砍掉了，他需要在企業內部找到一份工作，否則只能被裁員回家。

我們部門還好，最近剛剛接到一個比較大的專案，需要一些人手。而坐在我對面的就是我這個部門的主管。他還相對年輕，那個時候還處在事業的上升期。

這位不說中文的老中開始自我介紹。說明他們部門的不幸以及為何他原有的主管推薦他到這裡來碰碰運氣，看看有沒有工作機會的來龍去脈。接著他就開始述說自己的工作能力，他的程式設計能力以及他做過的很多項目。

我沒有參與他們的討論，只是在遠處靜靜地聽著。一個已經在職場上混了二十多年的中年人面對一個比他年輕將近十多歲人，低聲下氣地說話請求他的幫助，那感覺就像是沿街吆喝著出賣體力的下崗工人。當年中國有大量工人下崗的時候，不少人在街上舉個牌子寫著"泥瓦工"、"電工"之類的招牌找工作。當然最慘的就是那些舉著"力工"招牌的人。也就是他有力氣，其他什麼技能也沒有。或者是他有各種技能，但是他對工作也不挑，只要給口飯吃他就幹。

一開始這位老兄說得還沒有那麼慘，只是介紹一下自己，當然臉上帶著討好的口氣。但是那個主管似乎不知道什麼原因對他的自我介紹不是很感冒，或者主管在忙著其他什麼事情，無暇顧及這個事情。主管回答的言語裡閃爍著一些猶豫。大概意思是他會認真思考一下，過幾天之後再給我們這個

6

老中一個準確的答覆。當然明眼人都知道，這是一種婉拒。就像在商店裡購買東西的時候，你對售貨員說你再看看一樣。多半你是不會再回頭的。

我們這位老中可能是吃過類似委婉的閉門羹。他離開主管的辦公室，在走廊裡走了十幾步之後，又重新回到那個主管的門前。這次簡直是用哀求的口氣在和他說話。

他說他有兩個孩子，都已經在上大學，所以他的 situation（處境）變得非常的 critical（嚴峻）。只要再熬過這兩三年，孩子大學畢業就好了。眼下這份收入對他和他的家庭很重要。雖然他說話的時候總體上還是有尊嚴和體面的。但我也能感到他硬著頭皮說話，難過得快要哭出來一樣。像我小時候申請減免學費一樣的尷尬。

後來我望著他遠去的背影，發了一會兒呆，仿佛可以想像自己的未來。如果我和他一樣，這樣稀裡糊塗地混到中年，每天過著吃光用盡的日子，有點風吹草動，也免不了要找人搖尾乞憐。我堅定地給自己下了決心，這樣的日子我可不要過。

04 財富會給你帶來自由

另外一個給我上一課的人是一個香港同胞。我們單位的宣傳部門裡有一個香港移民負責做各種海報和網站的美工。他比較早就到美國來，應該是 70 年代的移民。他經常和我一起吃中午飯。他的普通話說得不是很好，他用半生不熟的普通話和夾著英語的中文，和我閒聊一些私人的話題。

當時我剛剛工作不久，一次他語重心長地對我說，買房子千萬不要申請 30 年的貸款，而是要申請 15 年的貸款，最好是 10 年的。我不是特別明白，因為在我的投資理念裡，低息貸款總是時間越長越好，這樣通貨膨脹可以抵消掉一部分本金。我就問他為什麼？

他說 30 年太長了，你很難有一個 30 年穩定的工作。年輕的時候咬咬牙，15 年也就付清了。而 15 年貸款比 30 年貸款每個月並不是多付一倍，只高 30% 的樣子。這些錢如果你不用來付貸款，稀裡糊塗也就花掉了。咬咬牙十五年付清了，就不用為每天的工作提心吊膽的。

會走路的錢

後來我才知道他工作得不開心，他和他的上司、同事相處得並不愉快。但是他一直選擇忍讓。他忍的一個原因，就是因為他的房貸還沒有還清。如果他選擇不忍，和同事與上級直接爆發衝突，有可能他就需要辭職或者離職。失去工作，沒了收入，延誤了貸款，銀行就會收回他的房子，把他清掃到大街上去。他的忍讓可不是一天兩天，他在這個崗位差不多工作了將近 20 年，也就是說他可能也忍了這麼多年。我在工作單位幾乎就沒見到他笑過一次，他總是沒精打采地哀歎著，各種抱怨。隨著時間的消逝，越來越沒有勇氣辭職到外面的世界去看一看。

所以他反復說，他最後悔的事情，就是年輕的時候沒有對自己稍微狠一點。稍微節省一些，貸款做成 15 年的，而不是 30 年的，也許他現在房子就付清了。在美國一線城市裡，房子付清了他就可以實現財務自由了，不用再看上下級的臉色行事。

"自由"。是的，就是這兩個字。早日擁有選擇自己生活的自由，其實才是投資理財的第一目標。

哪個人不渴望自由呢？無論是中國還是美國。美國人民熱愛自由，而中國人民又何嘗不是呢。美國宣傳自己是世界自由的明燈，而中國天天宣傳的核心價值觀裡也赫然寫著"自由"兩個大字。

政治自由跟普通人其實沒有特別大的關係。但是不知道怎麼的，人們像著了魔一樣為之付出巨大的熱情。其實和你真正息息相關的是你自己的財務自由，生活選擇的自由。這個比喻就好比釣魚島跟你沒有什麼特別大的關係一樣，因為那是一個遠在天涯海角的海島，改革開放之前大部分中國人都不知道有這個地方。而你自己的住房有多大，工資有多高，這才是和你息息相關的東西。可惜人們不為自己的住房去遊行示威。一被鼓動，大家會為了和他們沒太大關係的釣魚島滿腔熱情，操碎了心。

投資理財對我來說最大的動力就是自由。擁有財務的自由，才會擁有生活的自由。擁有生活的自由，才會擁有選擇的自由，擁有選擇的自由，才會擁有思想的自由。

我不必去看別人的眼色行事。我工作不開心了，我可以直接和我的上司頂撞，不用擔心失去這份工作。我不用特別擔心這個季度或者下個季度的業績，我也不用擔心自己是不是在公司裡負責核心業務，更不用鉤心鬥角搶任務，以避免在公司裡被邊緣化。我可以憑著自己的喜好而不是外在的壓力工作。我拿一份工資，所以我9點鐘來，下午5點走。我可以更好地平衡自己的生活和工作。社會大的經濟環境有變化，經濟危機來的時候，我也不用夾著尾巴做人，渾身緊張。

沒有一定的物質財富，人要活得憋屈一些。這些還是次要的，大丈夫能屈能伸，一時的委屈，一時的忍讓也算不了什麼。更關鍵的是心靈的自由和思想的自由。

我們每個人來到這個世界上，並不是為了朝九晚五每天坐在辦公室裡，也不是為了參加冗長、低效、無趣的會議的。生命只有一次，你的每一分鐘逝去之後，就再也沒有了。我們最渴望的就是做自己喜歡做的事情。也許你喜歡讀書，喜歡寫書；也許你喜歡繪畫，喜歡舞蹈；也許你喜歡鼓搗發明創造，喜歡創業。

總的來說，在你實現財務自由之前，大部分情況下，這些興趣業餘愛好都只能是業餘的。你沒有辦法全身心地做你真正想做的事情。所以你也沒有辦法探索自己內心的渴望。到底那些夢想是不是自己最想做的事情，還是只是因為得不到而形成的短暫好奇。

比如，也許你覺得你有繪畫的天賦，但是因為你不可能全職地投入去進行繪畫，所以你永遠不知道，會不會成為下一個梵古。再比如你想做一個職業的旅行者，做一個偉大的探險家，像日本探險家植村直己一樣勇敢地去漂流亞馬遜河，寫下偉大的遊記。可是因為你還要養家糊口，你有很多責任，所以你做不到像他一樣去探險。那些你兒時的美夢，就只能永遠地停留在你的夢想裡。

我們每個人生下來都和所有人不同，即使我們是同卵孿生。我們也不希望和別人過一模一樣的生活。生命只有一次，我們內心深處都渴望這一次生

會走路的錢

命過得與眾不同，過得光輝璀璨。沒人喜歡被金錢奴役和驅使著做單調無聊的重複工作。

我想相當一部分的中年人可能都聽說過，或者讀過那部以畫家高更為原型的小說《月亮與六便士》。很多人都可以理解那種對自由的渴望，但是大部分人做不到那個畫家那樣的決絕，拋棄一切的物質生活去追求自己的理想，追求自己的自由。做不到的原因，還是因為他們沒有實現物質上的自由。

有了一定的物質基礎，我們就可以按照自己的喜好選擇自己的職業。我們可以去做那些我們認為有樂趣、有意義、但是收入不高的工作。當然重要的前提條件是你必須在你還年輕的時候就要做到有一定的物質基礎。等到你都七老八十了，快退休了才有一定的物質基礎，那個時候什麼都晚了。你的一輩子都過去了。所以關鍵是不但要有錢，而且還要在還年輕的時候有錢。

就像那些搞物理的人，不但要拿諾貝爾獎。而且要在年輕的時候拿諾貝爾獎，不然榮譽的光環照耀不了你幾天。

你可能會說，我這個行業是越老越吃香的，我也特別喜歡我這個行業，我熱愛我的工作，我的事業蒸蒸日上，所以沒有必要投資理財。我可以舉個例子來反駁你：越老越吃香，工作穩定的職業之一就是拿到終身教職的大學教授們。大學教授們和中醫老先生一樣，越老在學術圈的地位越高，在行業的影響力越大。圈子裡有自己教過的學生，有曾經的同事，門徒等等，越老的老教授在學術界的地位越高，他們也就越光芒四射。

可是就算這樣的職業，當你獲得財務自由之後，你能夠做的事情也會多得多。我認識一個從麻省理工學院退休下來的教授。其實他還沒到退休年齡，完全可以再幹幾年，很多學校都搶著聘他幹下去。但是他選擇了退休，是因為他不必煩惱學校的各種約束，比如發表一定數量的論文，爭取一定的科研專案經費。

這位麻省的教授選擇退下來，是因為他有一個做得比較成功的公司，賺了一筆錢。所以他退休出來，不再需要花時間申請專案經費，寫灌水文章，而是自己花錢來做科研。這樣他可以把自己生命中有限的餘下的還有創造力的十幾年用在真正解決問題上。

財務自由給人帶來的好處不是在沙灘上無聊地閒蕩。財務自由對你的事業也是有幫助的。你可以一門心思做自己最想做的事情。財務自由對每一個人都很重要，無論你是藍領、白領，用體力勞動的還是用智力勞動的。錢把社會的各個部分聯繫在一起，這樣可以實現大規模的合作。我不否認這個貢獻。很多時候人是有惰性的，在沒有金錢的壓力的時候，很多人可能選擇懶惰。可是金錢的壓力也的確讓人失去心靈的自由和創造力。

我覺得我自己不是一個特別懶惰的人，我不會因為有錢就躺在沙發上，每天看看電視。混吃等死的日子無聊透頂。我有我自己的夢想，無論是在自己的事業上還是自己的生活中。人們的這些夢想，這些計畫統統可以歸結為一句就是自我實現。

馬斯洛（Abraham Maslow）的人的需求理論，可能你也聽說過。人的需求分幾個層級，最下面的是安全，中間是食物溫暖，人和人之間的感情，再上面是權力等等，最上面一層的就是自我實現。

這個金字塔很容易理解。它是把各類需要按照金字塔形狀來描述。上級的實現必須依賴下一級的實現。如果你沒有滿足安全的需求，有再多的錢，也沒有幸福感可言。比如你是黑社會的老大，靠販毒掙了很多錢，但是因為你隨時會被追殺，你並不會因為擁有這些錢而擁有比常人更多的幸福感。

如果你在缺乏最基本的物質保障，缺乏財務自由的時候，就去追求自我實現，你也一樣沒有幸福感。因為你會擔心如果自我實現沒有成功，就會從金字塔的上頭一路跌落下來。

人的一生可能唯一有意義的事情就是自我快樂。古希臘人伊壁鳩魯在數千年前就想明白了這個道理。對於不信宗教的人來說，人既沒有來生，也沒有來世。我們只是世界上的一些原子出於偶然原因結合在一起。當生命逝去的時候，這些原子也會重新分散在大自然中去集合下一個生命。在這個短暫的集合中，我們唯一能獲取的就是快樂。

會走路的錢

快樂的最高等級就是自我實現。一個例子就是各種政治大人物,他們每天忙碌的主要目的其實是自我實現。他已經不愁吃,不愁穿,但是為什麼還要每天忙國家大事呢?因為人們內心深處渴望自我實現。

其中一個例子就是特朗普總統,雖然我和很多人一樣不喜歡他。他本可以過著逍遙的日子,挎著模特嫩妻,在莊園別墅裡閒逛。但為什麼要吃力不討好地去競選這個總統,然後每天被人罵呢?因為他要自我實現。

比較一下你會發現歷史上的中國政治人物基本上都是在安全、以及基本的財務自由沒有實現的時候,就去追求自我實現。那個自我實現是不靠譜的幻影。隨時他都有可能因為政治失敗而變得一無所有,轟隆隆地掉到金字塔的最下層。

而特朗普則不一樣,他即使自我實現失敗了,也許沒有連任總統,也許在總統期間被彈劾了,但是他依舊可以退而求其次,回到金字塔的中間過著富足無憂的生活。

大家覺得美國的政治系統總體而言比世界其他國家的專制制度稍好一些,或者說人們在選擇政客的時候,更願意選擇那些已經有了財務自由的政客。因為財務實現自由的人,從政的目的可能相對更單純一些,或者是為了證明自己的理論是對的,或者是為了實現某一種理念,或者僅僅出於單純地想幫助他人。而一個不名一文的人成為政客,選民對他會天然地感到警惕。

05 財富的負面影響

李敖說過一句話我印象很深,而且我覺得他說的也很有道理。他說一個人如果想做一點事情的話,是需要有點小錢的。他勸每一個要從政和打算追逐自己理想的人,先賺點錢再說。

李敖說人一天都不可能撇開物質上的需求。哪怕你沒有物質的需求,甚至你可以撇開你的伴侶,你的父母,但是絕大多數人是無法撇開對孩子的責任的。所以哪怕你想出家做和尚,你也需要有些小錢,這樣可以安置好自己的親人。

　　大部分工作、大部分職業一旦變成了掙錢的工具，就會變得特別無聊而且無趣。在我看來，最主要的原因是因為大部分掙錢的職業都要求從業者有比較高的綜合素質。你不但要聰明，而且要情商高。不但會說，而且還要會寫。不但要學會管理自己的情緒，還要去學會引導別人的情緒。

　　比如，如果你是一個非常聰明的人，當你事業稍稍有成的時候，你多多少少需要做些管理工作。而管理工作就不免要和各種各樣的人打交道。智商發達的人往往情商會偏差一點，很多煩惱都是在與人打交道中生成的。反過來，如果你是一個特別喜歡跟人打交道的人，你的情商很高，但是你的智商往往有限。這樣的情況下，你又難於勝任非常具體的工作。

　　所以一個十全十美的工作，一個自己非常熱愛的、又有穩定回報的又非常符合自己性格特點的工作，簡直和老印開中餐館一樣稀少。理論上成立，現實中很少。至少我可以說大部分人找不到。我看到的是更多的中年人在小心謹慎地熬日子，工作只為掙錢。

　　當然，人的欲望是無窮的。對於錢的欲望也是無窮無盡的。最好的辦法還是控制自己的欲望。對金錢沒有休止的欲望也是會毀掉一個人的幸福和快樂的。最好的狀況還是有一點錢，享受財富給你帶來的自由狀態。太多的錢不會給人帶來更多的快樂，反而會成為你生活和生命中的負擔。

　　比如，沒有人會喜歡與比他們高一個財富等級或者社會等級的人交往。大家總體上是喜歡跟他們同一個社會階層的人來往。你最真心最親密的朋友也往往來自同一個社會階層。

　　所以當你有錢之後，你就會發現你比普通人可能要更加孤獨一些。不是說你認識的人少，你認識的人可能還多了，或者更多的人認識你了。但是你能記住的人就那麼多，當你變得有錢之後，能夠和你或者你能夠跟他無所不談的人，會漸漸變得稀少。因為世界上還是窮人多。

　　有錢之後，你自己的心態也會發生改變。尤其是你知道"別人知道你有錢"之後。如果只是你自己知道你有錢，問題還沒有那麼複雜。別人知道你有錢之後，而且是你知道"別人知道你有錢"之後，你就會忍不住猜疑和防範著

會走路的錢

別人。這是一個很複雜而且繞口的邏輯。但是似乎千百年來，很多富人都明白這個邏輯。大部分富人選擇低調和隱藏，也是出於同樣的考慮。

太多的金錢，會讓本來比較親密的朋友變得疏遠。會讓你對每個陌生人帶著格外的戒心。錢能夠給人帶來便利，因為你通過錢可以控制更多的資源。但是管理錢本身也是一個麻煩的事情。比如，你能夠看到有錢的家族，他們花很多的精力在財產的分配上。親人之間會因為遺產和公司的控制權弄得不愉快。中國古代有句老話叫作皇帝之家無父子。財富和權力類似，都會侵蝕人心，讓親人為了繼承或者管理權打得不可開交。

也許我受中庸之道的影響，我感覺如果你想獲得錢給你最大的快樂，應該是小富即安的狀態。常言道，能力有多大責任就有多大。當你擁有更多的財富的時候，你就會忍不住去承擔更多的社會責任。當然這沒有什麼不好的，本來富人就應該承擔更多的社會責任。比如比爾·蓋茨先生把他絕大部分的時間花在各種慈善計畫上，把他手中的錢花出去，為社會謀取更大的福利。所以如果你想成為錢的主人而不是錢的奴隸的話，最好不要擁有太多的錢。

2006 年的時候，我綜合考量了這些問題。覺得給自己定一個不大不小的目標更加合適一點。但是具體定多少為目標呢？我又怎樣能激勵自己的鬥志去實現這個目標呢？這個時候，我不得不搬出"理想"這個魔幻工具了。

第十章 為追求財富正名

01 理想是提高執行力的靈丹妙藥

為什麼要投資？因為我要有錢。為什麼要有錢？因為那是我的理想！

理想和信念的力量是巨大的。樹立理想和信念最好的辦法就是說服自己。說服自己，才能說服整個世界。如果一個人真心想做成什麼事，上帝都會跑過來幫助你。人世間有些人能夠做成一些事情，有些人做不成一些事情。很大的一個因素就是你是否真心地說服自己，讓自己充滿熱情和決心去做成這件事。

你管這個說服自己的過程叫作洗腦也好，叫作樹立志向也好，這些都不重要，最主要的是給自己形成一個明確的決心和目標。

那些有宗教情節的人，往往可以做成更大的事情。那些為理想而奮鬥的人，最終他們的目標往往都可以奮鬥成功。沒有理想，沒有目標，沒有堅定意志的人，很容易一時興起，三天打魚，兩天曬網。過了幾天，碰到一些困難，他們就會給自己找出很多理由。

當大自然剝奪人類爬行能力的時候，又給了他一個行走的拐杖，那個拐杖就是理想。沒有理想的人就像一艘無舵的孤舟，終將被大海吞沒。不肯為理想奮鬥的人，就像黑夜裡的流星，不知會隕落何方。

投資理財也是一樣，一類是有理想的人知道自己為什麼要投資理財，為什麼不是過一天算一天收支平衡即可。另外一類人只是簡單地喜歡財富帶來的快樂，財富能讓他們消費更多的東西。他們並沒有認真地把投資理財變成自己的理想。他們只是為了更好的生活，或者是退休的時候擁有更多的錢。

然而，如果投資理財只是為了吃吃喝喝，為了獲得更多的財富從而享受更好的生活。那麼無論是你在存錢的過程中，還是在投資過程中當面對困難的時候，你就會不斷地給自己打退堂鼓。你會對自己說我又何必呢，我投資也好，賺錢也好，不就是為了更好的生活嗎？那麼我又何必讓自己現在這麼焦慮呢，不如現在不用想那些煩人的操心事了。

就投資理財而言，真正肉體上的痛苦很少，大部分是精神上的負擔造成的痛苦。當年做出投資決定的時候，需要你用精明的頭腦判斷出未來的風險。但是當面臨風險的時候，人們總是害怕，因為風險給人帶來很多不愉快。比如你出 100 萬美元去買一個商鋪，那時你就會心裡忐忑不安。如果只是為了貪圖財富和享樂而進行投資，你很快就會質疑自己是不是一個正確的決定。為什麼要讓自己這樣心驚肉跳呢？為什麼不太太平平地過日子，過好每一天活在當下每一天呢？

"活在當下"這是一句特別流行的話。人們的大腦大部分時候並不理性的思考，而是被語言中的一些修辭所左右。修辭能夠影響我們的情感，可是修辭並不會給我們帶來最大的收益。

我自己的感受是這些類似"活在當下"的心靈雞湯、口號、修辭是用於寬慰我們的，但是不能用來指導我們的行為。行為是需要用理性邏輯指導的。雞湯和口號是當我們遇到不順，我們心靈不愉快的時候，可以用這些話來舒緩一下自己的。這些口號只是安慰劑。未來固然有很多不確定性，但是如果你現在壓根不計畫，光想著這一分鐘、這一秒鐘的感受，然後高呼口號"活在當下"，那是不智的。

投資理財領域，如果有什麼口號能激勵我們鬥志的話。那就是"人生如逆水行舟，不進則退，人無遠慮，必有近憂"。

02 消除負罪感

　　有人對擁有財富有一些本能的負罪感。與人為善的本能幾乎是與生俱來的。損人利己的事情，很難長期激發人的熱情。錢多有負罪感是不對的。你擁有的財富越多，你對社會的貢獻也就越大。只要你這筆財富不是靠坑蒙拐騙用暴力獲得的，或者用非法手段獲得的。你每創造一塊錢，每擁有一塊錢，就為社會創造了遠大于一塊錢的財富。

　　社會並不是一個零和遊戲，並不是說你擁有一塊錢，別人就少了一塊錢。但是無論是東方還是西方，無論是古代還是現在，無論是宗教還是現代的人文道理，大家經常給普通民眾灌輸的一個思想，就是獲得更多的財富是一個邪惡的事情。

　　他們看到了事情的一面，感覺這個世界財富就是從一個人口袋到另外一個人口袋的過程。我多了，其他人就少了。但是沒意識到每一個獲得財富的人其實都在創造財富，哪怕你獲得這個財富的過程並不是現實的生產實物。

　　實物生產固然重要，但是非實物生產也是在整個流通過程中創造了財富。比如商人在商品交易的過程中實現了財富的增長。投資人購買股票，把資金直接交給公司的生產者，當公司生產出商品，發放工資的時候，購買股票的人也獲得了財富。

　　並不是只有在工廠或者在農田裡幹活的人在創造財富。華爾街也可以創造財富。你炒股贏了的時候，說明你協助了社會資源的合理分配。你贏的這部分是促成社會資源合理分配，創造出來的財富的一部分。你買賣股票虧了的時候，你就是在為社會消滅一筆財富，因為你把社會資源與資本引到了它們不應該去的地方，浪費了資源。所以一個人如果獲得了更多的財富，只要是合法合理的，不隱含著任何欺騙，無論你是投機行為，還是商品交換，其實都是在為社會創造財富。

　　人們經常把投機和投資這兩個概念分開。經常說這些人是投機者，而另外一些人是投資者。比如他們會說巴菲特是一個投資家而不是一個投機家。其實投資和投機本質上並沒有什麼區別。從行為上來看，他們都是某個時間買入某個投資品，過了一段時間再把這個投資品試圖以更高的價格賣出，無論他們這個努力是否成功。

會走路的錢

人們用貶義和褒義詞來描述投資和投機，就像戰爭中勝者為王一樣。打勝的人或者投資成功的，他們就把這個行為叫作投資。而那些可憐的失敗者，他們通通被歸為投機分子。然後再非常鄙視地對他們說，要投資而不要投機，偷雞不成蝕把米。

其實這些評價往往是事後諸葛亮，事前的時候哪裡分得清誰是投資，誰是投機？只不過是同樣一個行為的褒義描述和貶義描述而已。就像英雄和野心家只在修辭上有區別一樣，哪個英雄沒有野心呢？

如果硬要區分的話，也許有人會用投資時間的長短來區別投資和投機。比如長期的價值持有者是投資，而每天買進賣出 day trader 是投機。其實投資和投機無論長線還是短線，對社會的貢獻都是一樣的。沒有短線的投機者市場，哪來的流動性？投資者又如何能夠順利地買進以及變現自己的投資資產呢？

投資和投機，長線和短線並沒有道德上的高低貴賤之分，如果說有什麼區別的話就是關鍵你要贏，要賺錢。如果你賺了錢，總的來說你就是為社會創造財富，就是好的。比如短線投機者，如果賺了錢，那多半是因為你填補了某一個市場缺乏流動性效率的地方。投資者如果賺了錢，那多半是因為你把大眾的資金正確地引導到了某個產業方向。

就拿我們最近大家都熟悉的特斯拉股票作例子。特斯拉的公司股票上漲了，你投資的錢創造了這個產業，帶動了電動汽車和清潔能源的發展。但是如果特斯拉公司最後破產了，你的投資打了水漂，那就說明你誤導了社會資源。這些社會資源本應該投資在更有價值的產業方向或者管理團隊身上。

而短線投機特斯拉股票的人，他們的貢獻就是讓特斯拉的股票不至於暴漲暴跌。還有就是當長期投資人無法兌現的時候，或者無法正確判斷股票價格的時候，投機者會給市場增加一定的流動性，判斷其應有的價格。

股票的道理也許大家都懂，房子的道理有的時候大家就會有些糊塗，好像投資購買房子，收取房租的"寓工"們都是犯了什麼邪惡的貪婪者。比如我說的要跟著年輕人去買房子，在前一章我介紹了一個又一個這樣的案例，你會覺得我豈不是在剝削未來的年輕人嗎？

其實不是，正是因為有我們這樣的投資人提前買入了房子，促進了開發商在那裡蓋更多的房子。開發商蓋了更多的房子，未來年輕的人搬入的時候，房價才不至於出現更大幅的暴漲。

投機者或者是投資者，無論你給投資人什麼樣的稱謂，他們最大的貢獻就是對市場價格進行引導，讓市場提前看到未來哪裡的價格會上漲。然後把社會的各種生產要素，無論是土地、承包商、混凝土還是磚頭，都調集在最需要生產的地方。

別忘了大部分房地產投資者，哪怕是為大家最鄙視的短線 house flipper，他們買進的房子最終都是要賣出的。因為買進的房子要賣出，他們對市場的總體供需並沒有什麼影響。他們做的一切只是讓價格變得更加平穩。

因為大部分人對投資房地產的投資者，炒房的人有一些偏見，我專門寫了一篇文章來論述這個觀點，為投資理財的人正名。

投機倒把的偉大意義 (2007 年 5 月 19 日)

by Bayfamily

古今中外的聖賢們共同特點是重道德、重農耕、輕商業，一個比一個視金錢如冀土。無論是亞里斯多德還是孔老聖人的門徒們都認為商人把貨物從甲地搬到乙地，不勞不作，憑空吃差價是件很不道德的事情。論語曰："君子喻於義，小人喻於利"。

亞里斯多德說："他寧願捐棄世人所爭奪的金錢榮譽和一切財物，只求自己的高尚"。聖人們認為生產實物的和關心理想道德的人才是高尚的人，只有小人們天天想著如何把別人的錢財搬到自己腰包裡。

撇開他們偽君子的一面不談，但就思路方式而言，聖賢們目光短淺，全憑直覺，沒有看到商人在商品交換時、優化社會資源帶來的價值。這種目光短淺的思維方式，在東西方都持續了很長時間，在中國尤盛，時至今日，大家普遍還是對炒房炒股的人，感到他們不務正業。投機倒把、囤積居奇、賣空買空更是大逆不道，天人公憤。

會走路的錢

第一個突破直覺思維的是亞當斯密，古今最偉大的經濟學家。偉大的亞當斯密先生，突破直覺思維提出，每個人在追求個人財富的時候，社會整體通過無形的手，就達到了最優化。農民種地、麵包師烤麵包、商人買賣。每個人為獲取自身最大利潤作出的努力，會導致社會財富的最大化。每個人應該幹自己最擅長的事，而不是給別人添亂。

多麼石破驚天的理論啊，多麼貌似簡單，有創造力的論斷啊。和聖賢們多麼不一樣啊。別忘了，直到 80 年代，中國還在學雷鋒，坐火車要幫列車員倒水，週末不好好歇著，硬要去工地上幫民工搬磚頭。更早時的知青上山下鄉、後來的小學生種蓖麻、做好人好事，都是對社會資源的極大浪費，都是聖賢們陰魂不散的結果。

你也許會問，商人的價值我懂，把貨物從甲地搬到乙地，付出勞動，提高了資源配置，創造了價值。甚至炒股對社會的貢獻我也懂，因為炒股增加了市場的流動性。可炒房，投機倒把、坐地漲價到底為社會創造了什麼價值？連柏拉圖老前輩都認為，秋天買稻米，春天原地加價賣出的行為根本就是 Sin（罪惡）.

我先講幾個例子，讓你明白投機倒把、倒買倒賣的偉大意義。

中國古代常常發生天災引發的饑荒，每每有易子而食、析骸而炊的慘劇。每到這時總有災民搶吃大戶，囤積居奇的商人被大家一搶而空。政府往往也是嚴厲打擊亂漲價的商人，甚至逼他們賣糧賑災。道理很簡單，別人都快餓死了，你怎麼能乘人之危，大發國難財呢？天天讀聖賢書的父母官是不會"坐視不管"的。

可現代的經濟學家表明，正是這些讀聖賢書的父母官和搶吃大戶的災民害了老百姓。如果在災荒年，可以維持自由、自願的市場，保證商人的利益的話，就會有很多人事先囤積糧食，災荒年的時候糧食的供應不但不會短缺，價格也不會有大的起伏。

比如，三年前，第二次海灣戰爭打響前，很多人預測石油供應會受到影響，開始囤積原油，戰爭打響後，原油的價格不但沒有急劇攀升，反而因為存貨太多下跌。由於投機商的存在，保證了原油的平穩供應和世界經濟的平穩運營。

再比如，由於美國農產品期貨市場存在，農民便可以把所有的風險轉嫁給別人，保證農場的平穩經營。農產品期貨市場的投機商和當年中國的囤積居奇的商人一樣，獲利的同時，為社會承擔了巨大風險。只有判斷正確的投機商可以獲利，判斷錯誤的當然是血本無歸。在自由的市場經濟條件下，優勝劣汰，社會整體對市場判斷會越來越正確，保證了價格和市場的平穩。

對於炒房而言，炒房長期來看不會造成房價的上升。因為炒房者買的房子，最終是要賣的，炒房不會對市場的長期供求有任何影響。從短期來看，炒房增加市場的交易量和流動性，便於大家買賣房子。另一方面，長期來看，由於炒房人的存在，反而讓有房子需求的人可以住上更便宜的房子。

美國 20 年代，是個鐵路泡沫的年代，隨著經濟的發展，鐵路運費開始上升。很多人投機鐵路，鐵路大亨們造了大量鐵路以圖獲利。但後來，發現鐵路造的太多了，導致運費的急劇下跌。投機鐵路的人血本無歸，但運費卻降下來了，需要鐵路運輸的人反而撿了個便宜。

我剛到美國的時候，往中國打電話一美元一分鐘，後來趕上網路泡沫和網路的擴張，現在往中國打電話，一分錢一分鐘。整整降了一百倍。

事實證明，投機商蜂擁到一個行業，加大了那個行業的投入。形成泡沫，泡沫崩潰後，會留下廉價的實物資產造福社會。

炒房的也不例外，炒房的人短期內提高了市場價格，把未來的市場需求提前表現在價格上，對社會的資源的投入形成提前導向。比如，美國的佛羅里達，由於預測到 baby boomer（嬰兒潮族）在未來會大量湧入，2000 年後，大量的投機分子湧入，哄抬房價。房價急劇上升，帶動了開發商，最近一年，開發建造了大量房屋。隨著供應加大，投機分子們撤離，房價下滑，為將來 baby boomer 們留下了廉價的房屋。試想，如果沒有這些投機分子，baby boomer 們怕是退休了更買不到房子了，如同災荒年的中國農民們徹底沒糧吃一樣。

會走路的錢

Flip 房子（炒樓花）的人更是意義重大，因為他們為開發商分擔了風險，讓開發商可以專心蓋房子，不用擔心賣不出去和未來價格的波動。和期貨市場對農民的意義一樣。

事實上所有的投機行為，囤積居奇，倒買倒賣，只要沒有壟斷行為，都是對社會有重大貢獻。它們起到了經濟嚮導的作用，為社會創造了價值。它們合理地調配了社會資源，預測了市場走向，降低了實業風險。

但為什麼社會總是視投機行為為不恥呢？總認為他們是社會的吸血鬼呢？我看一是"聖賢書"讀的太多，流毒猶在。二是憑直覺思維，沒有看到生產實物以外的價值。三是紅眼病。常見的論調是，人人都炒房，社會怎麼辦？不會人人都炒房，就像不會人人是和尚，人人是農民，人人當兵一樣，社會分工而已。只有對經濟走向有敏感嗅覺，和正確判斷的人，才會在投機活動中長期立於不敗之地。他們對社會資源的引導作用，比計劃經濟委員會的老爺們喝茶拍腦袋的判斷可要靈光的多。

"君子喻于義，小人喻於利"。聖賢們以錢為恥，視謀財獲利為大逆不道。可惜君子實在對社會沒啥貢獻，反而小人們在謀利的過程中推動了社會的發展。君子小人之爭，今天還在。君不見多少人對炒房、炒股嗤之以鼻，詛咒他們明天就賠個精光。

投資理財、投機倒把的同志們，你們是背負小人之名，行偉人之業，我在這裡為你們搖旗吶喊。

投資理財、投機倒把是件利國、利民、利己的偉大事業！

這篇文章寫過之後將近 10 年，到了 2017 年的時候，中國出臺了一個口號，那就是"房子不是用來炒的，而是用來住的"。這個說法會導致了更高的房價。所以我又寫了一篇文章來說明這個口號背後的經濟規律。

其實中國自從 2000 年後房價開始飆升，很多都是因為出臺一系列的不尊重市場規律的錯誤政策導致的。只有我們對這些政策的經濟後果做出相對正確的判斷，我們才能夠實現比較好的投資回報。

從炒房者的社會貢獻說起 (2016 年前後)

by Bayfamily

"房子是用來住的，不是用來炒的"。這一句話讓炒房者幾乎一夜之間陷入過街老鼠人人喊打的境地。現代經濟學認為所有的交易都是好的，只要是自願的，並且不涉及暴力和欺騙。因為每個交易，交易的雙方如果出於自願，都是由於能夠增加自己的收益才會交易。炒房過程中，買賣都是自願的，炒房的行為應該屬於亞當·斯密所說的"每個人都為自己的利益而努力，全社會因此整體而獲益"。為什麼從經濟學理論上看起來一個好的行為反倒成為一個過街老鼠了呢？

我們先看幾個例子，來正確理解炒房者的社會價值。

商人從江西100元一斤買入茶葉，運到遼寧200元一斤賣出，獲利100元。中國傳統是個重農輕商的社會。根據儒家傳統思想，認為商人沒有創造價值。因為茶葉是農民種的，憑什麼你一轉手就謀取暴利。大家只看到了生產實物者對社會的貢獻，卻沒有看到流通和貿易對社會財富的貢獻。

現代社會對經濟學有些瞭解的人，就不會這樣認為。商人實際上創造了200元的價值。因為如果沒有商人的協助，江西的那一斤茶葉沒有需求，是生產不出來的，或者因為沒有商人的購買，江西的茶葉根本就賣不到100元的價格。如果沒有商人的工作，農民的收入就少了 100 元。社會的總財富就少了200 元。農民、商人、消費者是在協作基礎上的非零和博弈，共同創造了 200元的價值。

下面看第二個例子。商人在春天，100 元一斤買入茶葉，原地不動，到了秋冬加價到 200 元賣出。獲利 100 元。這在中國的傳統思維裡，叫作囤積居奇。大家認為這樣的行為基本是社會的寄生蟲。憑什麼不勞不作，憑空獲得100元

瞭解現代經濟學的人會知道其實即使不涉及搬運貨品，商人創造的價值也是100元。因為如果沒有商人春天收購茶葉，囤積起來，到了秋天大家會淪落到無茶可喝的地步。或者到了秋天茶葉由於供需不平衡漲到天價，大家都喝不起。但是秋天買茶的人通常不會這麼想，他們會覺得奸商憑空讓茶葉漲了

會走路的錢

一倍，從自己的口袋裡硬生生地搶走了 100 元。或者是從心理層次，總覺得付出辛苦努力的人創造了價值，倒買倒賣的人沒有。他們沒有看到倒買倒賣的人的資金成本、對價格趨勢的判斷，和最重要的——對春天茶葉增產的貢獻。

價格是由供需平衡決定的。商人春天買入茶葉秋冬賣出茶葉，買賣平衡，沒有增加整體的茶葉總需求量。對茶葉整體價格的影響其實是零。在春天由於商人的收購，反而增加了茶葉的生產，其實對茶葉的價格降低做出了貢獻。如果沒有商人，茶葉的全年整體價格應該更高。

第三個例子就是大家所熟悉的，把第二個例子中的茶葉變成房子。茶葉是可用可不用的消費品，一到房子，一旦和自身利益息息相關，一旦涉及大的數字，大家就情緒激昂，腦子也開始變得不理性。炒房者 100 萬買入一個房子，一年後 200 萬賣出。獲利 100 萬。

如果你明白經濟學基本原理，炒房者對社會的貢獻和買賣茶葉的商人沒有任何區別。房子和茶葉本質沒有任何區別，都涉及各種生產要素，比如土地、勞動力、技術等。如何把這些生產要素有效地組織起來，最有效的就是價格指引。買賣過股票的人都會知道，市場在任何一個價格點上，永遠是供需平衡的。就是一半人看跌，一半人看漲。如果沒有炒房的人，開發商在 100 萬這個價格位置上就會擔心賣不出去，降低自己的開發量。炒房人對社會房子的總需求也是沒有任何改變，因為炒房買進來的房子，最終都是要賣出去重新回到市場上去的。打擊炒房者，只會讓房子的建設量變得更小，人為造成短缺。

這也是越限購房價越漲的道理。因為越限購，開發商越是看不清未來的市場銷售前景，蓋出來的房子自然就少了。越是打擊炒房者，市場越是沒有人接盤，越是會導致後期的房產短缺。你可能會認為房子和茶葉不一樣，茶葉是可有可無的東西，房子是剛需，炒房者在我前面搶先一步，不勞而獲就賺了一倍，憑什麼？

首先在一個自由買賣的市場，炒房者是不可能長期獲得高額利潤的。如果把風險因素考慮進去的話，炒房者實際的獲利空間不會大於這段時間的資金成本。對於未來市場的判斷都已經反映在當前價格上了。炒房者誰有資金都可以進入市場，按照微觀經濟學市場充分競爭的理論，獲利不會大於資本成本。換句話說，你光看見吃肉的了，卻沒看見挨打的。

對於炒房而言，長期來看並不會造成房價的上升。因為炒房者買的房子，最終是要賣的，炒房不會對市場的長期供求有任何影響。即使不賣也是要出租的，通過租房市場減輕買房需求和壓力。

從短期來看，炒房增加了市場的交易量和流動性，便於大家買賣房子。長期來看，由於炒房人的存在，反而讓有住房需求的人可以住上更便宜的房子。2007 年的時候，在美國的佛羅里達州，曾經房價也被炒房者抬高了好幾倍。開發商爭相開發建設，遍地都是樓盤。但是到了金融危機，炒房者血本無歸。可是給佛羅里達留下了大量的空置樓盤，從紐約州來的真正要退休的人低價搬入。如果沒有這些炒房者抬高房價，刺激生產，恐怕這些退休者最後住不到這些便宜的房子。

我們社會的很多問題看似是分配不均導致的，其實很多問題的來源是錯誤的觀念導致錯誤的政策。聖人們認為生產實物的和關心理想道德的人才是高尚的人，只有小人們天天想著如何把別人的錢財搬到自己腰包裡。當我們碰到某種社會問題的時候，本能地喜歡把社會問題歸結到某一類特定人群上。套用零和博弈的思路，似乎所有的問題都是這些人的貪婪所致，是他們搶了我口袋裡的錢包，所以才導致我今天的問題。

二戰期間德國的猶太人，蘇聯、中國當年的地主都曾經背過這樣的黑鍋。比如當年的中國，曾經認為農民之所以窮，都是地主剝削導致的。這表面看起來很有道理，農民辛辛苦苦勞作一年，憑什麼要把收成的一部分交給不幹活的地主？其實地主和農民不是零和博弈關係，而是非零和博弈關係。地主在挑選佃農、管理土地、市場預測方面的努力被大家忽視。地主和農民共同工作，才能創造出更大的價值。土地公有化，地主消失後的蘇聯和我國都經歷過糧食減產、食品短缺和饑荒的慘劇。

面對炒房者，人們的本能也是一樣的，首先各種貶義詞傾瀉到炒房者的身上，諸如炒房團、奸商、投機商等等，甚至動用法律手段進行打擊。炒房的

會走路的錢

"炒"字也是抹黑他人的辦法,給人不務正業的感覺。其實炒房和投資房地產是一樣的。你可以說特朗普是炒房的,也可以說他是地產大亨。名稱只會讓你困惑。如果沒有看到炒房者創造的價值,恐怕也只會讓供應不足,房價一路繼續攀升,最終受苦的還是真正的購房者。

限購貌似可以短期抑制需求,但是經驗告訴我們某種商品限購一定會導至這個商品價格奇高。限購和限產本是孿生,不可分割,往往同時出現。這邊限購那邊嚴控土地供應。改革開放前,曾經在中國肉、蛋、油限購,同期這類商品常年短缺。不熟悉中國這段歷史的人可以想想發達國家的毒品,毒品在美國也是政府嚴重限購的物件,最終結果也是本來生產成本不貴的毒品價格奇高,是生產價格成本的上千倍。大麻不限購的墨西哥,大麻和香煙的價格沒有什麼區別。常年限購的中國房地產價格也在遠遠脫離生產成本,常年保持在不可思議的高度。

03 掙錢要理直氣壯

中國是一個社會主義國家,我們可以理解出臺抑制資本獲利的政策。共產主義在意識形態上總體而言是不鼓勵個人擁有更多財富的,而強調共同富裕。但是資本主義國家的美國,似乎人們也越來越變得像社會主義國家。

美國四年一度的大選就是這樣情緒的宣洩。每次不斷有政客跳出來,他們會主張瓜分富人口袋裡的錢,然後把這些錢給窮人。這些政客的特點就是特別喜歡花別人的錢,為自己買榮譽。就是花張三的錢給李四買東西,然後給自己冠個好名聲。我從來不見他們把自己的錢都捐了再說。想當年中國共產主義運動的時候,很多革命者還是把自己家地分了,把自己家房子燒了,然後投身革命的。至少這說明他們自己真信。而美國主張高福利的總統,一個個都是卸任之後,自己大撈特撈。你看看克林頓家族和奧巴馬家當總統前後的財富增長情況就明白了。

我不是說國家不需要有基本的福利,這些是需要的。國家需要給一些殘疾的人、喪失勞動能力的人或者老人,一個最基本的社會保障。但是如果消滅了創造財富的激情,那麼社會總體財富會變得越來越少。無論那些超級富豪擁有多少錢，其實他們擁有的錢並不是從別人口袋裡挖來的，而是因為他們創造了更多的財富。他們擁有的財富只是他們創造了的更多的財富中的一個部分，甚至很多時候只是一小部分。

比如沒有比爾·蓋茨就不會有微軟。沒有約伯斯就不會有蘋果。比爾·蓋茨個人財富雖然在全世界排名前三，可是他擁有的財富只占微軟公司股票總市值的很小的一部分。

普通民眾容易覺得財富是個零和的遊戲。有人多了一分錢，我就少了一分錢。所以社會多多少少都有一些仇富的心態。仇富的心態在中國更嚴重一些，因為他們覺得那些一夜暴富的人多多少少都有一些非法行為。或者是官商勾結，或者是利用改革開放之初，法制不完備，市場規律不清晰的時候，狠賺了一筆。也許他們說的有一定的道理。但是他們忘了，如果沒有和官商勾結，很多事情根本做不成。官商勾結之後，做成的那些事情，可是實實在在給社會帶來了社會財富。不然你看看中國那些高樓大廈的建設哪一個離得開政府支持呢？要是沒有那些商人搞官商勾結，土地批不下來，恐怕上海和北京到今天還是一片平房呢。

美國也有仇富心態，這種仇富心態並不像中國那樣赤裸裸且暴力，而是隱藏在人們內心背後的。總體而言，英美文化中的人們對錢這件事情保持高度的隱私，不願意和別人分享。

表現出來就是很多基督徒內心深處是覺得作為個體，不應該擁有太多錢。對擁有更多錢的人，他們多多少少會搞一些道德綁架，對他們提出更高的要求。當然一個原因也是一部分富人總是喜歡用豪宅、名車、漂亮媳婦、奢侈的生活方式這樣的事情來刺激老百姓。

可能你會認同一個人合法賺的每一分錢都是創造了社會的財富。但是你會質疑富人花掉的每一分錢，特別是那些奢侈的享樂，是不是對社會資源的浪費？

其實富人能夠消費的財富並不多。一個大富豪能夠消費掉的財富無非是一日三餐，可能外加幾個普通人沒有的管家、傭人、秘書、司機等。比爾·蓋茨也好，巴菲特也好，他們一生花掉的錢，真實的消費不見得比你我高多少。因為那些房子、珠寶首飾、藝術品本質上都是投資品。他們可能比你我實際的消費高出 10 倍、100 倍，但絕對達不到 10 萬倍或者上億倍的程度。

因為一個人的肚子只有那麼大，一天只有 24 小時。我在美國生活了這麼多年，我看到實實在在的，真正是富人把社會資源浪費掉的例子只有一起。那就是弄得沸沸揚揚，著名高爾夫球手泰格伍茲的前妻把泰格伍茲送她的豪宅，用推土機推掉這件事情。

由於感情上的一些不愉快，這個女子屬於洩憤，把一幢價值幾百萬美元的房子用推土機直接推掉了。雖然站在法律上這是合法的，但是這真是一件人神共憤的事情。因為那個房子裡面凝結了很多工人的勞動時間。如果你不喜歡，你可以把房子賣掉，甚至把它捐贈出去都可以。一己之怒把它用推土機消滅掉，是對社會財富的破壞，也引起了美國人的憤怒。除這類現象，我很少能找到富人浪費了大量社會財富的例子。

04 葛朗台是個好同志

有錢人不可避免地把一部分錢存在銀行裡。擁有大額存款有時也會讓人覺得富人們為富不仁。好像你把錢存在銀行裡，就是把社會上的財富鎖了起來一樣。

很多人有這樣一個偏見，那就是只有消費才是一件利國利民的事情，因為每一筆消費都促進了社會的生產。存錢是有罪的，因為每一筆存款都抑制了消費。社會的財富似乎應該在流動中才能被大家所掌握，才能生產出更多的財富，而把錢存在銀行裡，似乎只是吝嗇鬼和葛朗台才會做的事情。

其實不是。這個觀點就像我們曾經擁抱生產鄙視消費一樣的不靠譜。存款其實是促進社會生產最好的方法。你把錢存在銀行裡，銀行是不會讓這些錢在保險箱裡睡大覺的。銀行會把錢投入生產環節，因為銀行的錢需要貸出去。這些存款如果不投入生產環節，它也會通過消費貸款被投入到更需要的消費環節。因為那些是人們願意支付更高利息的消費，說明有比你更急迫的消費需求。

對社會最大的浪費，其實是那些不會給你帶來快樂和沒有意義的消費。比如酗酒或者吸毒，因為這些消費最終給你帶來的是病痛，也不會讓社會上的總體財富更加多起來。或者當你消費在一些沒有價值的奢侈品、紀念品上，也會誤導了一定的社會資源。

相比之下，存錢、投資是和生產與消費一樣對社會有促進作用的事情。但是為什麼大家總覺得像葛朗台這個守財奴一樣的存款行為是可恥的呢？

總體來說還是漫長的文化影響。人類進入資本主義時代的時間並不長，人和人通過和平合作的方式共同生產、創造出更多的社會財富的時間經歷也不長。在早期暴力掠奪的時代，你擁有的更多財富，多半是從窮人那裡搶掠而來的。所以我們自古各個民族各個文化都有鄙視富人的傳統。而富人總是在不停地存款、放債。莎士比亞有威尼斯商人，法國有葛朗台。在中東的一些宗教文化裡，甚至不允許收取利息。他們覺得利息是最不公正的，放債的人什麼也沒有做，憑什麼就白白掙了錢呢？

今天我們知道利息的本質是期權(option)。就是我們股票交易中經常說的期權。因為放債人把錢借出之後，他就失去了一個 option。在沒有把錢借出去之前，他的錢可以今天花也可以明天花。錢借出去了，那他只能明天花，所以他就丟掉了自己今天花錢這個選擇的自由。因為少了這個 option，所以他必須獲得一定量的補償。

這個人並沒有坐在這裡不勞而獲。因為他失去了這個 option，導致他可以把自己的財富投入到更需要的生產過程中。這樣會使整個社會的生態要素效率更高。只要你明白一些數學和基本的經濟學常識，你都知道那些傳統的道德綁架，其實很多時候是站不住腳的。無論葛朗台還是夏洛克都為這個社會創造了大量的財富。

我說這些抽象的經濟學概念就是想說明，掙錢是光榮的，存錢是光榮的，獲得財富和擁有財富也是光榮的。大家沒有必要為追求財富、炒房子、炒股票、倒買倒賣這些事情而感到心虛和自卑。

中國在改革開放之前，曾經很長時間以貧困為榮。大家漸漸發現計劃經濟沒有辦法指導社會的生態要素到最需要的地方去。反而是"讓一部分人先富

會走路的錢

起來"這樣的口號，讓市場決定社會資源的分配和合作方式才讓國家富裕起來。想像一下，在一群為共產主義奮鬥終生拋頭顱和灑熱血的 70 多歲的老革命中，鄧小平能提出"致富光榮，讓一部分人先富起來"的口號，這是一個多麼否定自己，思想解放的事情。

然而美國沒有經歷過這樣思想解放的過程。美國人雖然一直是資本主義，但是也許是受清教徒宗教的影響，文化上還是多多少少鄙視斂財的。聖經上說:"富人進天堂比駱駝穿過針眼還難"。因為有些為富不仁的事情，總是讓有錢人灰頭土臉的，必須低調。而那些沒有錢的人反而可以理直氣壯地伸手要福利。很多人不敢把追求財富作為自己的理想，至少不敢堂而皇之地公開講。我在美國聽孩子們的演講，有將來想成為總統的，將來想成為發明家的，將來想成為一個律師的，或者將來成為一個義務工作者，幫助貧困人們的。但是我很少聽見哪個小孩能夠理直氣壯地說我將來的理想就是成為商人，就是要去倒買倒賣，追求財富，變得有錢的。

也許大家心裡會這麼想，但是沒有人敢像喊口號一樣地把這句話說出來。事實上你會發現人過了青春期之後，當步入社會步入現實的生活中，大部分人的生活目標就是想擁有更多的財富。既然是這麼想的，為什麼要做偽君子呢？為什麼不能大聲地喊出來呢？

背後的原因還是我上面說的文化的原因。我把這些討論專門整理為一章就是想破除這些虛偽的面罩。想掙錢的人可以理直氣壯地站起來，大聲宣佈自己的掙錢理想。

有了理想，才有目標。有了具體的目標，為了這個目標，我就會制定出詳細的周密的計畫，一步步地實現這個目標。我在 2006 年公開發表了自己的博客，大聲喊出了我的目標就是"十年一千萬"。

第十一章 普通家庭十年一千萬投資理財計畫

　　除了說服自己，我還需要一個外界的壓力，為此我 2006 年 12 月耶誕節放假的時候，寫了一篇"臭名昭著"的"普通家庭十年一千萬投資理財計畫"。我用"臭名昭著"這個詞來形容是因為大家就這個話題在投資理財論壇上幾乎整整討論了十年，這篇文章的累計閱讀量在 10 萬次左右。

普通家庭十年一千萬的理財計畫 (2006 年 12 月 25 日)

by Bayfamily

　　我的投資理財目標不大，有一千萬就可以了。錢財多了有害無益。但適量的富足可以給人帶來安全、自由、舒適、和小小的成就感。我的計畫是 500 萬的時候，太太不工作，可以全心照顧剛上小學的孩子們，一千萬的時候我退休。和 va-landlord 的目標一樣。退休不是什麼都不幹了，而是不為衣食工作，徹底實現 financial freedom（財務自由）。計畫看起來好像太遙遠，但我覺得再有十年時間，運氣不太壞的話，在我們 45 歲以前是可以實現的。

　　我們家是灣區再普通不過的家庭了。家庭稅前年收入 20 萬不到一點點，Bonus（年終獎）多的時候可以達到 22 萬。六年前我們一文不名地來到灣區的時候，那時年收入只有 14 萬，看著灣區的天價房價，感覺生活毫無希望。那時經過密密麻麻的住宅區的時候，老是歎息何時才能有自己的家啊。那時個別同事家房價已達 800k,在我當時看來如天上的銀河一樣可望不可及。

　　通過和灣區前輩的接觸，明白投資理財的道理後，才漸漸明白發家致富的管道。只怪剛到美國時，中西部的城市資訊太閉塞，讀書就開始注重投資的話，資產應是現在的一倍。五年前，我對太太說，五年後我們會有一百萬。我太太說我做夢，就是不吃不喝，不交稅，把工資全存下也不會有一百萬。我說不是這樣算的。過去六年裡，每年年終我都會計算一下家庭的帳目，下表過去六年的總結（萬美元）。

	2001	2002	2003	2004	2005	2006	2007
現金	0.5	0.0	3.0	2.0	5.0	1.0	2.0
股票	0.5	2.5	2.0	2.0	0.0	0.0	0.0
退休金	3.0	6.0	9.0	12.0	16.3	21.1	29.2
房屋淨值	0.0	8.0	12.0	23.0	45.0	64.8	89.0
總和	4.0	16.5	26.0	39.0	66.3	86.8	**120.2**
增長率		313%	58%	50%	70%	31%	38%
債務							84.0

六年以後果然有了 120 萬。買房時間分別是 2002, 2003, 2005, 2006。地點是灣區和中國輪著來。這樣的資料大家可能都看膩了，同樣的故事在灣區千千萬萬的中國人家庭裡同樣地上演著。

我想說的是，如何從 120 萬，再用十年左右的時間裡，達到一千萬。首先看 growth rate （增長率）。頭幾年的增長率比較高，在 50%~60%左右，因為還沒有什麼資產，最近幾年下滑到 30%～40%。主要原因是盤面大了，每年固定的現金進賬相對減小。我估算了一下，未來三年裡 growth rate 會下降到 15%，主要原因有兩個： leverage 用光了。我的投資策略還是保守的，每次至少 10%的首付。現在總的貸款是八十萬，是我們收入的四倍。如加上其他的房租收入，貸款只有三倍。 Debt/Asset ratio（債務資產比）也控制在 50%左右，就是說美國中國房價明天一起跌去一半，也不要緊。但 leverage 確實是用光了，第一不能 refinance 了，因為我們現在的利率很好。第二，大房子收益很差，小房子太辛苦了，擔心管不過來。未來幾年的行情很難說，盤面大了，保本最重要。也就是說，我們家遇到了谷米家遇到的同樣問題，增長的瓶頸問題。如果不開拓新的投資管道的話，十年後的我們家的資產將只有 250萬左右，離一千萬還很遠。也許太太十五年後可退休，我可還得再奮鬥 20年，才會有一千萬，那時也是五十多了，沒什麼意義。

春節時候，我用各種模型反復比較，除非是用特別大的 leverage,比如零首付，憑著 20 萬的收入，是很難達到一千萬的，要想用穩健的方式，10%的首付，固定的現金流以備不測的話，按歷史平均回報，最多可以達到 500 萬。這和我在灣區的觀察非常一致。在這裡生活 20 年，頭腦清醒善於經營的家庭最多也就 400 萬～500 萬了。

過去六年裡，我的現金總是很低。要想達到 1000 萬，又要規避過度風險，只有一個辦法，就是增加自己固定的現金流。我家每年現金淨存款是 5 萬。過去，我們每年基本上可以用它 leverage 30 萬的 Asset,如果每年現金淨存款可以提高到 20 萬的話，每年的就可以 leverage 120 萬的 Asset，十年 1200 萬。如果十年房價回報是 80%到 100%的話. 加上現有的 120 萬，十年以後應該可以賺到 1000 萬。

賬算好了，幾個問題要一一解決。

1）如何把每年的淨存款提高到 20 萬。沒什麼好辦法，趁自己還年輕，改行做金融，兩年前改行的兄弟們，現在一年的收入已經到 20 萬～30 萬了。爭取趁這兩年房市平穩，趕緊改行。三年後爭取把淨存款提高到每年 15 萬~20 萬。

2）房子多了的管理問題，我覺得灣區最大的優勢就是房子貴。房子貴，所以 2000 萬的 Asset 也就是 30～40 套公寓。在其他地方，上百套公寓肯定管不過來。公寓數超過五個的時候，我就成立自己的管理公司，雇人來管。灣區的另一個優勢是有便宜的 labor（勞動力）.不會英語的中國人管管房子，1500/month 就可以請到。房子嗎，我只租給中國人，所以語言不會有問題。

3）入市時機。我打算房價漲起來以後再開始買。房子要麼不漲，一旦開漲，會持續很多年。錯過頭裡的 10%的漲幅根本無所謂。現在的首要任務是積累現金。手上有現金，未來又有大筆的固定的現金流作保證的話，就可以 leverage 很大的 Asset. 過去六年，擴張太快，現金一直在一二萬的樣子。這幾年停一下，三年以後，我手上的現金應該在 20 萬~25 萬左右。

4）Cash flow。很多人抱怨灣區找不到正現金流的房子。那要看你怎麼算了。如果是 interest only 的話，不是不可能。頭幾年會 slight negative cash flow（微負現金流），35 萬的公寓可以租 1200～1500/month,在 Rent control（租控）的區域，25 萬的公寓可以租 1200/month。我不怕 rent control,因為我只租中國人，他們過幾年就自己買房了。在中國，interest only（只付利息）的話，很多地方現在就可以做到 positive cash flow（正現金流）。不過中國的房子不敢多買，有兩三套就夠了。未來三年 cash flow 的狀況會有所顯著改善，rent 會上調 15～20％左右。

5）風險。如果房價不漲，持續下滑，我壓根沒有風險，因為我不會入市。十年後的資產在 300 萬到 400 萬之間。如果房價漲了一年又連跌十年，誘我入市，也沒關係，因為有強大的現金流保證，我就長期持有，等待下一個革命高潮。事實上，房價下滑兩年漲了一年又連跌十年，這種事情在任何一個國家從未發生過。我擔心的是，房價今年又開始一路猛漲，那我的計畫就落空了。只能持幣尋找其他的機會了。

6）如果像很多人預計的那樣，房價這兩三年持平，未來看好，房價重複加州過去的四次 cycle 的話。我可就發了。因為我的全部計畫就是按這個準備的。下一個 cycle 結束的時候，我 45 歲前資產肯定會超過 1000 萬。那時是我就把他們逐步全賣了，買個 S&P Index, 慢慢用。人生花不了那麼多錢，再多也是無意義。

如意算盤打了一圈，各位見笑了。是不是有點像大躍進時，毛主席說"糧食太多吃不完，怎麼辦？"的口氣？這裡的大師很多，千萬資產的就好幾個。歡迎砸磚，也請前輩多賜教。人生要做的事情很多，不光是發財。但理財是人生要做的諸多事中必不可少的一件，如同娶妻生子一樣。相對埋頭苦幹而言，理財勞神不多，回報豐厚。

博客文章和正式文章不一樣，可以嬉笑怒罵，可以誇張不正經。為了保持原味，我不作修改的發表在這裡，以圖歷史真實。

源。 我是在賺錢、炒房、炒股的過程中,為社會創造財富。兩者不可同日而語。

另一方面,我不是聖人。賺一千萬也有私心。1) "生命誠可貴,愛情價更高。要為自由故,二者皆可拋。"

擁有一千萬,可以換取財務自由。這樣我的人生會更有趣。因為我可以領略更多不同的生活。 人生短暫,我可不想一輩子朝九晚五地坐在隔間裡。李敖同志講過"人要做點事,是要有點小錢的"。我要想放心大膽地做自己想要的事,也是要沒有後顧之憂的。小錢可以給我一點安全感,一點自由。

當然,你也可以說,財務自由純粹取決於自己的舒適度,出家當和尚,立刻財務自由。我的財務自由的要求,比和尚要求高一點,但並不需要一千萬,房子付清,孩子上大學,有兩百萬足矣。一千萬是為了上面更崇高的理想。

2)我想我愛的人更快樂一點。我不想看到太太,長期為 pay check 工作,不能和孩子在一起,不能隨意地幹她喜歡的事情。我不想讓我的孩子們,在有能力的時候,無法受到最好的教育。男子漢,大丈夫,做人就是要讓自己快樂,同時讓周圍的人快樂。

3)太多的財富是累贅。 君不見億萬富翁,個個要保鏢,擔心被綁架。達賴喇嘛曾經講過,有錢人是很難有真正的朋友。 因為錢越多,人與人之間的關係,越虛偽。要是我能賺一億的話,對社會貢獻更大。 我只是說如果。沒有吹牛的意思。

可是,我想自己的日子好一點,朋友多一點,不用花太多的精力想怎樣花掉那筆錢的話,我就不能有超過一千萬。 比爾蓋茨剛剛辭去總裁職務,現在淪落到要全職工作去花掉他的錢。 過了一千萬,財富有害無益,即使我再想貢獻社會,也不想搞成那個樣子。牛皮吹上天,滿紙荒唐言。但句句屬實,信不信由你。

當時我寫這篇文章的時候,帶著一些輕浮的語氣。有的時候在網上說話太認真會吃虧,因為網上一方面是交流,更多的時候是打口水戰,尋開心。

會走路的錢

用調侃的口氣反而進退自如。當時並沒有對很多問題有成體系的思考,更多的理論是在我今天回顧的時候把它們整理了出來。

如果有什麼新的補充思考的話,就是我感覺一個人作為社會的載體,應該是豐富而全面的。錢只是我們生活中的一部分,當然我這本書因為寫的都是關於錢的故事,所以在這裡重點討論錢的問題。

無論你是信仰宗教的還是不信仰宗教的,你總希望自己的生命過得更加的有趣,更加的豐富多彩。我們多多少少都有一些精神上的追求。而那些精神上的追求,總是需要在滿足了一些物質需求的基礎之後去實現。

思考這些問題的時候,不可避免地就會涉及生死之說。雖然這本書不是一本哲學的書,但是因為投資理財涉及理想,而理想又涉及人生信仰等哲學問題,所以我後來又不得不再寫一篇博客。那就是"人為什麼活著",試圖理性地探討這些問題。這個話題很大,我只是很粗淺地論述了一下,每個人都需要建立起自己對生命的認知系統,我也不能例外。

我們為什麼活著(2013 年 12 月 7 日)

by Bayfamily

少年貪玩,青年貪情,中年貪名,老年貪生。

這幾乎是最精闢的人生總結了。作為中年的我,可以對這四句話比青年的時候更有體會。 貪心很正常,不要讓欲望的魔鬼把你吞噬掉就好了。碌碌無為的人往往做得很好,天才和精英們往往因為自己的能力比較強,陷入不可自拔的地步。君不見多少青春男女為愛情整日以淚洗面,君不見多少英雄豪傑沒有過得了名利兩關。打開新聞,幾乎都是四個貪字惹的禍。從失戀毀容跳樓,到蒼井空風靡神州,到薄熙來階下做囚。從古代秦始皇求長生不老,到今天的劉曉慶追求逆生長,人生的故事在不同的時代,以不同的方式一遍遍演繹著這四個貪字的故事。

第一次接觸弗洛依德的時候,聽到他說,人類一切行為的原動力都是性,一切都是性。看見他的話,有皇帝的新裝的感覺。感覺這樣簡單的道理,被一個率真而聰明的人一語道破。而其他芸芸眾生都是在街上看皇帝新裝的懵懂的狂歡者。攻擊他的人，不過是因為弗洛依德掃了他們的自欺欺人的好心情。

難道不是麼？年輕的時候，我們所做的一切都是在為獲得異性做準備。無論是更好的成績，更高的收入，更健康的體魄。我們陷入的不過是一個漫長的征服異性的爭戰。一開始是直接的征服異性，後來是征服同性來獲得異性。於是有甄嬛傳女人後宮內鬥，有潘金蓮和李瓶兒死去活來。於是有毛爺爺的與天鬥其樂無窮，與人鬥其樂無窮。可是與人鬥，男人和男人相鬥，女人和女人鬥，本質還是為了獲得異性。

我們關心下一代的教育，婚姻，做虎爸虎媽。希望給下一代留下一個好的基礎。這一切的本質動力，都是性。似乎身體裡面的 DNA 無時無刻的發揮它的能力。我們自以為的理性，理想，都是這些 DNA 希望瘋狂複製自己的幻影。

非常佩服弗洛依德先生。有幸去過他維也納的寓所，一個不起眼的小博物館，一個小小的人物發出石破天驚的吶喊。看見他的手稿，他的照片，深深地表達敬意。

不過，進入中年以後，發現性的能量似乎沒有那麼巨大。似乎很難解釋為何有人會不惜犧牲，殺身成仁。很難解釋，已經是億萬富翁了，為何還要再獲取更多的財富。很難解釋為何毛爺爺 70 歲還會發動文化大革命，為何鄧小平會 70 歲搞改革開放。他們早就過了可以傳遞自己 DNA 的年齡。

除了性的力量，還有一個神奇的力量支配和主導著我們。那就是死亡。

我們活著的一切活動的目的，是為了更好地迎接死亡。在邏輯上有些荒謬，但是我們的確千百年來在重複同樣荒謬的事情。

表面上似乎我們很少會想到自己會死，至少對於年輕的人來說。死亡似乎是遙遠的事情。但是死亡的恐懼，像是終點站上一個矮矮的樹叢，在夕陽西下的時候，會投射出很長很長的影子。

是的，我們所做的一切的第二源動力，就是更好地迎接死亡。死亡是一定的，每個正常智力的少年到老年人都清楚地知道這點。這樣的恐懼是無時無刻的。 千百年來，這些恐懼改變了我們的社會，我們的文化，也改變了我們每個人的行為。

最近看了一下他人的總結，人類對付死亡恐懼，自欺欺人地編出了四種方法。不同民族，不同時段，這些方法會以不同的面目出現。不過似乎我們人類已經黔驢技窮，再也編造不出超越這四個方法的新內容了。

1. 不死。無論是秦始皇的長生不老藥，劉曉慶的逆生長，還是今天全民吃保健品，研究長壽村的秘密。都是不死的折射。也就是開篇所說的老年貪生。

2. 靈魂。用各種辦法讓自己相信，除了肉體之軀之外，還有靈魂的存在。靈魂可以離開腐朽的肉體，靈魂可以上天堂，在天堂可以永遠地活下去。這裡常見的各種方法就是各種的宗教。因為有死亡，才會有宗教。

3. 轉世。典型例子就是藏傳佛教的轉世靈童，轉世在佛教印度教盛行的地方流傳很久。但是不是始作俑者，古埃及人修建金字塔，秦始皇修建兵馬俑，都是轉世的期盼。

4. 傳奇。傳奇是四種自欺欺人的抗拒死亡恐懼的方法中最理性的做法了。因為通過觀察，理性的人們發現，肉體會腐爛，轉世不靠譜，靈魂似有似無，通靈無法證明。傳奇大約是看得見摸得著的。傳奇有很多種，可以是王朝帝國，可以是微軟蘋果，可以是愛因斯坦牛頓，可以是舉著炸藥包的董存瑞，也可以是大學校園裡捐贈的一把椅子。

瞧，為什我們活著，一半的原因是因為我們身體的 DNA 需要複製，一半原因是因為我們會死掉。我們之所以活著，之所以是用今天這樣的方式活著，是因為我們會死掉。話有些繞口，邏輯上有些荒謬。但是如果你細細地品味，就會明白的確是這樣的。

生命本沒有意義，追求意義的行為都是怕死的表現。我們只是億萬年前從宇宙深處飄來的一片 DNA 複製品，生命的源動力只是這片 DNA 有著神奇的驅動力。它渴望最大限度地被複製。我們追求偉大光輝，是因為這片 DNA 的載體最終要死亡。

　　說的有些淒涼，真相冷酷但是並不代表就悲催。我覺得生命最美好的事情就是快樂。開始和結尾都不重要，如果你一定要說點什麼人生的意義的話，那就是過程的快樂。做個快樂的人吧，給自己快樂，給自己身邊的人快樂。我們不在意我們為什麼活著，只在意怎樣快樂地活著。

　　生死問題古往今來無數仁人志士，先知思想家已經想破腦袋了。我們能做的就是在那些厚厚的經典裡面，尋找一點能夠支撐自己信念的東西。說到這個，總是不可避免地討論人生意義。空談人生意義是沒有用的，就像空談賺那麼多錢是為了什麼也是沒有意義的。最終我們是需要落實到很具體的目標上。而只有那些具體落地的理想和目標，才是點燃我們生命真正的火焰，照耀我們前進。

　　除了投資理財，我的人生就有三大理想。如果都能夠實現，我就會相對比較滿足。我也不知道這些理想是怎麼樣稀裡糊塗地鑽進了我的大腦。久而久之，這些理想成為我人生選擇的指明燈。這些理想能否實現也就成為我能否快樂的尺規。

　　第一個理想就是我感覺我生活在這個世界上，從小到大，有人種地，有人生產糧食，有人生產傢俱，有人蓋房子。我享受了這個世界上大量的物質財富，我有足夠多的義務去生產相當量的物質財富，回饋社會。

　　也就是說我需要盡可能多創造物質財富。這些物質財富可以是具體有形的，比如一棵樹，比如一樣工具，比如你組織大家一起辦的一個企業。也可以是無形的，比如你幫助了社會提高了商品的交換的效率，你讓社會更安全，你讓人民思想更自由。總之我感覺社會對我不薄，我有必要反哺。這既是我的責任，也是令我愉快的事情。

　　我的第二大理想在思想領域。今天能夠有幸福的生活，是受益于古代前輩們在思想上和知識上的貢獻。我能夠伸手打電話，出門坐飛機，生病有藥吃，要感謝那些偉大的科學家和思想家。那些偉大的科學家和發明家在知識和思想上的突破讓我受益。是他們發現了新的自然科學定律，發現了人類社

會走路的錢

會更好的協作方式，發現了憲政政府抑制王權的重要性。總之是因為有一些先賢，他們把新的思想、新的知識、新的資訊帶到了這個世界。

而我是這些思想者的受益者。所以我感覺我也需要生產足夠多的思想和知識來回饋給社會。也許是我寫一本書，也許是我有創造發明，也許是我發現的一個新的知識理論，也許是我寫的某一首詩，寫過的某一篇散文，或者說我寫的那些博客。因為我生產出了有用的資訊，反哺給社會。無論是在自然科學還是人文科學，只要我在從事這樣的知識生產工作，我就是快樂的。當然，如果生產的東西越多，我自然會更加快樂一些。這個理想也是我多年堅持寫博客以及寫這本書的一些最原始的動力。

我的第三個理想就是來自親人和愛。人如果擁有絕對多的物質和精神上的財富，但是沒有愛沒有親人，孤獨一世，那也是可悲和可憐的。我能有幸福的生活，是因為周圍的人給了我愛。我的母親，我的愛人，我的朋友，我的親人。所以我也有必要把更多的愛生產出來反哺給他們。在我的博客裡我寫的就是快樂自己，幸福他人。我拿這句話作為我寫博客的座右銘。

當然這些愛不見得一定要給我認識的人。我也可以給我不認識的人。比如有的時候當讀過博客的網友給我回信表達感謝的時候，我就會很快樂而滿足。因為我知道給這個世界生產出了更多的溫情，更多的溫暖。就像當你行走在陌生的異國他鄉，給路邊的一個陌生人微笑；或者當你在下雪天，給一個雪地裡打滑的陌生汽車推一把力一樣。一個小小的幫助會生產出格外的溫暖。我並不期待得到什麼回報。只是我想給這世界生產出來更多的愛。希望這些愛和溫情能夠被更多的人傳播到更廣闊的世界裡去。

當然我相信讀者不一定和我有一樣的理想和目標。每個人的世界觀不一樣。大體而言，人過中年，總是有他精神層面的一些追求。不然生活就會變得行屍走肉般灰暗起來。仿佛每天都在混吃等死。

對於我個人而言，實現這些理想的一部分就是我這個財富目標的實現。因為在這個過程裡，三個部分都有了。在我的認知世界裡，賺錢本身就是創造財富，賺錢過程中積累的經驗就是知識，獲得財富之後給親人的都是愛與溫暖。2006 年我幾乎用了一年的時間在思考這些問題,當一切都想好了,於是我就開啟了我的"普通家庭十年一千萬理財計畫"的旅程。

　　這個投資的旅程一共分四部分。一部分是知識儲備,其他三部分是實戰。從華爾街到香港,從上海到灣區,從實物到虛擬。有意想不到的轉折,有驚喜,有絕望,有突如其來的機會。我像一個在探險樂園裡面的旅行者,時而被驚嚇,時而樂得開懷大笑。你坐好小板凳,我把我後面旅途中看到的一路的風景,一段一段的故事慢慢繼續講給你聽。

第十二章 從 MBA 到投行

01 為什麼搞金融的收入高

我的十年投資理財計畫的第一步並不是去賺錢，而是去知識充電，我選擇了先讀一個在職的 MBA。很多人在走向衰老，開始回首往事時，可能都有同樣的感觸，那就是年輕的時候應該盡可能地接觸更多的事情和更多的人。每一種經驗、每一次經歷以及和不同背景的人打交道對自己總是有好處的。

我讀 MBA 的靈感也是來自我的一個朋友。這個朋友性格有些內向，說話有些結巴，口齒不是特別好，猛一看不是那種能夠事業有成的樣子。但是他當時比我有錢多了，因為他在幫他的導師經營一個基金。

用他導師的原話就是："他值得變富有""You deserve to be rich"。我想每個人可能都希望讀書的時候能夠遇到這樣的導師，能夠說出這樣振奮人心的話。那位導師是某個大學金融系的教授，自己成立了一個投資基金。而我認識的這個朋友，就是幫他管理投資基金的對沖計算模型。

年輕人總是爭強好勝，我覺得我自己並不比我這個朋友笨，甚至還覺得自己各方面能力比他更強一些，無論是數學還是和人溝通的能力。難道僅僅是因為一些機緣巧合，他做金融行業而我做理工，就讓我們的生活有這麼大的差距麼？

那時候我一直想不明白的一個道理就是為什麼從事金融行業的人工資或待遇遠遠超過其他行業的從業者。為什麼同樣智力水準的大學畢業生，從事金融行業的獲得的工資就比其他人要高很多？

會走路的錢

在中國早期從事金融行業的大多是文科生。而在我們那個時代，文科生多半都是班級裡比較笨的，是因為他們讀理科有困難，所以轉而學文科，搞一些死記硬背的東西。所以理科生內心裡是有一些看不起文科生的，總覺得我們比他們更聰明一些。

然而我們這些自以為比他們更聰明一些的人，後來掙的錢卻比他們少。這個事實讓很多人心裡憤憤不平，難道人生就是因為偶然而陰差陽錯？行業的差異為什麼會這麼大？

90 年代我們國家還沒有金融產業。我的另一個朋友到美國之後注意到這個現象，他的解釋是因為搞金融的，他們的產品就是錢。既然他們的產品就是錢，常在河邊走，哪有不濕鞋？近水樓臺先得月，所以金融行業的人掙的錢就會多一些。

這樣的道理其實經不住推敲。建築工人從事建築行業，然而建築工人只能住比較差的住房，而金融大亨們卻住在各種豪宅裡頭。按照這個近水樓臺先得月的道理，豈不是建築工人的住房條件應該最好嗎？

還有一些人認為是金融行業的人特別聰明，他們從名校畢業，受教育的成本比較高。所以需要獲得更多的收入來補償他們教育的投入。

如果是醫生這個道理也許說得過去。醫生的教育過程很漫長，所以醫生獲得的收入會稍微高一些。這是對他們的教育投入進行補償。而金融行業不是這樣的，你經常會看到很多非常年輕的金融行業從業者，剛剛大學畢業就可以掙很多錢。

還有一種說法，他們從事的工作非常重要，因為要管理動輒成百上億的資金，所以他們從中掙一些錢也是可以理解的。

這個說法其實也站不住腳，因為從事重要的工作，不見得能多掙錢。舉個例子，從事核武器發射的人掌握著地球上的億萬生命，但是他們掙的錢並不多，只能掙普通軍人的一份基本工資。沒有什麼比生命更重要的，同樣是治病救人的醫生，在中國和美國他們的工資待遇也有很大不同。

還有一種說法，就是從事金融行業的人特別聰明，工作格外努力，他們能夠解決別人解決不了的問題。其實不是的，金融行業的大部分就業者，他們做的只是很機械重複的工作，並不比其他行業的人需要格外的智商，真正需要智商的行業也許是基礎物理和數學。普通的投行裡肯定不需要絕頂聰明的人，而往往需要像銷售員一樣的情商高的人。

金融行業的從業者收入，無論在中國還是美國，在日本還是歐洲都是偏高的。按理說，如果這是一個市場充分競爭的勞動力市場，應該有更多的人去從事金融行業，直到金融行業的工資降下來才對。但是我們始終沒有看到這個現象。我們看到是這個行業入門難，大家都打破頭想進到頂級投行裡面去。

金融行業掙錢比其他行業要高一些，我覺得可能有以下幾個方面的原因。

一、貨幣壟斷。壟斷包括幾個方面的原因：一是國家對於貨幣的壟斷以及像華爾街這些金融機構所形成的行業壟斷。國家對貨幣的壟斷導致了貨幣的發行必須通過一些固定的管道。那麼離這些管道越近的人，他們就可以優先獲利。

舉一個例子，美元總共的貨幣發行量大約是 16 萬億美元，而這 16 萬億美元都是憑空印出來的。而比其他人優先一步獲得這些貨幣的人，就能先掙錢。中國的貨幣發行總量是 200 多萬億人民幣，這些錢也都是憑空製造出來的。既然是憑空製造出來的，自然有人憑空受益。

二、行業壟斷。搜尋引擎 Google 的員工非常能掙錢，是因為 Google 壟斷了搜尋引擎這個行業。華爾街和屈指可數的大金融機構壟斷了金融行業，無論是公司的股票發行，還是債券發行都要找這幾個大公司才可以。比如一個美國公司要上市，只能去華爾街，只能去紐交所或者 Nasdaq。有壟斷的地方自然就有暴利。我們小的時候，副食店的售貨員阿姨是個令人羨慕的職業，也是同樣的道理。

三、人們的消費行為心理。前面兩個原因還是無法解釋，即使是黃金作為貨幣的時候，為什麼開錢莊的人掙的錢也比普通行業的要多一些。

會走路的錢

我覺得最主要的原因還是人們的消費心理，比如說當你去菜市場買菜的時候。明明只有幾美元的差價，但是你不惜花上十分鐘跟小販們討價還價。小販在你身上多花了十分鐘，也就多掙了一美元。

然而你在從事一億美元交易的時候。你同樣花十分鐘討價還價，來去的金錢數量就是上百萬美元的。同樣一個人擁有同樣的情商，付出的勞動也是一樣，一個勞動產生的價值是另外一個勞動的幾百萬倍。

你購買了一個 100 美元的咖啡機，如果你發現在網上能便宜 10 美元，你並不介意開車去把這 100 美元的咖啡爐退掉，再到網上去買一模一樣 90 美元的商品。然而你花 1 萬美元買一隻鑽石戒指的時候，你不會因為這個戒指多收了你 10 塊錢而再回去找商家理論。因為你心裡的總價值已經被調高了，人們都是在用百分比做自己行為的計算。

你在餐館裡吃飯花了 50 美元，服務員對你畢恭畢敬，提供周到的服務，你心情一好就給了他 10 美元作為小費。你在投資銀行工作，如果你能夠讓一個一億美元的交易過程順利和令人愉快，那這個時候客戶就實在不好意思只掏出 10 美元給你做小費了，而是拿出 100 萬美元來給你。

在機器和人工智慧取代人做金融交易之前，恐怕金融行業的收入會一直偏高。這些道理在我決定去 MBA 的時候還沒能想得特別明白。只是後來在投行工作了一段時間，才明白為什麼金融行業掙錢。

比如說一個 1000 人的企業，員工辛辛苦苦工作了一年，獲得了 10%的利潤。為了簡單計算，先說這相當於 10 萬美元的利潤。這個公司要上市了，這個時候上市，企業估值可能是利潤的 20 倍，200 萬美元。而這 200 萬的估值中要拿出 5%給投行作為傭金。這樣算下來，這 1000 個人辛苦了一年的收入，也就相當於投資銀行 2-3 個人幾個月的工作量。

你可能會問，那上市公司為什麼不願意付更小的傭金呢？既然市場是充分競爭的，為何上市公司不是只支付千分之一或者是萬分之一的傭金？為什麼願意付 5%的傭金給投資銀行作為上市的費用呢？

因為股票每天的價格波動就不止 5%，在這樣大筆的錢劇烈波動的時候，人們不介意付出更多的錢獲得更好的服務。然而你說投資銀行確實給社會創造了 5%，或者是相當於那 1000 個人一年工作的價值嗎？我看沒有。社會的確給金融行業的人支付了偏高的酬勞。

02 求學若渴

我去讀 MBA 一方面的確是受到了金融行業的誘惑。因為我想既然我對錢有興趣，為什麼不進一步看看自己的這個興趣能走多遠呢。另外一方面的動力還是想徹底搞明白金融和財務的一系列問題。我感覺自己所有的金融知識都是零零星星學來的。既然提出了"十年一千萬"的口號，那還是認真系統地學習一下相關知識為好。

MBA 的課程學了十幾門，從必修到選修，學到的知識很多。知識分兩類，有用的和無用的。大部分無用的知識，隨著時間的流逝，自然會從你記憶中被淡忘。就像我們中學大學學到的大部分數理化知識一樣。淡忘並不要緊，很多知識是在記憶深處默默地做著儲備。

學習的很大一個目的並不是立刻把這些知識用到什麼具體的用途上，而是因為有某方面的知識儲備，讓你對某一些領域的問題不再害怕了。等問題來臨的時候，你知道上哪裡去尋找相關的資料。

我自己是理工科背景的，所以對於這一點有著深刻的感受。比如我們大學一年級時候都學過複雜的高等數學，但是我敢說大部分人 95%以上再也沒用過。可是這並不等於高等數學沒用，最大的用處就是當你看到微分和積分符號方程的時候，你不再害怕了。

現在回憶起來，MBA 的課程和知識點是對我的投資理財經歷非常有幫助的。我簡單整理一下供讀者參考。

一個是微觀經濟學，這是經濟學的基礎科目。它讓我明白了價格是和成本沒有關係的，價格完全取決於供求的平衡。在我這一代美國華人中，曾經受到過很多片面和錯誤的教育。很多觀點不僅是書本上錯誤的公式，在現實生活中，也害了很多人。

比如我們一向認為一個商品的價格是圍繞著它的生產成本進行週期的波動。當市場價格超過它生產成本的時候，就會有更多生產者湧入。當價格低於它生產成本的時候，就會有賣家退出，這個動態的過程中實現了價格圍繞著成本的上下波動。

這個理論聽上去不錯，但是在實際生活中其實是一個到處碰壁的理論。2005 年以後，當中國的房地產價格開始飆升的時候。有人用同樣的理論去預測未來的房價。比如當時上海一棟樓的土建成本只有 2000 元每平米，而當時的地價大概是 5000 元每平米。那麼售價怎麼可能長期保持在 2 萬元每平米以上呢？

根據馬克思的理論，應該是大量開發商投入生產，商品房的價格下跌到 7000 每平米以下才是合理的。所以有人根據這個理論就是堅持不買房。更有甚者是把自己唯一的住房賣掉，期待房價下跌之後用更低的價格買入。

然而現實不斷在給這些夢想著房子會降價的人打臉。房價非但沒有低於 7000 人民幣每平米，而且持續高於 2 萬每平米。然後上升到 3 萬 4 萬，一路漲到今天的 10 萬元每平米。在整個過程中從來沒有跌落到生產成本價格以下。

系統地學習微觀經濟學的知識才讓我知道一個商品的價格和它的成本是沒有關係的，市場價格取決於納什均衡點，是買賣雙方按照他們各自是否有其他更好的選擇(Alternative best choice)，而互相博弈的結果。既然是這樣的博弈，房價自然可能是長期遠遠高於生產成本的。

明白這個道理可以幫助我們討價還價。比如我們去旅行的時候，經常到自由市場上和小販討價還價買工藝品。小販們總是喜歡開出一個很高的價格，然後等你殺價。我為此發明了一套討價還價的方法，屢試不爽，每次都可以保證幾乎最低價成交。我在這個討價還價的過程中，其實就是在尋找那個平衡點。因為這些攤子上的很多商品雷同，我從來不關心小販們開價是多少。我討價還價購買商品的方法就是先給對方一個不可能賣給我的基價，注意這個價格一定要低到對方不賣給你才行。

然後我換一個小販，在這個價格上往上加 10%試試。然後再換一個小販，再加 10%，直到有一個小販願意賣給我。我用這樣的辦法買東西，在世界各國的旅行中很少吃虧。當然缺點就是免不了受很多小販的白眼，因為我一開始開的價格總是低到他們憤怒地想打我。

微觀經濟學中另外一個對我有用的知識點就是市場效率理論。這個理論讓我認識到各行各業，除非你擁有長期的壟斷權，不然是無法實現長期高利潤的。用通俗的話概括就是，馬路上你不會隨隨便便看到一張真鈔票，但是如果你看到的話，要趕緊把它抓在口袋裡，因為你再也沒有這樣的機會了。用到房地產投資上，那就是好學區永遠不會有正現金流的房子。如果有，那一定是轉瞬即逝的機會，你要趕緊抓住它。

沉沒成本和邊際成本也是微觀經濟學的兩個重要概念。沉沒成本的概念對於買賣股票其實是非常有幫助的。人們在買賣股票的時候，因為出於期待盈利的心理，總是經常給自己設置一些錯誤的規定。比如很多人死守底線，不願意以低於自己買入價格的成本去賣出股票。其實賣股票你最需要關心的是如何按照可能的最高價賣出，你的買入價格已經全部變成沉沒成本了，壓根不需要考慮。

我們人的一生中，曾經過去的所有事情都是沉沒成本。你投入的時間、金錢、情感都已經沉沒了。想明白沉沒成本的概念，會讓我們更好地放眼于未來。邊際成本是另一個給我深刻印象的概念。當你購買一樣東西的時候，如果賣家的價格高於它的邊際成本，他就有一萬個理由願意賣給你。即使這個價格，遠低於他的平均總成本。比如小販賣東西的時候，進貨價是邊際成本，而房租則是總成本的一部分。這對我們討價還價的時候，摸清對手的底線很有幫助。

不過學習一些經濟學的知識也讓我對美國的一些深層次的社會問題有了更深刻的理解。比如很多已經是板上釘釘的經典經濟學理論，為什麼在現實生活中執行起來那麼困難？每一個學過經濟學的人都會告訴你，房租控制是毀掉一個城市最好的手段。可是並不耽誤加州出臺一個又一個的房租控制法令。所有的經典理論都會告訴你，工人罷工、工會集體議價最後傷害的是工人自己。可是這並不耽誤工會的存在，並幾乎把整個底特律的美國汽車產業弄破產。

這好比是說今天已經有了現代醫學，有了數理化學，但是並不耽誤大家去相信巫術，或者用星座相親是一個道理。

會走路的錢

　　且不說那些不讀書的人。世上有太多的人，他們在讀書的時候，很少把書上的內容和自己的生活實踐聯繫在一起。書上的內容對於他們來說，就像是看動畫片裡哪吒鬧海一樣，雖然看著很熱鬧，但是和他們的生活沒半點關係。他們不會把書上的知識運用到生活實踐中。另外一方面，國家與社會，特別是民主的社會，在權衡社會利益的時候，往往對短期利益的關注遠遠超過長期利益。短期利益是自己的，長期利益天知道是誰的。

　　所以你經常可以看到那些擁有高學歷的博士生們，那些系統學習過統計學理論的人，津津樂道星座與人的性格特徵之間的關係。商學院的畢業生大肆鼓吹租控公共政策。

　　微觀經濟學還會告訴你壟斷的力量。雖然之前我明白壟斷的威力，但是我從來沒有用圖表用供需曲線去精確地描繪壟斷對商品價格的影響到底是多少，並不知道如何量化和計算這部分。學習了微觀經濟學，我可以精確地算出來，當一個國家或一個政府對土地的供應發生壟斷的時候，對價格會產生多麼大的扭曲影響。這些問題用文字說明往往不容易清楚理解，但在供求曲線上描繪時，一切就變得一目了然。

　　微觀經濟學還會告訴你，海關稅收和抵制某一國家的貨物到底傷害的是誰？比如當年我上這門課的時候，中國正好發生抵制日貨。我今天在寫這本書的時候，美國和中國在打貿易戰。學習經濟學可以讓大家對這些問題看得更加清楚。所有稅收最終都是消費者買單。抵制某國的商品導致的結果也是兩敗俱傷，而是讓第三國受益。

03 知識儲備

　　對於宏觀經濟學，我自己感覺最有用的就是搞清楚了利率、GDP、貨幣政策、貿易政策等等這些每天報紙上看到的指標之間的相互關係，明白了背後的原理。這個時候你就可以看清楚報刊媒體新聞背後的故事，不會輕易被別人忽悠。

　　比如宏觀經濟學解釋什麼是錢，錢的本質是什麼？這對我後來投資比特幣有非常大的影響。宏觀經濟學也揭示了 GDP 以及一個國家的財富構成到底是什麼？讓我更能看清楚中美之間 GDP 之間的差異。也能夠看得清楚財富正在朝哪個國家轉。

如果回到 100 年前，有人告訴你，香港有一天人均 GDP 將是英國的兩倍，估計你會笑他們發瘋了。然而這樣的事情實實在在地發生了，而曾經輝煌的英國，人均 GDP 在今天只能排到美國最落後的幾個州裡面，僅僅是加州的一半。明白這些道理才能看清楚世界的財富往哪裡轉。

對 GDP 的理解可以讓我們大概明白哪些是輿論宣傳，哪些是忽悠。比如經常有媒體說中國的 GDP 做假。這樣的報導我在過去幾十年裡不知道看過多少次。另外一方面還有人認為美國的GDP水分很高。因為據說美國6%的GDP都是法律服務，20%的美國 GDP 都是醫療保健。有人認為這是垃圾 GDP。此外永遠不斷有政治人物出來批評不能以 GDP 為論，要考慮幸福感。這些貌似有道理的宣傳，如果你仔細學過宏觀經濟學，就會自己分析和判斷，而不再受到他們的蠱惑。

GDP 是測量一個地區和國家發展再精確不過的指標了。尤其是名義GDP。當你到世界各地去旅行的時候，你幾乎從一個國家的人均 GDP 就可以判斷一個國家的市容和乾淨程度。讀者有機會去看一看，比較一下西歐、東歐、中東、南亞、東南亞的各個國家。看看人均 GDP 能不能代表一個國家的發展水準。

宏觀經濟學讓我們更好地理解通貨膨脹。之前我對通貨膨脹的大部分理解都來自自學的結果。你經常會看到一些神奇的文章，比如輸入型通貨膨脹、農產品型通貨膨脹。因為某些外界因素，導致某一類商品的價格上漲而引發通貨膨脹。學完通貨膨脹的理論，你大概知道通貨膨脹就是錢發多了，其他都是掩飾的藉口。你也知道對付通貨膨脹的辦法並不是擁有某一類不再增發的商品，因為世上沒有永遠保值的東西。

其實這些課對我最主要的用處是對於平時聽到的一些基本概念有了更明確的認識。比如失業率並不表示沒有工作的人的比例。而是那些努力找工作，但是找不到工作的人的比例。明白這個道理就可以知道特朗普競選時候打出美國失業率高的悲情牌是多麼不靠譜。宏觀經濟學關於增長的理論，讓

會走路的錢

我明白人口是決定的因素。一切增長背後的本質是靠人、技術和資本。而人工的增長是永遠敵不過資本的增長的。

我這裡不想把我學到的關鍵知識點都羅列出來。微觀和宏觀經濟學讓我學會了用經濟學的思路思考現象，理清了大量基本概念。

我學完微觀經濟學和宏觀經濟學之後的感受就是，這些課程的基本知識與我們的生活那麼的貼近，也許都應該放到中小學階段進行學習。就像基本的物理數學常識應該是每個現代人都應該掌握的知識。

還有一些專業的課程對我也很有幫助，比如說會計（Accounting）和企業財務（Corporate Finance）這兩門課。學習 MBA 之前，我是看不懂一個公司的財務報表的，也看不懂複式記帳法，我也不知道如何對一個公司進行有效的估價。學習了這兩門課，我大約可以從上市公司的財務報表中大體看明白一個公司的基本情況。投資這門課，更是讓我知道怎樣手把手地從最底層去給公司做一個估價。

金融衍生品交易的課，是一門對數學要求很強的課程。那些複雜的公式，那些複雜的交易策略（trading strategy），漸漸在我的腦海裡都被忘掉了。可是這些知識在研究如何購買比特幣的時候又重新冒了出來。我用到了相關的知識，毫無風險地獲得了比特幣。這點我在第十七章還會仔細介紹。如果我當時沒有上這些課程，那麼可能就沒有這樣的知識儲備，等這個問題來臨的時候，我也想不到這樣的好方法去投資。

市場學（Marketing）這門課也很有意思。學習這門課之後，你會知道，市面上大部分商品的價格跟他們的生產成本沒有關係，而完全取決於商家忽悠消費者的能力。人們的購買習慣是非常複雜的，不是簡單的比對性能和價格，而是受很多心理因素的影響。人們在掏錢的時候，覺得自己是上帝。任何人一旦傲慢，智商也就自然直線下落。B2C 市場大量的消費品銷售價格長年遠遠高於生產成本，比如 LV 包。

讀書期間的另外一件樂事就是閱讀了大量的案例(case)。這些 case 大部分都可以當歷史書來看。比如洛克菲勒經營房地產的歷史，我就寫了一篇文章，來看看地主是怎麼分家的？

洛克菲勒中心分家的故事 (2008 年 2 月 14 日)

by Bayfamily

　　大家都知道紐約有個赫赫有名的洛克菲勒中心。洛克菲勒家族從 1932 年到 1952 年的時間裡，在紐約的 mid town（中城）先後蓋了十二棟樓。占地 12 個 acres（英畝），總面積 6.5M 平方尺。一度是紐約人以及美國人的驕傲。 雖然我每次去都特別不以為然，可紐約人把它當成個寶，尤其是那個小溜冰場。我實在看不出有什麼特別的地方。洛克菲勒家當年蓋這個房子暗箱操作的事情可沒少幹。從地皮到特許經營權。在這房子上洛克菲勒家族可是賺嗨了。嘩啦嘩啦猛收了三十幾年的租子。

　　事情到了 1985 年，問題來了。首先是家族根深葉茂，子子孫孫，要分家產。不是每個人都對房地產那麼有興趣。房子不像股票，可以分得很細。當然過去中國人分家是另外一回事，老大東廂房，老二西廂房。你看，前些日子中國的李連傑，在上海浦東最好的地段蓋了個房子，然後向媒體宣佈，打算東邊這棟留給大女兒，西邊這棟留給二女兒。整個還是一個土財主的腦子。老外分家要分個乾淨，何況這幫子孫們不再滿足收租子過日子。最好是把房子賣掉，大家一分，然後該幹什麼幹什麼去。

　　要賣房子，麻煩可來了。第一是稅。到了 1985 年，房子的市場估價是 1.6Billion。可在帳本上由於長年的 depreciation write off （折舊抵扣），房子的價值已經幾乎是零了。這真是投資房地產的好處，明明是天價的房子。Sam 大叔的帳面上卻過癮地把它的價格當成零。 以前 claim depreciation（申報折舊）是不錯，可現在一下子要交 1.6Billion 的 capital gain（增值） 的稅，洛克菲勒家可實在不甘心。

　　第二是名聲。洛克菲勒家的老一輩革命家對房子有深厚的感情，希望永遠掌控房子的實際經營權，要把洛克菲勒的名字永遠繼承下去。要是隨便把房子賣掉，明天被人改成李嘉誠大廈，豈不是很傷家族的面子。

　　第三是房子的總值太高。一下子出賣，也沒有哪個買家能買得起。如果弄個 exchange（互換）來延稅，也找不到類似的房子和買主。

會走路的錢

怎麼辦？說來簡單，refinance。

首先是先化整為零，弄一個占 80%股份的 REIT (real estate investment trust)。在 REIT 的名下，出售 750M 的股權。等於是擴招新股，股本進來的錢總不用交稅吧。接著是發行 500M 的債券，發行的是 convertible 的 bond（可轉債）。若干年以後，可以轉成股份。發行債券不但不交稅，反而可以用利息來減稅。後來日本人在 89 年買了 1.3billion 中大部分股份，當冤大頭的故事，大家都知道，我就不說了。

你看看，這樣一來，洛克菲勒家占了 20%的股份。其他 80%的股份分散在其他千千萬萬的投資人手裡，洛克菲勒家族保持房子的實際經營權。同時大量的現金進賬，一分錢稅也沒有交。子孫們吃喝玩樂，分散投資。

好了，洛克菲勒的故事講完了。很簡單，是個大地主分家產和逃稅的故事。從中我們可以學到什麼呢？

首先是要知道，在美國投資房地產是幾乎不用交稅的。無論是大地主還是小地主，我很少聽說有人交過 capital gain 的稅。窮人有 500K 的免稅，可以 exchange, 富人有無數的漏洞可以鑽。不但不交稅，depreciation 和 interest 還可以到處抵稅。相比之下，401K 的延稅和 Roth 的免稅實在不算什麼。在中國投資也是同樣的道理。洛克菲勒家把錢取出來和我們做 refinance 沒什麼區別。在中國買賣房子的稅費很高，最好的辦法就是長期持有，要錢的時候，cash out 貸款提現出來。

第二個是洛克菲勒中心當年估價用的資料非常有意思。在 1985 年，當時的估價是鑒於未來 20 年裡，每年 7%的房租增長，6%的成本增長和二十年後 8%的 Cap rate 作出的。後來實際的 rent 沒有漲那麼多，成本倒是呼呼猛漲。也是後來日本人退出，中心瀕於破產的原因之一。俗話說，買的沒有賣的精。新手買出租房，老房主常常是玩了幾十年了的老江湖。信息是不對稱的。對於未來的房租估計不能太樂觀。切記這點。

其他的比較精彩的 case，給我留下深刻印象的還有幾個。一個就是為什麼電腦上會貼 Intel 標籤的？ FedEx 是怎麼創業成功的？當然可口可樂和百事可樂的故事永遠是經典。他們兩家互相爭鬥的歷史也可以反映消費者的弱點。那就是消費者是盲目的，他們根本不知道自己在買什麼。而賣家永遠在利用人性的弱點獲取高額利潤。如果你仔細想一下我們生活中的細節，不單限於奢侈品，甚至是一個紐扣、一袋大米、一塊肥皂，它們都不會無緣無故地跑到你家裡來。這些商品之所以跑到你家裡來，你之所以買了這些商品而沒有買另外一些商品，都是因為在成千上萬個管道和環節上被別人精心算計過。

04 次貸危機爆發

在美國給人的感覺就是你是自由的，你可以做任何你想做的事情，我感覺自己既然對金錢和投資這麼感興趣，那也許應該去金融業去嘗試一下，人做自己感興趣的事情總是對的。讀過 MBA 的人都知道，學習知識只是 MBA 教學中很小的一部分。

更大的一部分是 networking，和各種各樣的人打交道，其實就混圈子。我讀的商學院是全美排名前 15 名的商學院，大部分同學畢業之後都去了金融領域工作。我也給各個投資銀行的工作人員打電話，與他們套近乎，爭取尋找工作實習的機會。

但是 networking 實在不是我特別擅長做的一件事情。我擅長於思考和觀察，不屬於能說會道的人。在美國更是這樣，作為少數族裔，總有一種你努力擠進別人圈子裡的感覺。這也有可能是我過於敏感。有的人和別人共事的時候，很自然就能成為這個團體裡的領袖，而我不是，我更喜歡像一個局外人一樣靜靜地觀察。既然性格裡不是領袖，那就不用勉強自己去做個領袖。

我 10 年投資理財計畫的成功要點取決於自己現金流的提高。所以我很自然地就會想到去從事金融行業。而當我積極努力地聯繫各個投行公司，看看能否謀到一份工作的時候，又一個想不到的事情發生了，那就是次貸危機。

如同 911 災難發生的時候一樣，次貸危機發生那一天的每一幕我也是一樣印象深刻。次貸危機當然是有一個漸漸演化的過程。我印象中，從 2007 年一開始便是山雨欲來風滿樓。做貸款的公司 Countrywide Financial 要破產的時候，我正在上投資學(Investment)這門課，老師解釋了 Countrywide 是如何把房

會走路的錢

地產債券分成幾段，然後合併起來打包出售。課堂上拿出了這個公司的財務報表，讓我們看看能否分析出這個公司要破產。

從財務報表上根本看不出這個公司有任何破產的跡象。不但我們看不出，連專業人士也看不出。因為很快美國銀行(Bank of America)就花了幾十億美元買了這個公司。哪裡知道其實是買了有毒資產，後來差點把 Bank of America 拖破產。財務報表只能是後知後覺，很難先知先覺。

這是我對次貸危機的第一次理性認識。但是整個次貸危機的高潮點是美國政府宣佈不救助雷曼兄弟而讓其破產的那一天。之前美國聯儲局救了 Bear Stearns，把該公司用兩美元一股的價格轉給了 JP Morgan。我當時看到這個消息的時候還想，怎麼美國跟中國一樣，也搞大國企並購。到了 9 月份，雷曼兄弟不行了。聯儲局、財務部長和華爾街所有的銀行大佬在一起開會，決定救還是不救雷曼兄弟。

那天是 September 13, 2008，如果我沒有記錯的話是一個週六，我正在上一堂課。當時手機已經普及了，大家一邊聽著老師講課，一邊都在等著當天下午的新聞。每個美國人都在關心那個會議的結果。

課上到一半的時候，有一個同學舉起了手，老師問他有什麼事。那個同學對老師說，我只是想跟老師和同學們說一下，聯邦政府和華爾街的銀行們決定不救助雷曼兄弟。

教室裡發出"轟"的一聲，大家交頭接耳的議論著。以前的各種金融危機，普通老百姓都是吃瓜群眾，看熱鬧不嫌事大。但是那年是我們臨近畢業的時候，大家從吃瓜群眾變成了群眾演員，金融市場的好壞直接關係到我們的工作與就業。

老師在臺上讓他把新聞頭條讀一下，然後沉思了一會兒，靜靜地說，這非常有趣，咱們看看會發生啥"That will be interesting. Let's see what happens."。我能感覺到教室裡沉重的氣氛，很多人臉色鐵青。因為讀 MBA 都交付了很高的學費，有些人背負了比較重的貸款，這個時候大家最需要的就是一份高薪的工作。而經濟危機的到來，尤其是直接由金融行業爆發的經濟危機，讓每個人的未來都變得前途暗淡。

這場災難現在回想起來仍然歷歷在目，和我回憶 911 那個早晨簡直是一模一樣。因為美國政府宣佈不救助雷曼公司，第二天爆發了總危機。市場上大家誰也不相信誰，因為大家不知道下一個倒閉的公司是誰。很快聯儲局不得不到國會申請要求 7000 億美元的救助計畫，而且還說即使給了 7000 億美元，也不清楚能不能救活金融市場。但是如果不救的話，一切都將陷入徹底崩潰。顯然當初那個不救雷曼兄弟的決定是錯誤的，金融市場一切的秘密就是信心，如果大家都沒有信心的話，系統就會發生崩塌。

我就是在這樣混亂的背景下，去投行找我的實習機會。

05 投資銀行

儘管我不是很喜歡 networking，但是我對華爾街和投行到底是怎麼工作的卻有著很濃厚的興趣。所以我也加入了 networking 的洪流，不停地和投行校友們打電話，說一些言不由衷的話語，重複聊著一些快能背出來的話題。電話 networking 主要是介紹自己，然後順便讓對方感覺到，我對這個投行的工作付出了極大的熱情。這樣的招聘方式其實是非常荒唐的，但是不知道為什麼這些年來投行一直保持這樣的慣例。這也是我開始感覺到金融行業根本不是我原來想像的一樣。那段時間可能是我一生中說過言不由衷的話語最多的時候。

不過我的運氣不錯，在市場最糟糕的時候，我居然在世界前十名的投資銀行，找到了一個實習機會，讓我可以有機會在一線瞭解金融公司是怎麼運作的。投行的收入雖然非常高，但是每天做的工作卻不用費什麼腦子。根本不需要一個聰明人從事金融行業，每個人就像一個大機器上的螺絲釘，只要把自己的那部分工作做好就可以了。

說白了投行就是一個仲介業務，和普通的房地產仲介沒有什麼區別，只是投行做的是買賣公司的仲介業務而已。比如投行的大部分工作是做上市和並購。整個過程和買賣房屋的仲介代理也沒有什麼區別。主要是和一個快要上市的公司領導套近乎，爭取把業務攬到。談好委託代理協定，然後幫著公司做估值，就像給房子做估值一樣，然後再按照流程辦理上市手續。

會走路的錢

這個過程其實很簡單，難點就是你是否能做好人際關係，需要的基本技能就是討人喜歡，做好對人的服務工作。而作為基層的分析員，其實做的工作也沒有智商挑戰，只是把一些 PPT 和財務表格整理得漂漂亮亮的，不要有錯誤。

既然是個"拼縫"的買賣，社交就成了最重要的環節。我在那裡工作的兩個月中去了無數多的派對。即使次貸危機後金融市場已經糟糕到那個樣子，大家還是忙於派對。差不多每週都有兩個以上的派對。在派對上大家觥籌交錯，談論著各種很大的數字和經濟形勢，喝得有些上頭之後再回到辦公室通宵熬夜地趕各種 PPT。

社交不是我擅長的，我自己的個性是擅長觀察和冷靜的思考，最不擅長的就是和人面對面打交道。有些人天生具有親和感和號召力，我卻沒有這個天然的能力。我話不多，經常冷場。

我總體的感覺是金融行業的人並沒有為這個社會創造出那麼多的價值，金融公司和投行獲取的高額利潤並不因為他們提供多麼複雜的服務，而在於他們做的是高額的金融交易。社會出於各種原因，分配了太多的蛋糕給他們。

我當時做了一個市值大約 10 個億的上市案子，市盈率大約是 25 倍。我們幾個人忙了幾個月，拿到的服務費在 2000 萬左右。也就是說投行基本上拿走了一個企業半年的純利潤，等同於 2000 個企業員工拼死拼活幹了半年。這還是能夠上市的公司，幾千家公司裡面才能出一家上市企業，大部分公司的利潤率根本沒有這麼高。

所以投行的收入高，是因為我們幾個月就拿走了幾千人半年產生的利潤。但是你說投行這些服務有多大的價值，或者難度有多高，卻實在看不出來。無非就是整理一下財務報表，規範了一下法律流程。連財務審計和盡職調查（due diligence）這些事也通通是外包的。

分配的不合理，導致很多人對金融行業趨之若鶩。可是金融行業的文化總是和我格格不入。我不知道該用什麼詞來描述，找不到一個描述這種感覺的詞彙，也許就是浮誇和 Snobbish。在金融行業工作的順利與否很大程度取決於他人對你的信心和信任。所以大家對外在的東西都非常關心。穿衣服要穿名牌，東西要用最好的，業餘生活就是關心哪裡去弄一個好的跑車，哪裡去住一個豪華的酒店，哪裡去弄個飛機。說起話來要口若懸河誇誇其談。

雖然很多人受過良好的教育，都是著名的高校畢業生，可是他們特別看重那些虛無縹緲的東西，搞各種攀比和浮誇的人生觀。

可是另外一方面，因為投行的收入比較高，當然公司也會提高行業准入門檻。門檻之一就是特別長的工作小時。投行的工作小時數經常會超過 100 小時每週，每個人累得像死狗一樣。讓人感覺投行裡面的人都像是金錢和欲望的奴隸，沒有自由。每個人心裡算計的都是年終的分紅有多少，內心並沒有什麼快樂。

相比之下，做我理工科的老本行，雖然金錢收入沒有那麼多，但是我很快樂，而且很自由。我不需要花那麼長的時間做一些在我看來特別無趣和假大空的事情。所以我最後選擇不去金融行業而是繼續做我的老本行。因為我覺得金錢給予人的最大好處是自由，我可不願意在以後 10 年或者 20 年的時間裡，度過那麼多通宵達旦加班的生活。

06 資產分析師

金融系統裡的另外一個高薪的工作就是 Equity analyst。這是一個需要冷靜思考的職業。你需要觀察一個公司的運轉情況，然後估算出它們到底值多少錢，未來是否有增值空間。可是近距離接觸後，我發現這些分析師大部分的工作基本上是盲人摸象。他們寫出厚厚的分析報告，說得頭頭是道，可是那些頭頭是道的預測他們自己都未必相信。

我當時要做一個可再生能源公司的並購買賣，所以專門拿了一份花旗銀行的分析報告來閱讀。這個報告是由當時在這個行業裡非常著名的分析師寫的。他分析了光伏產業的未來前景，比對了眾多公司，最後得出的結論是光伏行業未來幾年看好，而且中國無錫尚德將會一枝獨秀。

我翻看了一下，就知道他其實是在胡說，他對可再生能源不瞭解，對尚德這個公司也不瞭解。我之所以敢說這樣的話，是因為我的理工科專業領域

會走路的錢

跟尚德有很大的相關。我的技術背景讓我對尚德看得更清楚，我知道尚德太陽能和其他公司無論從技術門檻和管理能力上其實沒有什麼太大的區別，而且整個行業面臨嚴重的產能過剩。

果不其然，過了幾年之後尚德破產重組。如果你現在再把這個分析報告拿出來看看，他的預測就如同說夢話一樣。我記得那個報告裡的財務分析，信誓旦旦地認為尚德太陽能的股票會超過 100 美元一股。

到底這些資產管理的分析師對於公司有多大的理解，我一直表示懷疑態度。因為有非常多的資料，證明這些分析師給出來的報告並沒有很好地指導市場投資到正確的公司上。哪些分析師有名，哪些分析師沒有名，往往取決於他在圈子裡的資歷和人脈混得怎麼樣。

這也是印證了我一再相信的，在對市場未來的判斷上，沒有人是專家。大到宏觀經濟未來的判斷，小到對一個具體公司的財務判斷。我後來自己創業的經歷也證明了這一點。作為公司的創始人，在我掌握了全部的財務資訊和管理資訊的情況下，對於公司的未來我自己都看不清楚，更不要說分析師了。

07 MBA 經歷總結

我的 MBA 經歷總體是正面的。我最大的損失就是金錢上的損失，我總共付了大約 10 萬多美元的學費。但是如果當時沒有讀 MBA，這 10 萬美元會被用來投資房地產。而按照後來局勢的演變，我估計損失了 100 萬到 200 萬美元。

MBA 學費雖然是大學學費，但是不能抵扣任何稅費。我還是秉承以前的消費理念，學費貸款和其他的信用卡貸款本質上沒有什麼區別，都屬於超前消費。所以 MBA 學費我也是自己老老實實地把它付掉了，沒有申請一分錢的學生貸款。這樣我在畢業的時候可以有一個比較好的狀態，不用因為身上有財務的負擔而不得不去選擇一些掙快錢的職業。

但是我並不後悔這件事情，最主要的是學習到了知識，還有讓我更清楚的瞭解，自己是一個什麼樣的人，未來應該做什麼樣的事。

　　還有一點，就是在公司上市的過程中，我認識了一些企業家。在和他們的交往過程中，讓我對創業有了進一步的瞭解。在我以前的記憶中創業的人都是一些特別八面玲瓏的人，或者有資本管道的人。後來我發現創業其實需要的是一些意志堅定的人，他們並不需要能說會道，甚至性格偏內向和冷靜。

　　投行實習快結束的時候。一個資深一點的 MD 約我一起喝咖啡。他知道我有博士學位之後，語重心長地對我說，"你還是去做實體企業更合適。我們這些人沒有一個人知道怎麼樣像壘磚頭一樣，把一個公司一點一滴地建起來。你和我們不一樣，我們這裡只有你知道。"

　　也許是被他的真誠感染，也許是被他忽悠得我自我感覺良好。之後，我決定先嘗試一段創業的生活。我的創業故事可以另外寫一本厚厚的書。限於篇幅，我這裡不說那裡面的甜酸苦辣了。創業鮮有一帆風順的，大部分創業公司三年就倒閉了，其餘的 90%都變成了雞肋。我的運氣就是雞肋的那一部分。創業導致我長年低收入，遠低於我找個大公司混日子的收入。現在想想要是當年不創業，我的投資理財之路，十年一千萬的目標會實現得更快更加順利一些。

1,000,000 到 10,000,000 美元

　　你的存款只是允許你上車玩遊戲的門票。遊戲的勝負不取決於資本的多少，而是上車和下車的時機。你能住什麼樣的房子，基本上也取決於你遊戲玩的好壞，或者你是否參與到這個遊戲當中。

第十三章 從 100 到 1000 萬（一）搶房

01 上海購買第二套住房

當目標確定，理想定好，知識儲備完畢，一切理論問題都想清楚了之後，就是開始埋頭苦幹奔向 1000 萬的目標了。不付諸實踐的，再好的道理都是空話。我在投行工作的時候，一個同行對那些媒體上經濟評論人非常不屑地說："你別看他們誇誇其談，口若懸河。明天真的給他們一百萬美元讓他們對賭試試做到 15%的年收益，恐怕他們會嚇得屁滾尿流，落荒而逃。"

光耍嘴皮子是沒有意義的。實踐才是檢驗理論的唯一標準。這點上我一向欣賞王陽明先生。所以在後面幾章裡，我會盡可能的把自己制定投資目標後的十年投資歷程，以實錄的方式呈現出來。無論你同意還是不同意我的觀點，這是我們這個時代，我們這代華人，實打實的歷史紀錄。

現在回想起來可以把 "普通人家十年一千萬理財計畫" 的投資經歷分為三個階段。每個階段都完成了一個重要的投資工作。當然這個劃分並不是絕對的。因為很多投資都是連續的，這樣劃分只是讓讀者便於理解。

我做了三件比較大的事情，分別是：投資中國的房地產、抄底次貸危機後的美國灣區房地產、投資比特幣。這三件事情大體有一定的階段性。就是 2007-2010、2010-2016、2016-2018。

當然很多投資都是連續的，我在做一個投資的同時，另外在關注著其他的市場。我這裡基本上是按照具體落實的行動而劃分階段的，並不只是自己關注的物件。一個好的投資者其實是在不斷地關注著周圍有可能出現的投資機會的。

會走路的錢

2007 年的時候，根據我對加州房地產形勢的判斷，在我制定的十年投資理財計畫裡，決定先不再買房，而是等一陣子再說。加州的房地產投資規律性很強，過去三十年裡經歷了四次漲跌起落。為了更好地執行制定的計畫，我當時在投資理財的論壇上，提出的口號是"三年不買房"。並把這一個策略在網路上用博客公佈出去。

2007 年，我的十年計畫的頭一年裡，我最關注還是在中國的房地產。由於在北京的買房計畫遲遲無法落實，我把手上幾乎所有的存款，在上海買入了第二個房子。

當時大部分回中國大陸的購房者，只是為了滿足他們老了退休的打算，或者給家人改善生活的願望。很多人說在中國買一個房子，現在給自己的親戚住，老了之後他們可以回國有地方住。這些打算背後的邏輯是中國比美國的物價便宜，有更多的親情，適合養老。

換一句話就是，美國的錢好掙，中國的錢好花。所以在美國掙美元以後，按照 1：8 的匯率匯到中國花人民幣。

我可不這樣想。如果你看日本、香港、臺灣這些亞洲四小龍的歷史，你就會大體預測到再過幾十年，等我們老了的時候，中國會變得異常的昂貴。中國的核心城市，根本不是普通退休美國老人可以住得起的地方。老了退休應該在美國住才對。而中國是在快速發展的階段，所以應該現在趕緊在中國掙錢才是重要的。更為現實的模式應該是倒過來，在中國來掙錢，回美國來養老。

2006 年夏天，雖然房價比起幾年前已經漲了一倍多，但上海的房地產依然非常搶手。於是我利用回國探親的機會，去落實購買第二套住房的計畫。按照我自己原先想好的投資理念，打算投資上海的 2 號地鐵沿線住房。2006 年夏天上海的房價已經今非昔比。2001 年的時候，我們在美國工作的白領雙職工可以在上海的幾乎任何地方買得起房子。2006 年只能選擇內環線以外的房子了。我當時看中一個在長寧區天山路的樓盤，專門委託了一個在房地產公司工作的親戚，讓他幫忙找開發商打一下招呼。

68

那天是早上 9:00 開盤,我因為要陪母親一起吃早飯,所以 11 點才趕到現場。我去的時候,售樓處說房子一套都沒有了。真的就是這樣,整個樓盤開出來,一個小時就全部賣完了。很多人擁擠到售樓處,銷售對所有人都是攤著手,用擴音器喊,"樓盤已經全部銷售完畢,請大家不要滯留"。 房子沒有了,即使我們打了招呼,找了關係也沒有用,因為全都賣完了。

親戚埋怨說:"你為什麼這麼晚才到?"我啞口無言。其實現在想一想真的是怪自己,沒有把買房子做為最高的優先。因為買房子畢竟是買東西,買東西的時候人總覺得自己花錢,應該被當作上帝一樣服務才對。

我和很多人一樣低估了中國一線城市的購買力。1990 年的時候,中國每年的建成面積是 1000 萬平米。2000 年的時候,中國每年的建成面積是一億平米,整整漲了十倍。2010 年的時候,中國每年的建成面積是 10 億平米,又漲了十倍。即使這樣也擋不住洶湧澎湃的購買力。漲了 100 倍的產能在任何一個國家早已過剩了。但是中國人口城市化洶湧澎湃,一線城市的住房永遠蓋不完,永遠都不夠。

等人群漸漸散去了,我找到公司裡的熟人詢問情況。那人客客氣氣地說他也沒辦法,都是定金塞過來買房的。也許等幾天會有人退出來再給你們消息。我覺得他是友好地寬慰我們。搶到籃子裡的都是菜,這個樓盤是不會有人退出來的。

親戚寬慰我說這個樓盤其實也有很多問題,不買也罷。首先離一個廢水處理廠比較近,偶爾能聞到一些臭味,另外此地和中環高架路也比較近,比較吵。其實買房子哪裡有十全十美的,十全十美的房子哪裡又輪得到你。

我的態度還是很堅定,我說這次回來一定要買一個房子。因為我知道這樣的機會失去之後,恐怕未來幾年就再也沒有了。 他後來想了想和我說,也許我們可以去浦東看一看。 他的另外一個朋友,在那裡開發一個新的樓盤。但是那裡既沒有地鐵也不是很繁華,而且不是 2 號線沿線,恐怕買了會出租不出去。因為那個時候,很多人擔心上海的房價已經漲得太高了。報紙上到處都是類比日本當年的房地產泡沫的文章。我的這個親戚也是有過很多年投資經驗的人。他建議我不要去買太偏僻的房子，核心區的房子可能更加保值一些。

我說沒有問題，因為我在美國的經驗告訴我，房價漲起來的時候，是邊緣地帶的漲幅更加可觀一些，因為世上總是窮人多。

就在我要離開上海的最後一天，親戚幫我聯繫好了。我到那個樓盤去，我記得那天下著小雨。浦東那片地方因為有很多建設工地在建，所以一路泥濘不堪。目力所望的地方全部都是腳手架和工地，一眼望不到頭的在建項目。

那個樓盤不是很搶手，雖然規劃了兩條地鐵線在樓盤附近，可是規劃畢竟只是規劃，還沒有建成。周圍基本上也沒有什麼服務設施，到哪裡都不方便。

尤其有些讓人不安的是周圍大量的在建樓盤，附近也沒有什麼像樣的產業。當時浦東的產業都集中在張江和金橋，陸家嘴也集中了很多金融公司。我看的樓盤在聯洋附近，雖然也在內環線裡頭，但離小陸家嘴還有一定的距離。這次我的運氣很好，經理熱情而且客氣。因為還沒有正式開盤，所以整個項目的樓盤都擺在那兒讓我隨意挑。

這幾乎也是我這輩子從未有過的經歷，整個樓盤十幾棟樓、幾百個單元任我挑選。經理對我說"你要買哪個，你挑吧"。

我當時被一個現在看來可能是錯誤的觀點所引導，就是只想著 IRR 而忽視了 NPV。IRR 和 NPV 是兩個投資領域經常用來評價專案好壞的指標。IRR 就是 internal rate of return,說白了就是回報率。NPV 是 net present value,大白話的說法就是賺了多少錢。

按照 IRR 來選擇的話，要買小房子，特別要買犄角旮旯的樓層，比較差的便宜房子。這些房子的成本低，而升值的比例卻要比那些大房子好樓層的房子要高一些。所以寧可買兩套小房子，也不要買一套大房子。因為兩套小房子的回報率要高一些。在美國也有類似的說法，就是要買同一個社區裡最小的房子。大房子的價格會被小房子的價格往下拉一些，而小房子的價格會被大房子往上拉一些。而且越小的房子，越便宜的房子，越容易出售和出租，流動性也會更強一些。

但是我忘了一點，就是買房子本身是要有時間成本的，購房也是有機會成本的。同樣花了一個月的時間，項目 A 的 IRR 是 20%，投資是 100 元。項目 B 的 IRR 是 10%，投資額是 1000 元。項目 B 的 IRR 比項目 A 要低，但是顯然是更好的選擇，因為項目 B 的 NPV 更大，掙到的錢更多。此外投資機會也是稍縱即逝的。如果機會只有一次，你應該盡可能地買最大的那個房子。

這是我後來越來越少用 Excel 表計算來決定投資的一個原因。很多投資因素是在 Excel 表上沒有辦法體現出來的。Excel 表可以算出你的投入和產出、你的回報率以及各種情景。但是事後往往完全不是那麼回事，因為有太多不確定因素，人的因素也沒有辦法被考慮計算。這裡的一個例子就是你的時間成本和機會成本，後面我還會講其他的例子。

我當時選了一個 2 室 1 廳的公寓，面積 100 平米。雖然當時有房型更好的樓層，3 室 1 廳，150 平米的。

經理對我的選擇表示驚訝。因為我選的是一個兩面全黑，夾在中間的一個房子。我也沒有選擇接近頂部盡可能高的樓層，而是選擇了一個在五層樓的單元。他跟我說了這個房型的弊端，並且建議我選擇建築兩端的，更大面積一點的房型。

我沒好意思跟他解釋我的"投資理念"。那些今天看來幼稚可笑的理念。只是說："兩室夠用了。"

他也就沒有多勸我。只是說，"你看中了就好，我幫你記下來，你回去吧，等開盤的時候我告訴你，你來辦手續。"

我和他說我人在美國，開盤的時候可能沒有辦法來辦手續，能否委託他幫我把手續都辦了，他說沒有問題。因為他自己就是開發商，負責整個專案的總經理。

不過我還是吸取之前的教訓，把定金付給了他一些。他說你不要給我錢，還沒有正式開盤。我卻無論如何讓他把錢收下，連個收條我都沒有要。這個房子總算買了下來，雖然不是最好的選擇，我應該買最大最貴的那套房子。不過,買到總比空手要好,人生哪能十全十美。這個投資能夠跑中國一次就搞定,現在看來,最主要的原因還是清晰的決心和周圍人的幫助導致的。

02 中國房市判斷

我能這麼堅定決心地繼續購房,一方面是因為自己仔細研究過日本、韓國、臺灣、香港在經濟騰飛的時候房地產的一些變化過程,另外一方面應該感謝微觀經濟學的一些基本知識,這些知識讓我能夠自己對一些簡單的經濟現象做出正確的思考。

當上海出現第一輪房價暴漲的時候,國家緊跟著出臺了一系列的房價調控政策。當時還是溫家寶在做總理的時候。這個政策開啟了後面漫長的十幾年房地產調控政策。幾乎每次房地產價格出現暴漲,都會隨之而來一些新政出臺。朝令夕改,讓市場出現極度的混亂。開發商忽視工程品質,天天趕進度。

每一次房地產新政的出臺都叫新政。後面因為不斷地加新政,媒體為了區分,乾脆起名"新新政","最新政"。可是每一次這些政策的出臺,稍微有些經濟學常識的人都不難看出,政策的目的並不是降低房價的,而是為了防範宏觀經濟的風險和產業的過度擴張。

讀者感興趣可以自己去網上搜查一些 2003 年到 2013 年一系列的房地產調控的歷史。從國八條、國五條、新國八條。政策密集到幾乎每隔半年就出臺一個新政。不過現在時過境遷,人們可以用冷靜的頭腦分析一下,看一看這些政策有可能把房價降下來嗎?

經濟學常識告訴我們,一個商品價格上漲是因為供需不平衡造成的。所以抑制房價的最好辦法是加大供應。如果想改變人們對未來的預期的話,最好的辦法就是改變人們對未來供應的預期。

然而國家並沒有這麼做,他們出臺的房地產政策全部都是打壓開發商、控制土地、控制房型、減少商品房的供應、增加交易環節稅費、抑制需求。所以這樣的檔標題是寫著控制房地產價格,也許初衷也是為了控制房價,但實施的結果只會是火上澆油，讓老百姓漲價預期更加強烈，讓房價像脫韁野馬一樣向上漲。

其實你有足夠多的人生經歷，你就會知道。這樣的事情在美國的政治經濟裡也經常發生。任何一條法規或政策的標題，永遠是符合人心、符合大眾意願的，任何政客和領袖不可能與大眾的意願為敵。

但是魔鬼在細節裡。細節裡有兩部分，一部分是無法落實的事情，一部分是可以落實的部分。真正可以落地的內容往往是政策制定者最真實的意願。至少能反應政策的執行者的意願。而那些無法落實的細節只是為了說辭。

比如為了反對恐怖分子在美國搞破壞，防止 911 這樣的事情再發生，美國政府需要在全國各地加強情報收集工作和在海外搞監聽。可是民眾往往對政府入侵自由和民眾隱私表示警惕。所以這個法案出臺的時候就不能叫作"監聽法案"。如果叫"監聽法案"十有八九老百姓就不樂意了。布希總統管這個法案叫作《愛國者法案》。誰能不愛國呢？特別是 911 之後，美國人的愛國情緒到達了頂點。所以這樣的方案就很容易通過並獲得老百姓廣泛的支持。

在 2003 年到現在的十幾年裡，所有的房地產調控都是中央政府在唱高調，樹立愛民形象，地方政府忙著撈錢，趁機加稅和推高土地價格。總體而言，政府是沒有任何意願控制房價的快速上漲的。因為控制房價對於地方政府簡直就是與虎謀皮的行為。

如果一個人打算找一隻活蹦亂跳的老虎，商量能否借其皮一用，大部分人會覺得他是瘋子。可是真的有民眾相信政府會主動地降低房價？殊不知，高房價對於地方政府和老虎皮對老虎一樣重要。

因為政府需要賣土地，才能獲得大量的收入。所以房價越高，土地價格才能賣得越高，政府才能有更高的收入。哪個機關或者是單位會嫌自己收入多呢？特別是中國很多城市的財政收入將近 40%要靠賣地掙錢。沒有這些收入，政府如何給公務員發工資獎金，如何有錢搞基礎設施建設和謀求產業的發展？

會走路的錢

治大國如烹小鮮，政府和老百姓過日子本質沒有多少區別。政府要花錢的事情太多了，要扶貧、要搞人才引進、要置辦醫院學校養老院。哪個地方不需要錢？事實上政府缺錢的程度比我們普通老百姓還要嚴重。

我們老百姓一般手上有一塊錢，就當一塊錢花。個別如我這樣省錢節儉的主，有一塊錢還恨不得只花五毛存五毛。

政府則不一樣。無論中國還是美國，我從來沒有見過哪個政府會省錢下來給下一任政府用的。政府一般都是超前消費。因為下一任的政績屬於下一任的，我在任的政績才屬於我。為了政績，政府往往喜歡用信貸的方式超前消費。2000 年以後很多地方政府基本上都是手上有一億的時候，敢搞十億的建設。

大部分情況下，政府特別是地方政府對錢的渴望，就像是太平洋上海難的人對淡水的渴望一樣。只要看見水就會慌不擇路地趕緊往喉嚨裡灌。真的渴極了哪怕海水都敢喝。這個時候你要跟地方政府說，希望你們能夠平抑房價，多供應土地，這樣我就可以買得起房子。其實和與虎謀皮有什麼區別？

地方政府總體上來說是把城市當作公司一樣來經營。政府都希望城市做到產業興旺，這樣有稅收。所以政府往往對引進和發展產業都是不遺餘力的，無論這個產業是製造業工業、高科技產業還是商業。因為有產業就有稅收，有稅收就有錢，有錢就能擺平很多事，能擺平很多事才能有政績。

另外一方面每個城市的管理者天然地會把人都看作是負擔。沒有哪個城市希望這裡來更多的人，因為每個人對於城市的管理者都是負擔。政府需要管好他們的吃、喝、拉、撒、衣、食、住、行。來的人孩子要上中學小學，所以需要花錢去建中學小學。來的人會生病，所以需要去建設醫院。好人來了，壞人也會跟著一起來，所以就要有更多的員警和建設更多的監獄。每多一個人，城市服務設施統統要跟上。而這些都是需要政府花錢的。

所以作為城市的管理者，他們永遠希望的是，最好有不生病不生孩子不會老的年輕人來到這裡把產業建起來。所以你可以看到一個怪現象，大部分城市都把土地優先留給產業。他們喜歡蓋商業樓、商場、工廠。儘管有時候土地明明不缺，他們也不喜歡供應土地蓋住宅。而且進來的人口最好是高端的沒有本地戶籍的人口。這樣所有的社會負擔統統可以扔下，養老上學的這些事統統和城市管理者無關。最好這些人的孩子都留在老家農村，以後等這些人老了，自己回原籍養老，再也不要來找我。

當地方政府抱著這樣的管理模式和想法，你可以想像，在中國的一線城市裡房地產價格怎麼可能會降下來呢？事實上可以看到每一輪出臺的限制房價政策的最終結果，都是地方政府趁火打劫，順便撈錢。比如房地產調控各個執行條例中，最容易落地的，也是地方政府最喜歡幹的一件事情，就是搞戶籍限制和在交易環節中加稅。戶籍限制不會減少需求，只會逼著沒有戶籍的去租房，推高租金，從而推高房價。加稅不會讓一件商品的價格變得更便宜，交易環節交稅只會增加商品的成本。

就像明天豬肉價格如果高漲了，你在交易環節去加稅，規定豬肉每次交易都要交 20%的稅費，這樣只會讓豬肉的價格變得更貴。一個房子買進的時候是 100 萬，賣出的時候是 200 萬。炒房人賺錢了，往往讓人看著眼紅。如果這個時候政府進來要讓炒房人繳 50 萬的稅，那麼實際上會把最終的交易價格推到 200 萬~250 萬中間。因為這 50 萬的稅是由上家和下家共同分擔的。要看上家和下家誰的議價能力更強勢，誰就分擔的更少一些。在當年政府出臺這些政策的時候，幾乎所有的稅費都是下家承擔。結結實實地推高了房價。

但似乎民眾並不明白這一點，總感覺懲罰了上家，好像自己就能占到什麼便宜一樣。這讓我想起小的時候看過的一個童話故事，一隻狐狸給兩隻狗分一根香腸。這個香腸一開始分的左邊大一點，右邊小一點。兩條狗就喊著說分配不均。於是狐狸做裁判，把大的那頭咬掉一些。咬掉之後分配又變得不均勻，因為小的那頭變大了，於是狐狸接著把大的這頭再咬掉一截。這樣來來回回，最後香腸都被狐狸吃走了，兩條狗什麼也吃不著。

中國的房地產調控差不多就是這個樣子，政府以各種房地產調控為目的出臺的各項政策，其實最後都是肥了地方政府，害了正在需要住房的人。這樣的事情只有老百姓親身經歷，用真金白銀去買一次二手房才會知道。因為你會發現自己居然要交那麼多的稅費給政府。今天在中國的一線城市買一個

會走路的錢

二手房，稅費沒有幾十萬是下不來的。一手樓盤也因為二手樓盤有這幾十萬的稅費，所以也毫不客氣地把自己的價格抬高幾十萬。

2006 年以後在投資理財論壇上，有相當一批人認為上海、北京、深圳的房價不會像曼哈頓和香港一樣狂漲。因為中國這些城市沒有天然的地理屏障。曼哈頓和香港都是孤島，所以土地緊張。而中國這些城市都是平原，可以像攤大餅一樣無限擴展的。

他們其實忘了，地理上沒有孤島，但是政策和人心有孤島。再寬廣的平原也是可以人為地製造出稀缺的。

因為我在中國買房，所以無論是在文學城的線上，還是生活中的線下，總有人跑過來向我請教中國買房的事情。所以我乾脆把這些道理寫出來和大家共同分享。寫這些文章雖然我一分錢直接的好處都沒有。但是就像我一直相信的那樣，當你為他人做出好事的時候，冥冥之中，上天總是會有一種特殊的方式，回報你為他人做出的努力。寫這些文章雖然沒有人給我稿費，對我最大的幫助就是通過寫作理清了自己的思路。

此外就是在和投資理財網友的這個互動過程中，加深了我對很多問題的理解。我的印象中 2007 年的時候有兩個投資理財的網友，他們的投資都比我更加激進更加大膽，所以我印象深刻。

一個是當時傾其所有在深圳買房子。2007 年的時候全國各地還沒有出臺限購政策，深圳房價開始上漲。有人遊行示威，希望政府平抑房價。這位網友在網上跟我聊他的投資經。當時他覺得自己的投資杠杆已經加到自己都不好意思說了，他把所有的美國信用卡通通都刷爆了，所有能貸的錢能借的錢都借光了，在深圳購買了三套房子。

另外一個人沒有深入的交流。他只是簡單地跟我說，他計畫此行在上海高校附近購買 10 套老公房。最後我不知道他落實的情況怎麼樣。他因為在美國和加拿大都生活過，知道高校周圍的小房子永遠都是容易出租的。有年輕人在的地方就永遠有錢可以掙。

我自己感覺我沒有他們那麼極端。然而現在回首往事，在你看清了市場趨勢的時候，他們這些極端的做法是對的。

　　當然認為中國房價一定會降下來的，政府一定會把房價控制住，甚至中國會重演日本房地產泡沫的觀察者也不在少數。尤其是在大眾媒體上。舉個例子就是當時的一個財經評論紅人，謝 X 忠。

　　這位謝先生是某個國際著名的投資銀行的經濟顧問，號稱自己預測了 1997 年泰國的房地產崩盤。所以他用同樣的道理預測中國的房地產崩盤，而他自己的名頭又是挺唬人的，兼任這個基金那個投資公司的首席經濟學家。他不斷在電視媒體中露面，甚至號稱暴跌就在某年某月之前必然發生。

　　我在投資銀行和金融系統工作過，所以我知道這些所謂的首席經濟學家是個什麼樣的貨色。其實他們對未來的判斷能力和你我並差不了多少。但是他們喜歡口若懸河地說一些經濟學名詞。讓聽眾聽得似懂非懂，感覺他們是牛人。然後用討好聽眾的方式說一些義憤填膺的話，利用道德綁架讓聽眾聽著舒坦。聽眾覺得牛人的觀點和自己一致，所以會產生自己也是牛人的幸福感。

　　其實他們最關心的是如何成為網路紅人，沒有什麼真知灼見，也不誠實，並沒有能力準確地預測未來。

　　那些他們用來吹牛的曾經的預測紀錄，也都是經過自己粉飾過的。比如看跌的人會堅持看跌，直到市場下跌了，他就會以此作為證據說明自己多麼厲害。其實他們對未來的預測能力和巫師祈雨沒什麼區別。你不斷說明天要下雨，明天要下雨。堅持一年，終於有一天明天下雨了，然後你就說自己有先知先覺的本事。

　　網路紅人裡大部分人都需要去弄個冠冕堂皇的頭銜，比如這位謝先生。還有一些是屌絲起家的，比如當時在深圳就有個赫赫有名的網路紅人，叫"牛X"的先生。這位先生高峰的時候，粉絲上百萬，每天發一篇文章論證深圳的房價為何會下跌。當現實不斷打臉的時候，粉絲憤怒的時候，他們又會自圓其說地說，中國不是一個正常市場。那邏輯好比祈雨的巫師說，不是我的巫術不給力，是老天爺不遵守氣象學規律一樣。

會走路的錢

其實只要仔細分析一下，看他的背景是什麼就能看穿把戲。他做過房地產開發麼？他系統地理解過金融和經濟的基本原理嗎？其實這位牛先生什麼都沒有。他只是利用民眾的情緒宣洩，給自己圈粉絲。

我是喜歡從資料入手分析問題的。當時我寫了這樣一篇博客告訴大家房價恐怕還要再漲一陣子。

漲！漲！漲！(2010 年 5 月 14 日)

by Bayfamily

小的時候看過電影"金剛"。裡面的大猩猩面對直升飛機掃射，喜歡拍胸脯。可惜終究沒能保護自己。為了心中的美女一命嗚呼。中國在宏觀調控房價。讓我感覺如同金剛一樣。喜歡拍胸脯。不知道是真傻，還是假傻。效果不重要，關鍵能討個老百姓的口彩就行了。倒下去了，20 年後，還是一條好漢。

別的地方我不知道，但是單單就上海而言，目前和未來都是嚴重的供需不平衡。長期來看房價的漲跌絕對是一個供求平衡的問題。炒房客對房價會有推波助瀾的作用。但是對於炒房客而言，買進來的房子總是要賣出去的。不會影響最基本的供求平衡。如果把過去 12 年的連續增長一味地歸結為炒房的作用不是一個理性的思考。短期的房價變化，會受到宏觀匯率，利率，信貸，這些外界因素的影響。

我們先看看上海最基本的供求數字。需求方面，假設投資需要為 0，基本的需要有兩類，一個是新增人口的需求。上海市每年新增人口 40 萬。這是官方統計，不算髮廊和餐館裡面打工的外地人。按照三口之家，每家 90 平米計算。因為人口增加的需求大約是 1000 萬平方米。

第二個是改善型需求，根據上海未來的遠景規劃，每年人均居住面積大約是增長 0.5 平米的樣子，改善性面積需要為 1000 萬平方米每年。這個數字基本上是靠譜的。因為和過去幾年的供應數字基本一致。2006 年到 2007 年的銷售基本上在 2000 萬每年。2008 到 2010 年，這個數字下降到 1700 到 1800 萬平方米。留下一些欠債。供給方面。房子的建設是有週期的。過去幾年裡批出來的土地，是未來幾年的基本供應。

過去 5 年裡，上海出讓的可供應土地是 8000 萬平方米，轉換成 1000 萬左右的供應面積。也就是說在未來的 5 年左右的時間裡，供需平衡嚴重失調，缺口大約在 50%左右。這是宏觀基本面的數字。再看看微觀的數字。北京房價奧運會之後猛漲，主要原因是奧運期間建築工地停工。到了 2009 年，市場上的供應嚴重短缺引起的。而上海的世博會長達半年，市區內的建設也基本停工。世博結束後，也同樣面臨一樣的短缺。上海本月的房產庫存面積已經達到歷史最低點，400 萬平方米。緊緊夠市場兩個月消化的。世博結束之後，恐怕庫存會達到歷史新低。進一步促進房價上揚。

我對中央的房價調控實在是不以為然。我不清楚他們是真的不懂，還是裝不懂。在交易環節上做動作，只會影響市場的成交量，不會影響基本的供需平衡。打擊房產開發商，降低商品房的土地拍賣量，只會減少供應，讓供求平衡進一步惡化，房價更高。

以上海為例，所謂的增加保障性住房完全是句空話。拿今日新聞來看，上海宣佈籌建 23 個大型社區，120 萬套住宅，8000 萬平方米。猛地一看是猛藥重拳。仔細一看，原來是個政府的碰頭會，領導表示一下決心。規劃部門表示，大約需要 2 年的時間，完成土地的儲備工作。等到真正建成上市，恐怕猴年馬月，下屆政府的事情了。

君不見，2003 年的時候，政府同樣拍過胸脯建 2000 萬的保障性住房。7年過去了，後面兩個零都人間蒸發了。2008 年同樣拍過胸脯。兩次拍胸脯都過去，今天乾脆再拍 8000 萬的胸脯。我看和金剛裡面的大猩猩有一拼。

但是為了保障性住房的供應，商品房土地在嚴重縮減。因為住宅土地的總供應面積沒有變化。北京為例，住宅土地裡面，不到 30%為商品房。如此下來幾年之後，房價不漲才怪呢。

讓人擔心是這次政府這麼大的決心，房價半年之後再一路狂漲，不知道政府能否面對底層社會的政治壓力。進一步做出瘋狂的事情來，如同那個大猩猩一路在紐約狂奔。

會走路的錢

轉一篇 1989 年的人民日報社評。今日看來，忍俊不禁。從中央到地方，都有金剛的遺風。過去 20 年了，看來還是沒有什麼長進。

1989 年人民日報新聞評論房地產泡沫，"北京最近提供兩萬多平方米的住房，每平米 1600—1900 元。若買兩居室，少說也要六萬元。一名大學生從參加工作起就日日節衣縮食，每月存款 50 元已是極致，100 年才能買上兩居室"（人民日報 1989 年 2 月 20 日第 2 版）。

2005，上海東方網 "兩個一千萬，可降房價 15%"，" 東方網 3 月 31 日消息："兩個一千萬工程"剛被提出，已經成為上海市民耳熟能詳的關注焦點，在央行和上海市政府輪番推出的調控政策中，這一增加中低價房源供應的保障性舉措無疑是最亮眼和最有力的。專家認為，市政府提出"年內新開工配套商品房 1000 萬平方米、中低價商品住房 1000 萬平方米，爭取可預售 2000 萬平方米"的目標，在為上海增加大量老百姓買得起的商品房同時，也寄予了以此調控房價的厚望。能使上海住宅的均價降低 15%"

在中國過去十幾年的房地產暴漲過程中，由於輿論的管控，大部分明白人都選擇不作聲。當時敢於說實話的只有任 X 強先生。他是堅定地看漲，屢次警告年輕人，趕緊買，不買還漲。實話聽起來難聽，可是你要理解後面的道理，而不要用動機猜測他人意圖。任 X 強因為自己親自參與房地產開發，他自己是房產公司的老總，所以他知道是怎麼回事。他知道政府的心態是怎麼樣的，他也明白地方和中央是怎麼互相博弈的。他就老老實實地說了一些真話，結果挨了無數多的磚頭。良藥苦口利於病，忠言逆耳利於行，這話不但是對皇帝適用，對老百姓也適用。

其實大部分老百姓和昏君並沒有什麼區別。這不但對於中國適用，對美國也適用。你可以看到當無數政客在上臺演講的時候，他們從來都是沒有底線拍老百姓的馬屁。老百姓怎麼可能沒有錯誤呢？老百姓經常性地顯示出烏合之眾的很多特質。只是因為你手裡多一張選票，難道你就真的變成上帝永遠正確了嗎？

除了經濟網路紅人，即使到了 2009 年，上海本地人看空房地產的人當然也不在少數。當時有幾個上海本地的名人在媒體上說，上海的房子要跌。他們算了一下，自己的孩子不缺房子，因為自己有房子一套，爺爺奶奶有房子一套，外公外婆有房子一套。由於獨生子女政策，大部分上海的孩子最終都有三套房子，至少能繼承的房子就有三套。所以未來的房子肯定過剩，房價要跌。

這樣的思考方式最主要的問題就是只看到了自己認識的周圍人的小圈子。用小圈子的資料採樣來替代整體。他們沒有意識到支撐上海房價的不是本地人。本地人在計劃生育的影響下的確是人口越來越少。但是每年那麼多新畢業的大學生，那麼多帶著夢想到一線城市打拼的年輕人。他們才是撐起房價的頂樑柱。

03 上海賣房

2006 年我上海的第二個投資房買入之後，就是一路蹭蹭蹭的暴漲。兩年不到的2008年2月份，房子交給付給我的時候，房價已經從我買入時候的100萬漲到了230萬。也就是說房子我還一天還沒有用過，房價已經漲了一倍多。

因為房價上升，我這個房子的貸款杠杆率自然也就下降了。根據我的勤快人理財法，需要不斷保持房地產杠杆率才可以。另外一方面雖然我每個月在負擔著貸款，但是未來有多少房租收入還很難說，因為那個地方房子不是很好出租。

中國的房地產沒有再融資貸款(refinance)之說，所以很難從房子裡拿出錢來。我找了幾個銀行諮詢，他們告訴我的消息都是最多可以用房產抵押做一年或者三年的貸款，沒有長期貸款。這麼短期的貸款對我沒有什麼意義。既然房地產投資的秘密就在於杠杆，當杠杆消失了之後，房地產投資的回報就不如股票了，所以我要想辦法加大杠杆。

另外一方面 2008 年的經濟危機已經開始爆發，美國股市一路狂跌。美國的房地產市場在 2008 年的時候並沒有出現急速下挫，基本上是持穩稍稍有一些回落，這裡面很大一部分原因是聯儲局一路降息硬撐著房地產市場。

會走路的錢

可是在我看來，當時美國的房地產下跌已經是不可逆轉的事情了。只是沒人知道下跌會持續多久，也不知道會下跌到什麼程度。我感覺抄底的機會在一步步朝我走來。市場的變化基本上是按照我之前的預期。如果這次和前四次加州房地產市場一樣出現下跌和反轉，那我投資計畫的外部條件就基本形成了。

問題是根據我這個投資計畫，市場最低點的時候我手上需要有現金，不然抄底機會來的時候現金沒有也是一場空。

綜合以上各個方面的因素考量，我需要把中國的第二個房子賣掉。這三個原因就是：房子可能租不出去，杠桿需要增加，需要準備美國抄底資金了。

所以我委託一個同學把房子簡單裝修了一下，總共花了 5 萬元人民幣，然後放到市場上。一方面是看看有沒有機會把它出租出去，另外一方面也同時掛牌在銷售，如果能賣掉乾脆就賣掉吧。

為了計算可能出現的局面和權衡各種投資回報，我做了一個複雜的 Excel 表格，幾乎和投行做投資的表格一樣盡善盡美。很多指標都列出來，各種情景分析弄得明明白白。無論我怎麼計算，Excel 的結果都是支持我賣出這個房子。兩年不到漲了一倍，後續市場風雨飄搖，現在還不趕緊賣了套現更待何時？

然而今天看來，這個 Excel 表格完全是我一廂情願的想法。或者誇張地說，我還沒有一次投資決定正確是因為 Excel 表的資料提供了有用的說明。大部分時候是自己辛辛苦苦整理出來的計算結果反而誤導了自己。主要原因就是一個投資過程的影響因素太多，不可知因素太多。迷戀 Excel 表的計算讓我忘了很多公式以外無法計算的內容。這個教訓很深刻。本次房子的賣出就是一個例子。後面還有其他的例子我再和讀者分享。

2008 年的夏天，美國在一片風聲鶴唳之中。但恐慌的情緒還沒有傳遞到中國。中國普通民眾還都是看熱鬧，一副吃瓜群眾事不關己的態度。電視裡都是經濟學家做科普，解釋為什麼會有次貸危機？老百姓聽的雲裡來霧裡去的，感覺很新鮮。作為親歷者，當時既買賣了房子，也經歷了投行破產。我認為其實直到今天，都沒有一本中文的書籍把次貸危機到底是怎麼回事說清楚的。

2008 年中國正在準備奧運會。坊間的流言是奧運會的時候中國的房價是不會下跌的。我覺得這幾乎是玩笑話。奧運會跟全國的房價一點點關係都沒有。不知道為什麼很多人會把這兩個事情扯在一起，即使有關係的話，可能也是局限於某些特定地區。比如，因為工地停工的關係，奧運會對北京房價可能會有一些影響。

無論怎樣。我清晰地記得 2008 年夏天的時候，中國的房價並沒有發生大幅的下跌，雖然所有人都看到金融風暴已經形成。這就是我一再說的房地市場具有很強的粘性。房地產市場效率不像股票市場效率那麼高。金融市場上的一些動盪並沒有辦法立刻反映到房價上，而是有幾個月的滯後時間。

如果你是一個勤快人，就可以利用這幾個月的時間，來把握市場的脈搏，Timing 市場。在房地產投資上，我就是一個超級勤快的人。至少在那幾年的時候，精力充沛，鬥智高昂，每次回中國出差和探親，我都會利用這些機會做房地產投資的功課。

我房子掛出去不久，很快就有一個買家來買，是在浦東一個大銀行工作的一對年輕夫妻。我對此印象深刻，是因為當時銀行坐班管理嚴格，他們很難工作日請假出來簽合同。而我又是只能在國內停留幾天就跑的人。這對年輕的夫妻是解決自己的剛需住房。雖然我那個社區周圍各種服務設施還沒有上來，但是對口的中小學是浦東比較好的學校，且和我的房子只隔著一條馬路。他們剛剛生了孩子不久，所以想把我的房子買下來。

由於政府不斷出臺的調控法規，當時讓房地產交割已經變得有些複雜。主要是轉移貸款的手續非常麻煩。每付一筆錢都要辦一些手續。買賣雙方都需要有比較好的信譽和誠意才能順利成交。中間有人變卦，都不知道該怎麼收場。當時是我第一次在中國賣房子，我感覺比在美國賣房子複雜多了。為此我由衷地感謝美國的那些律師們和遊戲規則的制定者，讓老百姓生活中少了太多不必要的煩惱。大部分美國人不比較不知道，沒有意識到自己享受到的便利，也不太知道珍惜。

會走路的錢

　　等我收到了最後一筆錢，整個交割過程結束之後，我忽然對這兩個年輕的夫妻不知道怎麼心裡出現了一種深深的同情。230 萬人民幣在當時還是一筆很大的錢的。即使是銀行工作，2008 年的時候，收入也不是很高。所以這對年輕的夫妻需要承擔很多年的債務，慢慢償還。

　　我當時非常確信房價過幾個月會下跌。下跌之後，他們夫妻之間會吵架，會因為白白損失的幾十萬弄得不愉快，也許會互相埋怨對方。不知道他們是不是能夠平靜地度過這段令人折磨的時間。另外他們還有一個剛出生不久的寶寶。我非常為他們即將到來的家庭風暴而感到擔心。

　　而這一切可能只是因為我比他們擁有的資訊更多一些。大家都是普普通通的老百姓，雖然一切都是自願的，可是我內心總有些占了便宜的忐忑不安。 房地產交易和股票交易不同，股票交易你是看不見你的對手的。房產交易，站在你對面的是有血有肉的大活人。在辦幾次來來回回的交割手續過程中，讓我感覺他們是很好的人。當然現在再想一想當年的擔心其實也是多餘的。房地產投資真的不知道誰是楊白勞，誰是黃世仁。也許他們當時會有一些摩擦，但是這麼多年過去之後，還真的不知道到底誰應該感謝誰。因為現在那套房子漲到了 1000 萬人民幣左右。比我賣出的價格差不多漲了四倍多。誰笑到最後還不一定呢？

04 融化的冰棒

　　扣除貸款，我手上拿到了將近 180 萬人民幣的現金。我實際的投入是 40 萬人民幣左右，兩年回報四倍。數錢的快樂大約只持續了一天，我就一下子又慌亂了起來。

　　我決定賣房的時候。我的一個上海的親戚就問我，你拿到錢打算幹什麼呢？我也不好明確告訴他我要幹什麼。我那麼複雜的投資理財計畫，我的會走路的錢理論，我的懶人和勤快人理財法也不是三言兩語說得明白的。但是我知道當時大多數人沒有選擇賣出，是因為國內沒有什麼其他的好的投資管道。手上的現金除了房產，別無去處。

2008 年年底次貸危機爆發幾個月之後，美國的房子就像雪崩一樣的下跌了。我印象中 2009 年元旦那天我去看一個灣區的二手房。仲介開玩笑地說，他等了幾個小時，只等到我一個人。上海的房價下跌要比美國的房子下跌再晚幾個月。但是到 2009 年春節的時候也是一片哀鴻遍野。我賣出的那個房子，房價大約下跌了 20%左右。

那個開發商總經理跟我親戚誇讚我的投資本事大。他說他們境外的人士肯定是掌握了什麼特殊的資訊，能夠這麼准在最高點把房子賣掉。以後他要多請教我一下。我聽了這樣的誇讚，心情卻一點也高興不起來。也許是我天生有很強的共情傾向，我會忍不住想像一下買我房子的那對小夫妻不知道正在受著什麼樣的煎熬。

這是一方面，另外一方面我為自己手上這 180 萬現金如何快速投出去也是煞費了苦心。現金就像冰棒一樣的，當你把冰棒從冰箱裡拿出來攥在手裡，它就會融化掉。這個道理我懂。可是即使我明白這個道理，在執行層面上，我依然沒有辦法 100%的做到冰棒不融化。不動產的好處就是"不動"兩個字，因為不動的原因，所以資產就容易被保留住，冰棒就不會融化掉。

那個時候中國還沒有今天這麼嚴格的外匯資本管控。2009 年 3 月的時候，我看到美國的一個好學區核心區的房子，開出來了之前一個不可想像的低價。美國市場上好的機會漸漸多了起來。於是我把這 180 萬人民幣中的 50 萬人民幣匯回了美國，打算用這筆錢來抄底。

50 萬人民幣換成美元，差不多是 7 萬美元的樣子，分兩筆匯回了美國。不過冰棒融化事件還是控制不住地發生了。我之前開的車被撞了，要換一輛車。當你手上有錢的時候，特別是剛剛賺了一筆錢的時候，你本能地想犒勞自己。去買一個價格比較高的車。一般人們購買大宗商品時，比如自住房，汽車的時候，往往是奔著自己能力上限去的。同樣一個汽車銷售員（Dealer）在給你洗腦做工作，你手上有錢和沒錢的時候效果是不一樣的。有錢往往就管不住自己，抵擋不了銷售員的甜言蜜語。

因為人的內心深處多多少少都是想對自己好一些，特別是當你衣食無憂的時候。於是匯過來的這 7 萬美元並沒有全部用來抄底買房子。而是當場融化

會走路的錢

了一大塊，去買了一個好車。顯然當時車不是這筆錢最應該去的地方。同樣一筆錢如果當時按照我的計畫用在投資上，幾年之後就會變成十輛車。當然你也可以反過來說，如果這筆錢用於投資，事實的結果是鎖在不動產裡，我可能一直都享受不到一輛好一點的車。

匯回美國的現金在融化，留在中國的現金也在融化之中。一個親戚找我們借錢，因為他想買一個房子。當一個人借錢，最直接能夠想到的就是最近剛賣了房子的人，因為他們手上有大量現金。

雖然我明明知道我是有本事把這借出的這 40 萬人民幣幾年就變成 400 萬人民幣。但是親情很多時候是不講道理也是沒有辦法拒絕的。人活在世上，各種情感關係交織在一起，不是所有屬於你的錢你都可以完全做到 100%控制的。至少家庭的財務需要夫妻雙方共同決定。該借出的錢還是要借。借出了 40 萬人民幣，我的冰棒又少了一大塊。剩下的錢已經不多了。

讀者這個時候可能會意識到，這些冰棒的融化現象在你的 Excel 表上是永遠無法顯示出來的。人並不是機器，沒有辦法冰冷地可以按照公式計算去完成計畫。

05 一個變四個

像每個焦慮的孩子需要儘快吃光陽光下的冰棒一樣。2009 年底的時候，我無論如何要把這些錢投出去。當時我在上海看中的是浦東陸家嘴世紀大道一帶的老公房。就是以前在 80 年代，上海市為了急切解決住房短缺，大批量用預製板建造了面積比較小的公寓樓。

2009 年的時候，浦西傳統的好學區已經開始被浦東的好學區超越。道理很簡單，浦東來的是全國各地最聰明、最能折騰的一些人。作為新移民，他們的後代，勤勞而有壓力，所以學習成績自然比浦西的那些傳統的上海人要好。就像美國最有成就的人往往是第二代或者第 1.5 代移民一樣。

當時那一帶的房子一套大概是 60 萬元人民幣左右。單價是每平米 2 萬元人民幣。這些老公房面積狹小，一般是 30 平米。小戶型的房子比較搶手，因為大家買這些房子的主要目的是掛靠上學指標。這樣的小戶型房子流動性比較強，變現快，容易出租。我算了一下手上尚未融化的冰棒，利用貸款，剩下的錢做首付可以一下子買四套這樣的房子。

購買四套總價 300 萬左右。這樣可以把我的杠杆水準重新提升回 60%以上。另外租金和房貸基本打平。當時上海按照戶籍指標的限購政策還沒有出臺。你可以一下子登記擁有多少套住房都沒有問題。但是貸款審查已經開始變得嚴格，銀行不太會批准你四個房屋貸款。

所以我找了仲介諮詢。他說唯一的辦法就是你四套一起買。不同的銀行同時收到四個貸款，它們之間是彼此不通氣的。一起做貸款可以繞開銀行審批的問題。於是這就成了我的計畫，一次買四套。我把這一個任務委託給了我的好同學，然後我自己就趕著回美國了。我每次去中國只能是出差，經常只有 1-2 天的時間，沒有辦法長時間的逗留。

我的同學過幾天給我打電話，說你要買的房子沒有那麼多，目前只找到 2 個合適的。於是這個事情就耽擱了下來。因為永遠都沒有辦法湊足四套一起買，不知不覺就又拖了大半年過去。拖來拖去的另外一個原因是我自己在猶豫。當時我手上有的錢是 100 多萬，我在北京也看中了順義的一套聯排別墅，手上的錢也夠買下。但是出於各種原因也是沒有買。期間我還看中了一套將近 200 平米的上海人民廣場的公寓。我可以買下是因為當時中國的外資銀行給外籍人士有特別優厚的貸款條件，只是手續很複雜。

可是機會就在我的權衡、等待、湊足四套房子一起買中悄悄地溜走。當時我對後市的市場走向也看不清。我總感覺下跌可能要持續一陣子，所以內心深處可能也是猶猶豫豫的。時間在流逝，冰棒也在融化。我依然沒有辦法把手上的錢花出去。

到了 2009 年 9 月份。也許是上帝厭煩了我的猶豫。只聽見"轟"的一聲巨響，中國政府 4 萬億刺激計畫就來了。巨響之後，中國房價開始暴漲了。

06 搶房

會走路的錢

2009 年，隨著金融危機的加深，全世界都開始量化寬鬆政策，各國紛紛出臺各種刺激計畫。美國的量化寬鬆政策似乎對市場的影響很緩慢。 中國作為計劃經濟強勢政府的國家，刺激政策是迅猛、有效和立竿見影的。

2009 年 9 月份，中央一不做二不休來了一個 4 萬億的刺激計畫。各級當地政府紛紛跟進，中央政府敞開印錢，地方政府敞開花錢。這樣的好事哪個官員不願意幹呢，夢裡都會笑醒。2009 年底據說各種平臺機構累計合在一起的刺激經濟資金達到了三十幾萬億。

量化寬鬆其實就是信貸敞開了發錢。在通貨膨脹下，最直接的受益者就是離錢比較近的那些人。通貨膨脹本身並不會消滅財富。通貨膨脹的主要後果就是把 A 的錢神不知鬼不覺地掠奪到 B 的口袋裡。離新發貨幣最遠的就是 A，最先拿到新發貨幣的就是 B。第一個拿到錢的人，在物價沒有漲的時候，他們有足夠多的機會買進廉價資產。最後一個拿到新發貨幣的人，等待錢流通到他手裡，資產價格已經上漲完畢，他原來的錢就縮水了。

那年中國房價的上漲就是符合這樣一個趨勢，我印象中 2009 年那一輪的房價開始上漲是來自於北京，因為那裡離刺激計畫新發貨幣最近。四萬億之後，北京幾乎在 1-2 個月的時間裡房價蹭地一下，漲了 50%左右。

我在北京的親戚告訴我，他說你看到的所有房子都沒有了。房價一下子漲了很多。我問哪裡漲了？是城裡還是週邊？他說都漲了，所有的地方都漲了，所有的房子也都沒有了。

北京著名的房產開發商潘 XX，在一個採訪中，描述了他當時看到的一幅驚人的畫面。就是一個樓盤在開盤的時候因為有太多人過來買房子，不但是擠壞了門，而且半個小時全部賣光。有人因為買不到房子，在售樓處現場哭泣。不是簡單的哭泣，而是號啕大哭。

潘 XX 觀察了一下那幾個號啕大哭的婦女,讓他感到驚訝的那些人穿著和言談，一點都不像底層低收入階層，甚至有的人是開著豪車而來。顯然她們不是因為剛需滿足不了，沒法結婚或者沒地方居住而號啕大哭。他感覺這些人大哭最大的原因是她們覺得自己錯過了千載難逢的上車機會，是因為錯過了賺錢的機會而哭泣。

　　我看到這個新聞嚇了我一身汗。根據過去的經驗上海和北京是此起彼伏的。這次上海比北京稍微慢一點。但是瘋狂的熱情很快就會傳遞到上海。讀者感興趣研究歷史的話可以看看深圳、上海、北京三地的房價每次暴漲的特徵。全國性暴漲每次都是某一個一線城市率先發難，半年一年後傳播到其他兩個城市。2004 年領漲的是上海，2009 年是北京，2016 年是深圳。你只需要關注新聞，就能夠比其他當地人搶得先機。

　　我連夜打電話給我同學瞭解上海的房價。他回答不是很清楚。大部分人不會每天盯著仲介問房價。當時中國房地產有很多論壇，人們還可以基本暢所欲言。我晚上也經常去那些論壇上逛一逛，看一看市場的行情。

　　不看不知道，一看不得了。市場的行情就是我賣掉的那個房子已經漲回了我賣出的價格，而且比我賣出的價格還要再稍微高一點。這是一個令人恐怖的消息，就是你以為你聰明摸到了最高點，占了便宜，結果發現自己一腳踏空。

　　不單是一腳踏空，我的那根取出來的冰棒還融化了一半。

　　所以我沒有什麼選擇，我像熱鍋上的螞蟻一樣，需要儘快地把手上的現金變成房子。在美國的錢我已經無能為力了，因為美國的市場可能還需要再跌一段時間。中國那邊已經很明顯觸底反彈了。正好出於公務我來到上海。我來到浦東那個我原先計畫買入四套的社區，毫不猶豫地把市面上的每一個房子都給了一個 offer。

　　那位仲介小哥看到我這麼豪爽高興壞了。他覺得我是一個土大款，怎麼一下子要買這麼多房子。我懶得和他廢話，就說這裡可能要拆遷了，我想多買點。他聽了認真地對店鋪裡的其他客戶大聲喊"大家趕緊買，這裡要拆遷了。"

　　其實我哪裡有什麼拆遷的小道消息。不過是當時人困馬乏隨口的搪塞。不過我後來想想，那些人聽到我這樣的恫嚇也許能幫他們下決心買房,也算是幫了他們一把。對於我來說，賺錢和吃飯一樣，一個人賺錢不如看到更多人一起賺錢更有意思。看見其他人掙錢我也開心。這大約也是我這麼多年一直在投資理財論壇上筆耕不斷的一部分動力吧。

會走路的錢

我的出價沒有人接受，因為大家都在搶房子。後來我跟仲介說我只有錢買一個或者是兩個。那邊有兩種主流戶型。三十平米的 A 戶型和七十平米的 B 戶型。如果是 A 戶型我可以買兩個。如果是 B 戶型，我的錢只能買一個。仲介小哥知道我不是土豪大款熱情瞬間掉了一半。

不久，有人同意賣給我一個 A 戶型的房子。我毫不猶豫地就簽了合同付了一萬元定金。可是還沒高興一分鐘，付完定金我馬上就後悔了。

因為我又陷入了兩難的境地，到底是買還是不買呢？如果不買可能會錯過。如果買，又沒有辦法湊兩套或者更多一起去辦貸款。因為需要一起買才行。只買這一套 A 戶型的小房子會變得可惜，上海當時已經出臺了貸款的限購政策。市面上已經出現了"房票"這樣的新鮮詞彙。房票就像曾經的計劃經濟時期的副食品卷一樣。"房票"用了就沒了。

賣家催的急，因為等不到第二套房子成交，這個 A 戶型的房子在我付了定金之後，只能硬生生地退了回去。 這是我這麼多年的唯一一次定金損失。又等了幾日，終於有一個 B 戶型的房子出來了。幾經周折終於把它買了下來。這次雖然有一個小的損失，但不管怎麼說，我還是買回了這裡的房子。

讀者讀我這些故事的時候，可能因為年代的原因，對當時的財富和價格沒有直覺的感受，會質疑我，覺得我這麼辛辛苦苦地折騰到底值得麼？

我可以簡單告訴大家一下一些價格的比對。被我賣掉的那個房子，我買入的時候差不多是 10,000 一平米，總價 100 萬人民幣。我賣出的時候是 23,000 一平米，總價 230 萬人民幣。我寫這本書的時候，現在那個社區是 10 萬一平米，總價 1000 萬人民幣。如果當時不進行置換，我在這個房子擁有的淨值差不多是 1000 萬人民幣的樣子。按照中國的年薪 20 萬人民幣計算，差不多相當於 50 年的全部工資，一個大學教育程度的工程師一輩子的收入。即使按照美國一個畢業生 6 萬美元的稅後收入，這個房子的淨值也差不多將是美國大學教育程度工作人員 25 年的全部稅後收入。

你瞧我根據我的勤快人理財法，按照 Excel 表格的計算執行投資計畫，弄的一圈兒落得什麼好了？原本 100 平米的房子被我變成了 70 平米的房子。本來不用折騰就是 1000 萬人民幣的資產，被我辛辛苦苦一下之後變成了 700 萬人民幣。

這個教訓很深刻，不動產不動產恒心一條就是要不動。買賣過程越少越好。你在 Excel 表上很多因素難以考慮。你能考慮到有人會來找你借錢嗎？你能考慮到朝令夕改的限購政策麼？你能考慮外匯突然被管制了嗎？你能考慮到你內心軟弱，沒頂住銷售員的三寸不爛之舌麼？

根據我後來的經驗，勤快人理財法最好的辦法還是再融資貸款。想辦法把錢借出來，最好不要買賣，每次買賣都是傷害。

買完那個 70 平米的房子，我手上還有 20 幾萬人民幣。連個最小的房子也買不起了。正當我犯愁的時候。一個同學介紹我參與了當時的另外一個房產投資。這是一個游走在金融管理灰色地帶的房地產集資專案。按照規定開發商在建築封頂之前，是不可以賣房子的。這個開發商膽子大，他用集資的方式來把圖紙上的房子先賣掉。然後用集資款再去蓋房子。按理說這是違法行為，風險比較大。但是我覺得房價飆升的時候，開發商跑路的可能性很小。於是把剩下的錢都投了進去。果不其然，開發商信守承諾，準時交房。

這一輪下來，我的一個房子變四個房子的勤快人理財計畫沒有實現。建築平米數略有提高，差不多是一個房子變成了 1.5 個房子的樣子。

07 持續高漲的房市

這個階段我一方面在中國市場上交易，一方面整理自己的思路，寫了一些博客。2009 年秋天，中國市場價格暴漲的時候。我連續寫了三篇題為"上海房價朝不可思議的高度奔去"的博客。

上海房價朝不可思議的高度奔去(2009 年 9 月 17 日)
 by Bayfamily

如果一個人祖上沒有什麼財產繼承，賺的錢從來都是你的零頭，一沒西門慶的本事，二沒副業。但是有一天你突然發現他比你有錢。你相信嗎？

會走路的錢

你可能覺得奇怪。如同我們公司的領導突然發現唯命是從的女秘書比他還有錢。但我相信，因為財富不是加減法。財富是會走路的。而且這是真真實實發生的。

本輪的政府刺激計畫結束後。中國的房價幾乎讓所有人跌破眼鏡（包括我自己），轉身回頭，漲幅兇猛。

在上海，不但是豪宅屢創新高。比如眾目昭彰的浦東星河灣。6萬元一平方米的高價。一個上午立刻被席捲而空。普通住宅也一樣。上海即使最最遠郊的地方，幾乎再也找不到1萬元一平米以下的樓盤了。

本輪調整結束後。我們看看中國對美國的房產財富總價水準。

上海：住宅總面積大約在4-5億平方米之間。按照統計資料，目前上海均價為1萬五一平米。我初步估算了一下。當前上海住宅地產的總價大約是1萬億美元。

加州：加州的住宅總價格大約也是1萬億美元左右。上海的房地產總價已經和加州相當。儘管加州的人口比上海多出將近一千萬，儘管加州的人均GDP是上海的4倍。

中國：根據國家統計局的資料顯示，2008年底城市住宅的總建築面積約為175.14億平方米。再來看目前的房價水準，今年以來，住房累計銷售額2.35萬億元，除以今年累計銷售面積4.94億平方米，全國平均房價約為4754元/平米。2008年全年，全國商品房銷售面積6.21億平方米，銷售金額為2.4億元，銷售單價3870元。按年頭和年尾的均值計算，全國住宅每平米價格為4312元。結合前面所計算出來的城市住宅總建築面積175.14億平方米，可以得出全國城市住房總價值約為75.5萬億元。

美國：全美的住房總價在11萬億美元左右。按照可比匯率推算，和中國相當。美國2009年的GDP是中國的4倍不到一點。

比完了總價，再比人均。全國的人均沒有意義，人人都知道美國比中國富裕。但就上海而言，如果按照全市500萬家庭計算，平均家庭淨資產大約是２０萬美元左右。這裡面可不只是所謂的精英階層，包括了下崗工人，保姆，和流動的民工人口。即使這樣，上海的平均家庭淨資產恐怕一點都不輸給美國的華人。美國人家庭淨中位數資產是 15 萬美元左右。華人稍稍高一些，但是應該沒有超過 20 萬美元。你瞧瞧，當年富裕象徵的美籍華人們，和中國上海的普通人家已經沒有什麼區別了。這劇烈的變化，幾乎就是在最近十年內完成的。

上海的房價，無論從哪一個指標上來看，都是有泡沫的跡象。比如，租售比，房子的總價和每月的房租比，在很多地方已經超過了 500:1。即使是老公房，租售比也達到了 300:1 左右。如果是投資股票，好比是 PE ratio 已經達到了 25 倍到 40 倍之間。按照發達國家的經驗，租價比的畸形高位，最終會把房價拉下來。

是不是可以得出一個簡單的結論說，上海和中國的房價過高了，有待調整，泡沫馬上會崩潰呢？

上海房價朝不可思議的高度奔去 (2) (2009 年 9 月 22 日)

by Bayfamily

認為上海和中國的房價過高了已是嚴重泡沫，馬上會崩潰的理論從來都是屢見不鮮。2002 年，赫赫有名的謝 X 忠先生就持這樣的觀點，看空樓市。今天回頭看看非常可笑，這樣的結論會害死很多人。

我記得八年前，上海的房價剛剛起步的時候。美國的時代週刊撰文，說房價在幾個月的時間裡面上漲 50%，極其不正常，泡沫馬上要破滅。當時有無數的主流經濟評論人員持同樣的觀點。可惜只有溫州這些不信邪，沒讀多少書的傢伙，勇敢買進，連炒十年，今天成了大的贏家。

過去十年上海的房價一路高歌猛進。中間雖有小的調整，但幾乎是筆直向上的。浦東的老公房漲幅最大，幾乎漲了 10-15 倍以上。高檔樓盤稍差，但是 5－8 倍也是有的。十年前，灣區的雙職工，老公房可以在上海買十套，豪宅除了老洋房以外，幾乎都可以買得起，今天，漸漸的一套都捨不得買不起了。豪宅，漸漸的只是富人的遊戲。美國的工薪階層，看著裡面的零，恐怕都數不清。

會走路的錢

上海的房價，按照通常的房地產理論都是有泡沫的跡象。但是泡沫不見得就會破，泡沫會持續很長一段時間，甚至會被吹到不可思議的程度再破。這中間的過程有可能是幾年，也可能是十幾年。

我認為上海房價短期內還會繼續上升的理由有這麼幾個：

普通的租售比理論不成立。在中國，老百姓幾乎是被逼著買房子的。自己的房子和租來的房子在功能是不可同日而語的。比如，沒有房子，沒有辦法落戶口。沒有辦法落戶口，集體戶口的年輕人，不能生孩子，孩子無法正常上學。沒有戶口本，生活中到處都是不便。豪宅也許可以靠租售比計算房地產的合理價格。窮人家的剛性需求是硬碰硬的，就是房價漲到天上，老百姓也要買。

長期的低利率。中國現行的利率政策很像 2001 年美國格林斯潘時期的政策。長期的低利率會刺激地產價格惡性膨脹。目前上海外國人購房的商業貸款只有 3-4% 的利息。上海的房價相對全國而言，並不是很高。而且目前為止，全國和上海北京房價的聯動性很強。要漲大家漲，要跌大家跌。顯示了宏觀基本面是漲跌的控制因素，而不是某個城市的地域特徵。

中長期的風險有這麼幾個：如果光看土地的供應和新房蓋的速度。上海和北京一樣是沒有天然的地理限制的，城市可以無限擴張。房價最終會下來才是。可是目前為止人口的增長總是比房子的供應要高一步。但是人口紅利最終會被消耗掉。如果單看上海，人口紅利今年正好消耗完（附件）。由於外地人口的湧入，人口紅利可能還會持續一段時間。但總會有結束的那一天。

通貨膨脹。通貨膨脹總是會來臨的。現在票子已經發出去了。總有一天會顯示在商品價格上。等到通貨膨脹來臨的時刻，房地產不是大家想像的那樣會水漲船高。央行會調整利率控制通貨膨脹，房價會因為銀根收緊和利率調高，應聲而落。利率如果是 15%，有幾個人能買得起上千萬的房子。

所有的理論分析都擋不住一個最重要的因素。人氣。你可以把所有的宏觀因素做成最完美的數學模型。但是無法計算人心和投機心理下的衝動。在中國和亞洲，因為價值取向的單一，炒作某種商品的時候，都會一直到不可思議的高度才甘休。當年的君子蘭、猴年郵票。最近的 6000 點股票，都是很好的例子。上海的房價現在是高於基本面的支撐。但是還遠遠沒有到達不可思議的高度。現在已經無人相信房價會跌。上海的房價正以不可阻擋的勢頭，朝那個光輝的頂點奔去。

上海房價朝不可思議的高度奔去（3）(2009 年 9 月 23 日)

by Bayfamily

無論怎麼看，仿佛是宿命一樣。中國和上海的房價會像當年的香港和日本一樣，是一條道跑到黑，總有崩潰的那一天。頂點之後的事情，其實根本就不是我們這些小人物能夠操心的事情了。

我們小人物關心是如何投資獲得回報。到底是現在追高還是旁邊觀戰。長期來說，隨著人們收入的增加，上海和北京核心區的房價最終會超過臺北甚至是香港。但是這個過程肯定不是一帆風順的。對於中小投資者而言，機會和風險並存。畢竟那個光輝的頂點還有些距離。只要風險控制得好，機會還是不錯的。

今年上半年一共出手兩次。 一次是與人合夥直接從房產商那裡直接弄得房子的購房期權。好處是未來出手不上稅，沒有中間交易費。 缺點是靠關係，沒法複製。 按照當前市場價格，現金回報率(Cash on Cash)大概在 80%左右。 第二次是買拆遷房。未來的前途還未定，如果按照計畫拆遷順利的話，按照目前市面的賠償價格，現金回報率（Cash on Cash）的回報應該在 150%左右。這兩筆交易比起最近股票市場的回報當然不算什麼。 但是我的風險控制很嚴格。即使未來拆遷不果，每月貸款和租金的差價微小，基本上沒有什麼可以擔心的，無非是長期持有而言。

在未來，我的投資策略是：

看地段，不看房子。裝修再好的房子，最終也會過時。房子是地在升值，房子本身在貶值。核心地帶的老房子是規避風險的最好辦法，而且沒有什麼物業費。

會走路的錢

不買豪宅。豪宅最近幾年的回報非常好。而且因為總金額大，很多人賺到滿盆的銀子。但是捧著豪宅如同捧著定時炸彈一樣。擊鼓傳花的遊戲不知道會停在誰的手上。

不買過時地段的房子。比如赫赫有名的淮海路。性價比失調，就業流失。只有過去的遺老遺少喜歡那裡。上海真正的新人口，沒有地域偏見，會集中在新崛起的地段上。

選擇新興的軌道交通帶來的增長點，特別是多條線路交匯的地方。比如宜山，耀華，藍村，曹楊，江蘇路，虹橋交通樞紐。隨著浦東的成熟和崛起以及大虹橋的修建，上海未來的發展必定的東西軸線上。軌道交通很多，讓人看不過來，但是最有潛力的應該在東西軸線的兩端，和 3, 7，9, 11 這些非主流軌道交通和中心城市的接軌處。

看租金不看升值。升值難以預料。租金雖小，但是實打實的東西。穩定的租金，容易出租的地方，什麼樣的風浪來了，都高枕無憂。

買拆遷房。瞭解規劃，跟蹤政府動態。拆遷房政府補償通常在市價的130%以上，而且不用交稅，沒有仲介費用。好的拆遷房，可以很快實現資金回籠。

這些策略的實施最大的困難就是時間的投入。投資上海地產已經過了傻子都能賺錢的好時候了。後面缺的是傻子去接最後的棒子。沒有辦法能夠投入時間和一心想買了就賺的人，勸你們還是遠離上海這塊燙手的山芋。

不過，從我到美國的第一天起，永遠有一群人堅信"中國崩潰論"。也不知道他們是基於什麼的心理總是盼著中國崩潰。這些人因為盼望中國要崩潰，所以就找各種證據支持自己的觀點。他們中間有的是有名的經濟學家，但是更多的是普通老百姓。

我寫這些文章的時候的一個深刻感受就是你是永遠叫不醒一個裝睡的人的。這些人看不到中國的巨大變化和快速的財富積累，腦子裡一直還是僵化的意識形態鬥爭。

於光遠是改革開放之後中國一個比較有名的經濟學家。我讀他的回憶錄，記得他說的一件事。1979 年，改革開放之初，當時他所在的經濟研究所裡一個年輕人去香港考察，回來後在所裡做彙報。那個年輕人用統計資料告訴說香港有多富裕，人均工資有多高，商店裡商品有多豐富。相比之下，中國大陸有多窮，比他們差很多。

然後經濟研究所裡一個老幹部就不幹了。拍著桌子在那兒大聲說，"香港有錢又怎麼樣？工資高又怎麼樣？商品多又怎麼樣？他們能學馬列主義嗎？"

這實在是一個讓人哭笑不得的笑話。那個老幹部認為掌握馬列真理才是人生最大的幸福和意義所在。40 年後，歷史老人神奇地轉了 180 度面對今天的香港人、中美兩地的華人。現代版的這個笑話今天也是經常可以聽見。總會有人給你說"中國人有錢又怎麼樣？富裕了又怎麼樣？治安好又怎樣？網購發達，生活方便又怎樣？他們能投票選總統嗎？"

第十四章 啃老是可恥的

01 如何在一線城市擁有自住房

在中國和亞洲很多房價昂貴的城市裡，都普遍存在啃老現象。最常見的就是年輕人靠父母的財力幫助購買婚房。而子女往往又對婚房提出了一些要求，比如必須是市中心的，至少是兩室一廳的，俗稱一步到位，不然不婚不嫁。

我常常能看到這樣的牢騷。比如上海北京市區這樣的一套房子至少要 600萬人民幣。普通年輕人 20 萬一年的工資怎麼可能買得起？不啃老怎麼行？當然也有很多人覺得一線城市房價太高，不合理不科學。因為殷實之家的中產階級靠工資也根本買不起房子。

同樣的現象發生在紐約東京這樣的城市。只是這些城市的文化圈裡沒有啃老這個風氣。但是年輕人會一樣地覺得憤憤不平，抱怨房價太高，民不聊生。現在似乎華人把啃老的風氣帶到了美國。在洛杉磯、三藩市你經常可以看到華人給剛剛工作的孩子買房子，如果不是全款，至少也是父母負擔所有的首付。

很多抱怨房價高的人其實沒意識到收入和財富是兩件事情。就像速度和位移是兩件事情一樣。為此我專門寫了一篇博客文章解釋了美國華人的亨利族現象。

HENRY 族：高收入，但不富裕

By Bayfamily

會走路的錢

在美國的 80 年代，甚至到 90 年代初的時候，六位數的年薪是一個很多人嚮往的數字。除了跨越一位數給人帶來的心理感覺以外，更重要的是當年十萬的年收入的確能夠帶來非常好的生活。年薪十萬，意味著度假、大屋子和好車。

由於通貨膨脹的原因，特別是醫療和教育費用的上升，80 年的 10 萬年薪，相當於今天的 24 萬左右。可是在美國的中國人，特別是雙薪的家庭。即使家庭收入到了 20～25 萬，通常還是會一種感覺，就是收入高，但是沒有富裕感。

一個新名詞，叫做 HENRY，亨利族。我看再適合在美華人不過。亨利族指的是 High Earning Not Rich Yet。家庭稅前收入達到２０萬，在美國是 Top 5％的水準。很多老中都能達到 20 萬的水準。在美國這樣一個富有的國家，又是 Top 5％的收入。為什麼還會覺得日子過得緊巴巴呢？因為你是亨利族。對亨利族來說，再高的收入也是鏡子裡面的繁華，是無法切實享受到富有的。

這裡面有這麼幾個原因：

第一是亨利族多半是沒有家底子的。財富的積累是需要時間的。剛剛高收入幾年能夠積累的財富和祖上傳下來一筆家產是不能比的。今天的北京上海的外地人也是一樣。在中國北京上海這樣的大城市裡很多名牌大學畢業的高收入的年輕人，為了一套房子要花上十幾年的積蓄。而同樣在這些城市裡的當地人，往往父母就擁有好幾套房子。即使學歷低，收入低，富裕的感覺是不一樣的。

第二個原因是年齡，20 歲擁有 100 萬和 50 歲擁有一百萬是不一樣的。很多老中，顛簸流離，到了美國，讀完書，已經是三十好幾。等到少有積蓄的時候，已經是 40 多歲的人了。美國 45 年齡的家庭，平均淨財富為 64 萬美元。高學歷的更高。如果按照年齡排名的話，老中的財富並不突出。

第三個原因是支出。賺得多，花的多，好比是在消防水龍頭下面洗澡，水沖得大，流得也多。過癮可以，但是沒有積累。最後還是沒留下什麼。亨利族都是注重教育的，往往不惜代價送孩子去私立學校。或者為了好學區，砸鍋賣鐵，住在好學區的破房子裡。這樣一來，當然富裕感下降。

　　第四個原因是收入的來源方式。同樣賺 10 塊錢，來源方式不同。幸福指數是不同的，如果是朝不夕保，看領導臉色的工資收入和穩定的 passive income 是不可同日而語的。稅務也不同，工資收入要交 social security tax.

　　好了，說了半天，有什麼破解之道呢？首先是認清形勢，避免自己成為亨利族。《窮爸爸富爸爸》裡面的窮爸爸就是典型的亨利族，再多的努力，一生也不會有富裕感。其次，是要學會理財，或者投資，或者自己創業，或者看看哪里弄些 passive income。一是減一點稅，二是增加安全感。

　　最後是調整好自己的心態，如果不幸幹了一個自己特別熱愛的工作，當當 Henry 族也沒什麼不好。畢竟富裕不是讓人幸福的唯一因素。如果自己註定是亨利達人，乾脆對自己好一點，該玩的玩，該花的花，及時行樂，反正也發不了財。

　　有一次我在上海和一些親戚的孩子們一起聚餐。這些快要結婚的年輕人抱怨上海的房價太高。然後每個人都在理直氣壯地算計著怎麼樣從父母那兒弄到一些錢幫他們支付首付。我忍不住把他們劈頭蓋臉地臭罵一通。啃老是年輕人最沒出息的表現。父母生你養你，成年之後，應該是自己動手打拼世界，反哺父母和社會，怎麼能夠光想著啃老呢？

　　他們說大道理他們也懂。但是現實問題擺在那裡。他們總感覺到自己要結婚，需要婚房。結婚生子需要最小的婚房也是兩室一廳。雙職工上班，所以只能住在交通便利的地方。按照自己的工資，一輩子也攢不出足夠多的錢買這個房子。雖然他們也知道這樣不好，但是除了啃老，到父母親爺爺奶奶那邊搜刮一下，還有什麼辦法呢？

　　我給他們講一個很通俗的道理，那就是在股市裡頭最後擁有最多財富的人顯然不是一開始資本投入最多的人。而是能正確把握市場機會，能夠更準確判斷股價漲跌的人。房地產市場也是一樣的，擁有大房子住的人，並不是帶著最多資金進場的人。你只需要能夠正確的判定，房地產未來價格的漲跌起伏，在買賣過程中，你就可以最終獲得最多利潤，擁有最多最好的房子。

會走路的錢

事實上，你只需要看看上海的歷史變遷。你就可以明白。市中心的房子一直都是那些房子，可是人來來往往的。一會兒這些人住，一會兒那些人住。如果假設你自己是房子，從房子的角度來看，你就會發現原來住房問題是人和人在玩各種遊戲。每個時代玩不同的遊戲。比如解放前是玩一個關於錢的遊戲，誰有錢，誰住大房子。抗日戰爭到新中國成立是玩一個跟隊伍的遊戲，誰的隊伍跟對了，誰住大房子。文革年代是玩一個生辰八字的遊戲，誰的出身好，三代貧農，誰住大房子。改革開放之後，又開始玩一個錢的遊戲。所以一切的重點是你怎麼玩這個遊戲，能否玩好這個遊戲，而不是去爹媽那邊搜刮錢財。

喜歡收藏藝術品的人都知道，最終大量古董藝術集中在古董商和鑒定師手裡。不是因為他們工資高，靠省下來的工資來買這些藝術品。而是因為他們在倒買倒賣的遊戲過程中，通過正確的市場價格判斷而擁有了那些名貴藝術品。

投資理財論壇上也有人冒出來問類似的問題。不過這次是主動被啃老，是父母們也覺得孩子在世界各地的一線城市買不起房，不啃他們啃誰呢？

所以我想在這裡大聲地說。啃老是可恥的。年輕人啃老可恥。父母主動被啃老是一種溺愛。男兒當自強。男子漢大丈夫遇到人生困難的時候，首先是自己動腦筋想辦法解決問題，而不是躲在媽媽裙子下面哭訴。沒有經歷這個過程的孩子是沒有出息的。

我可以用我自己的例子來說明，年輕人根本不需要啃老。只要你足夠勤勞和聰明，在哪裡都是可以自己解決住房的。

2012 年，我因為創業公司的事情越來越多。每年有幾個月的時間在中國工作，所以我需要有一個自己的住房。那個公司業務一直沒有做起來，投資人把我的工資壓得很低，遠遠低於我在灣區工作時候的正常工資。

但是即使這樣，我通過六年時間，從零開始，在上海也解決了自己的自住問題。這是我在上海持有的第四套房子。買這個房子，我完全沒有動用其他資本，也沒有動用之前買的投資房，它們還在升值中。我在上海的自住房是個很新的公寓，在離地鐵站200米遠的地方，周圍學校、商場、公園設施一應俱全。現在這個房子市場價格差不多有600萬左右。

我的親戚們知道我房子多。但是我告訴他們買這套房子真正從我口袋裡出來的錢只有 30 萬人民幣。就是我只花了 30 萬，就拿到了這個 600 萬的住房。他們都很驚訝問我是怎麼做到的？

我說道理很簡單，看清價格走勢，通過幾次買賣就做到了。

我 2012 年用 30 萬人民幣首付買了一個 60 萬的小公寓給自己住。那個公寓在城市的邊緣，也不是什麼特別好的地方，但是附近正在建軌道交通。在我搬進去住了兩年之後，軌道交通就通車了。

通車之後這裡的房價就出現了暴漲，三年差不多漲了一倍多的樣子。到 2015 年的時候，我 150 萬人民幣把這個房子賣掉了，然後用賣掉的錢做首付買了一個 300 萬的房子，而這個房子現在漲到了 600 萬，就是這麼簡單。

熟悉國內房地產交易的人可能馬上會反問，你是如何解決限購和二套貸款首付 70%的問題的？每次我那些年輕的親戚們向我陳述這些困難的時候，我總是氣不打一處來。人的大腦是用來解決複雜問題的，不是用來給自己找藉口的。如果作為一個成年人這樣的限購問題都解決不了，那還是老老實實躲在媽媽裙子底下當巨嬰吧。

對於全世界一線城市的年輕人來說，要解決自己的住房問題，最好的辦法不要好高騖遠，不要追求一步到位。你從外地來到一個陌生的城市，難道希望這個城市裡的人都把最好的房子讓出來給你，然後恭恭敬敬夾道熱烈歡迎麼？前面的人通過幾十年的努力搬進了最好的學區，最好的地段。憑什麼你一來就能擁有這些呢？

文學城投資理財論壇上，很多中產階級和稍微富裕的人遷徙到大城市經常有這樣的感慨，就是一線城市房子這麼貴，誰買得起？有人還專門寫文章，因為自己家境不錯的親戚在北京買不起住房，質疑中國一線城市到底誰買得起。針對這個問題我寫了一篇博客。

房子這麼貴，誰買得起？(2016 年 7 月 30 日)

會走路的錢

by Bayfamily

　　每次房價暴漲之後，這句話是我最經常聽到的一句問話。這句話的潛臺詞就是，我都買不起，誰能買得起呢？典型的以己度人的心態，把自己觀察到的世界，熟悉的圈子推廣到整個市場上去。這樣的心態去決定是否投資房地產其實很不正確的。

　　印象最深的一次是2000年的時候，一個在美國的50多歲的上海人和我聊起上海的房價。當時人民廣場的一個樓盤是 5000 元每平米。他雖然在美國年薪 10 萬美元。但是他在國內認識的親戚朋友收入都不高，他的很多朋友當時正好趕上國企下崗。所以他認為上海房價貴得離譜，和我說，5000 元每平米，誰買得起？後面的故事我就不多說了。他只看到了他那個年齡段 50 後人們的收入，沒有看到當時 60 後，70 後快速增長的收入。

　　同樣的故事還在不斷上演。今天依舊有人質疑北京上海的房價、曼哈頓三藩市的房價誰買得起。 所以我們有必要仔細分析一下到底誰買得起這個事情。

　　我們先看全球都存在著誰買得起這個問題，如果你看看全球市場，知道漢城，孟買的房價。你會更加驚歎，到底是誰買得起。

　　我們先看第一種情況。就是如果一個市場沒有什麼新增面積。100%都是既有面積換手。那麼是否存在誰買得起的問題。

　　顯然，無論價格多麼貴，哪怕是 1 億美元每平米，都不存在誰買得起的問題。 因為只是擁有房子的人互相換手，換手價格無論多貴這個市場都是可能成立的。和當地人收入完全沒有關係，而是與當地租金和收入有關係。但是如果只考慮房子的投資屬性，從數學上講，什麼價格都是合理的。 就像黃金和藝術品一樣，任何價格都是可能存在的。是否合理那是另外一回事。 這樣的市場典型例子就是孟買。 孟買不但是中產階級買不起房子，就是一般的企業老闆也買不起。只有已經有房子的人買得起。曼哈頓基本也是這個情況。

　　那麼我們再看另外一種情況，就是市場不是完全封閉的。每年有 5%的新增面積。

數學上講，還是任何一個價格都是可能存在的。 你會問，如果房價漲到了三倍，誰能買得起這些新增面積呢？ 其實很簡單，因為貸款的原因，擁有房子的人，把自己的房子賣了，加大貸款額度就買得起。 這樣的例子在中國到處可見。就是所謂的改善型需求。原來住 50 平米的房子，賣了變成首付買 100 平米的房子。只要房價是持續上漲的，那麼從數學上看這個遊戲就可以一直玩下去。

第三種情況，就是一個全新的新城。從零開始，一夜之間供應了 100%的面積。

這種情況，就需要真金白銀 100%的用新錢來購買房子。的確會出現買不起的現象。無論房價多麼低，都會發生買不起。典型例子就是國內的各種新城和鬼城。鬼城的價格很低，很多價格甚至不足 4000 元每平米。但是大家還是買不起。如果你貪便宜投資進去，還是會虧得一塌糊塗。

誰買得起這個問題還有一個陷阱就是錯誤估計大的宏觀資料。一般大家對宏觀經濟資料喜歡用多、少這些定性詞彙。對定量資料沒有概念。我舉一個例子，大家都在說上海北京的房價高得離譜嚇人。可是你們有沒有算過，2015 年上海城鄉儲蓄存款餘額已經過了 10 萬億人民幣大關。北京差不多也是這個數量級。兩個城市每年的新增住宅面積是 2000 萬平米左右的樣子。10 萬億/2000 萬=50 萬。你們自己可以算算 3-5 萬每平米的房價到底合理不合理。到底老百姓是買得起還是買不起。

結論，一個地區房價高與低，合理還是不合理，不能只看房價和收入，要看這個城市住宅市場的構成，是否有大量的新增面積，是否待在這裡的人都不願意走。如果沒人願意走，憑啥你就可以輕輕鬆鬆進去呢？要用數學思考。尤其不能只看自己熟悉的圈子的人收入。因為你的圈子可能很窮，也可能太富。

誰買得起？已經在那裡有房子的人，再貴也買得起！

其實大部分時候你應該感到足夠的慶倖，就是當地人允許你參與到這個房地產博弈的遊戲裡。你要做的事就是如何早點參與到這個遊戲裡，然後擊

會走路的錢

敗別人變成贏家。香港人用的一句話叫作"上車"。你的工資只是給你攢夠上車的門票。聰明的人都知道銀行的錢不借白不借，利息抵消掉通脹後實際上等於白借錢給你。用自己辛辛苦苦攢下來的工資付清房屋總價的是傻瓜。

在世界上的很多地方，當地人為了保護自己，壓根就不讓你來參加這個遊戲。如果你去紐約或者孟買，那裡房價高到普通工薪階層壓根兒買不起"車票"，上不了車，完全沒有機會參與到這個遊戲中。在上海，你如果是單身外地人，壓根不允許你買房。政府說結婚才能買房，丈母娘說買房才能結婚。真的是逼得循規蹈矩的好男人只能跳樓。

在一線城市，你要計算的，不是說要花多少年的時間，攢多少的錢才能買到一個稱心如意的房子。因為那是不可能完成的任務。你需要的是如何省吃儉用，用工資攢足夠多的資本來參與到這個遊戲裡。

畢竟房地產和股票不一樣，股票你可能有 100 元就可以開戶。而房地產這個遊戲裡，在中國的一線城市，最低的起始成本至少也要有個 20 萬~30 萬人民幣。

我總是碰見有人說他們錯過了最好的時代，最好的機會。事實上要解決自己的住房問題，永遠都不晚。只是你不要傻乎乎地複製前人做的事情，需要自己獨立思考，找到解決辦法。2012 年，上海的房價已經瘋漲了 10 年。即使在這麼晚的時候，我也只花了 30 萬就解決了我的住房問題。

其實我用的這個套路和我在灣區買第一個自住房的方法一模一樣。即使今天，我依舊有勇氣說，在世界上的任何一個核心城市，一個聰明人都是可以靠自己的努力解決自住房問題的，根本不用"啃老"。道理很簡單，任何一個城市的老人最終都會離開人世。那些房子總是要給年輕人的。至於歸屬于哪個年輕人，那就看誰的頭腦靈活了。本錢多少不重要，最關鍵的是你擅不擅長玩這個遊戲，你是否能夠準確地判斷出未來市場的變化。

如何來判斷未來市場的變化，總的來說還是"會走路的錢"那幾條投資原則。

一個就是看這個地區是不是有更多的年輕人過來。這個地區是不是有興旺和充滿活力？是否有新的產業？是否有特別的政治原因讓更多的年輕人願意來。宏觀的層面，就是看一個地區長期的人口流入和經濟的繁榮。

在微觀層面上，最簡單的辦法是跟著一個城市基礎設施的建設。你可以靠近軌道交通，可以靠近重要的產業園。而這些都是規劃上畫得清清楚楚的。當然規劃和現實還有一些差距。但無論如何你需要做的是買在那些有變化的地方。不要在沒有任何變化的老城區裡打轉，在那些地方轉是沒有希望的，只有變化才能夠產生機會。

02 關愛父母是美德

當然我在中國的買房也有不是那麼成功的。這些不成功的案例往往是牽扯到很多其他因素。2011 年的時候因為母親的住房比較老舊了，所以我決定給母親購買一套公寓。

當時母親已經 70 多歲了，我希望她搬到新一點的公寓樓裡。原先的公寓樓建設於 80 年代早期，已經變得破舊不堪。2011 年是美國房地產入市最好的時候。我明明知道，這些錢如果投到美國，會有更多的賺錢機會。但我還是決定幫助我母親去改善她的居住。人生有些事情可以等，有些事情不能等。對於 70 多歲的人而言，能享受到的東西越來越少了，所以不能等。

雖然我還有兄弟姐妹。但是我知道這樣的事情，如果很多人參與進來的話，稍有不慎就會弄得兄弟不和，破壞了親情。錢不是生活中的一切。親情、友情、愛情都能夠給你提供錢不能提供的美好。所以我沒有和其他兄弟姐妹商量，只是獨自一個人出錢給我母親購買了一套公寓。這是我在中國的第五套房子。

2011 年不是一個投資中國二線城市的好時候，基本上買完了之後，中國的房地產價格就整體低迷了幾年。這筆投資如果拿到美國來，我後來算了一下差不多可以增長到 100 萬美元的樣子。人生就是這樣的，不可能每一分錢都用到極致，很多時候就是明明不可為，可是又必須為之。

會走路的錢

不過親情又是很複雜的事情。房子買好了，我母親卻堅決不住過去。說她喜歡原來的社區和周圍的朋友。所以我花了錢，損失了增長 10 倍的機會，又沒有幫上忙。只能等她以後搬過來，這一等就是七年。從經濟上算來那次可能是我在中國最糟糕的一個投資，不過我也不後悔，就當是親情的消費了。

在中國或者在我後面所有的投資體驗裡，我自己的感覺就是買住房的時候最好只登記你一個人的名字。人們購買房子最容易犯的錯誤就是為了孩子著想，把孩子的名字也放進去。有的甚至把爸爸媽媽七大姑八大姨的名字通通放進去。

投資是講究效率的事情。放一個名字，一切都會變得簡單，你要出具的檔和相應的手續都會變得簡單。無論是買賣還是貸款，還是未來的再貸款。

投資就是投資，親情就是親情。投資是逐利的。親情是回味的。哨老是利用親情對他人的掠奪。投資和親情不要糾纏在一起。

03 中國投資總結

我在中國的房地產投資，大概持續了將近十五年。因為持續的價格上漲，這十五年裡其實任何時候都是買入的好機會，而且幾乎在任何一個城市都是好的機會，無論你是在一線城市上海、北京、廣州、深圳還是二線城市南京、成都。

我可以拿我的例子說一說這個投資的回報大概是多少。下面的計算都是現金回報比（cash on cash）。我在上海買的第一個房子，當時付出的現金是 5 萬美元，其餘是貸款。今天這個房子可以賣 200 萬美元，現金對現金的回報差不多是 40 倍。

我在上海買的第 2 個房子，如果當時沒有賣出的話，大概回報率是 30 倍。因為我賣出中間做了一些置換，導致投資有所折扣，所以差不多回報率是 20 倍。我給自己買的自住房那一連串投資的回報率是 20 倍。為了照顧母親購買的房子，到今天的回報率大約是 3 倍。

所以即使我投資時犯了錯，錯誤的進行了置換。最後的效果還是不錯。過去十五年是個閉著眼睛都能掙錢的年代。是一個豬都能飛到天上的時代。關鍵是你投資了還是沒有投資。對於大部分喜歡投資的海外華人，如果你錯過了這個機會，非常可惜。

當然也有很多人是因為長期不看好中國，過去十五年裡總有各種各樣無數多人不斷地唱衰中國。我就聽過無數個版本的"中國崩潰論"。然而中國沒有崩潰，反而越來越富裕。

中國未來的命運會怎麼樣一切不好說，但我自己感覺最好的投資時間已經過去了，至少在房地產投資領域，因為中國的農村已經沒有什麼年輕人了。不會有更多的新人從農村進入城市，所以在中國至少三四線城市會持續地萎縮，而中國的一線城市政府對人口管控越來越嚴格。也許中國房價還能再漲，但不會再漲到哪裡去了，至少不會有過去這樣十倍幾十倍的暴漲。

我的這些故事並不是讓年輕人去盲目模仿。每一個時代周圍的環境都是不一樣的。不可以套用細節。我希望讀者從我的故事裡聽到一些有益的經驗和教訓。啃老是可恥的，人活得要有骨氣，要相信自己是可以用雙手改變自己的生活狀態和命運。在投資理財的操作層面有這樣一些建議。

一、選對大的局勢比具體操作更重要，具體操作你可以有失誤，可以不用特別完美。比如我一而再再而三的失誤，但是一樣掙錢。

二、年輕的時候，不能只關心周圍一點點的小事情。而是要"胸懷祖國，放眼世界"。機會來自四面八方。眼界很重要。今天無論你是生活在中國還是在美國，盡可能地多的去瞭解世界上其他地方的事情，可能對你的生活有啟發。

三、房地產投資和其他所有的投資一樣，沒有人能夠幫助你做決策。需要獨立思考。不要指望別人能替你思考。不能只是從名人的嘴裡尋找答案。大部分人依賴名人替他們思考其實是逃避責任。要相信自己，要通過自己進行艱苦的分析作出判斷，並勇於為這些判斷負責。

會走路的錢

　　四、還是那就老話，"沒有人比你更在乎你的錢"。而另外一方面，"啃老是可恥的"。不勞而獲只會讓一個人離成功更遠。愛你的親人，不要把親人的愛當作戰利品。

第十五章 從 100 到 1000 萬（二）抄底！

01 指數房

在我最初的普通人家十年一千萬理財計畫裡，美國才是重頭戲。中國的房地產投資的故事寫得很長，但是其實我更多的時間是花在美國這邊的。畢竟我生活在這裡，每次去中國都是來去匆匆。所以在這一章裡我回憶一下投資過程中的第二個重要的階段，就是美國次貸危機之後的抄底階段。

美國房價是從 2008 年底開始一路走軟的。我自己住的房子價格當然也在下跌。只要自己保持好的心態，自住房的漲跌其實是沒有什麼關係的。因為我每個月要付的貸款都是一樣的。

房價下跌對我反而有好處，因為我可以交更低的房產稅。當房價大約下跌了 20%的時候，我寫了一封長長的信給當地城市的稅務局，陳述我的住房估價是多麼的不合理，市場的房價應該比他們給的估價更低一些。在那封信裡，我用 MBA 學到的知識，用各種方法給出房地產的估價，然後取了一個平均值和區間範圍證明我的房子被高估了。

結果當然大家可想而知。稅務局完全沒有理我，既沒有給我更低的估價，也沒有回信反駁。帳單上的金額一分沒少。有本事你不付，政府馬上來拍賣你的房子。當然我也可以去法院起訴，但我覺得這樣是多此一舉，有這功夫可以在其他地方掙很多錢。各國政府都是一樣，仗著自己資源多，最不怕的就是和你打官司。

會走路的錢

在整個次貸危機過程中，我一直在用我在美國買的第一個房子作為價格的標杆。房價不同於股價，沒有什麼指標來跟蹤。美國僅有的幾個房價指數也是全國性的，對於某個社區和城市，沒有太多意義。我 2002 年買的第一個房子，同類的房子很多，流動性也比較好。所以用它的價格作為指數比較合理。這裡為了方便閱讀和理解，我暫時管那個房子叫作"指數房"。

我 2002 年買入"指數房"的價格是 43 萬美元，2005 年我以 72 萬美元的價格賣掉。2008 年底的時候，大約跌到 60 萬美元。2009 年中的時候，大約跌到 50 萬美元。跌到 60 萬美元的時候，炒房者先把房子扔給銀行。跌到 50 萬的時候，很多實際居住的人也開始把房子扔給銀行，大量的法拍屋（foreclosure)開始出來了。

這個道理也很簡單，因為很多以 72 萬美元購入的人沒有付首付或者只有10%的首付，等房價跌到 60 萬美元或者是 50 萬美元的時候，對於他們來說經濟上更好的選擇就是把房子丟給銀行。

而且美國的大部分地方都有一個奇葩的法律，就是這種情況下銀行沒有權利去追繳債務人的債務，銀行最多能做的事情就是把房子接手過來，然後給債務人一個不好的信用記錄。

這個不好的信用記錄，差不多需要 3~5 年才能完全抹清。大部分人覺得3~5 年不是什麼大不了的事情，相比十幾萬實際的現金損失是個更好的選擇。所以並不是他們負擔不起這個房子了，他們明明還能夠負擔得起，但是他們選擇把房子交還給銀行。

而且把房子還給銀行往往他們還可以免費多住上一年。他們可以理直氣壯地停止付房貸，因為銀行不會一夜之間把他們趕出去。銀行走法律程式需要一年左右的時間。即使在銀行走完了法拍屋流程之後，甚至法拍屋的新購買人來了之後，耍無賴的房東還可以拒絕搬家，索要一筆搬家費。

所以次貸危機很大程度上是一個人為製造的危機。並不完全是因為銀行把貸款貸給了沒有能力負擔的人。更主要的可能是銀行的執行條款和法律的執行層面也過於寬鬆導致的。這也是為什麼在全世界除了美國都沒聽說過有次貸危機的。

當這些房子拿出來做法拍屋之後，引起房價的下跌。隨著房價下跌會引起更多的人選擇把房子扔還給銀行，進入法拍屋程式。這是一個自我加強的正反饋。最嚴重的城市社區，比如 Stockton 最後的結果幾乎是大半個城市的住房統統換手一遍。

次貸危機的時候，當時法拍房分兩種，一種是短售（short sale），一種是法拍屋（foreclosure)。短售指的是業主走正常的流程賣房，事先和銀行商量好，並且獲得銀行短售許可的賣房方式。因為房子的價格已經低於貸款，所以賣多少錢就把多少錢全部給銀行。選擇短售說明業主還是認真負責的，對他的信用記錄影響要比被法拍屋小。法拍屋就是很不負責任地把房子扔給銀行，逼銀行走法院拍賣的手續。一個人一旦有過法拍屋的經歷，信用記錄會嚴重受損。

我的指數房要是當年沒有在最高點把它賣掉的話。恐怕我也會進入法拍屋或者短售的程式。因為這個房子的價格，後來又從 50 萬跌到 40 萬，從 40 萬美元跌到 30 萬美元。我不知道我是否能夠抵制住誘惑。

02 抄底準備

從 70 萬美元跌到 60 萬美元的時候，還有很多勇敢者沖過去買。但是從 40 萬跌到 30 萬的時候，大家都嚇傻了，沒有人再敢進去。因為沒有人知道市場的底部在哪裡，整條大街上到處都插滿了法拍屋標籤。

可是我知道一切都會逆轉過來。而且越接近底部，逆轉得就會更加劇烈。當時我在投資理財論壇上經常說的一句話就是"one foreclosure sold, one foreclosure less." 每賣一個法拍屋，市場上就少一個法拍屋。

我幾乎每個週末都出去看房子。甚至可以說我一直在出價試圖購買。但是我一直沒有買到，因為我出價每次都很低，是當時法拍屋開價上再下壓30%-50%。我出的價格之低，讓仲介都懶得理我，覺得我完全沒有誠意。事實上我也的確沒有誠意。因為我手上的錢很少，當時我只有 5 萬美元的現金。我就用這點錢去摸到市場的最底部，買不到也沒有什麼，至少我不想接那個下落的刀子。

會走路的錢

我不斷看房、和很多仲介溝通、不斷出價的目的是 get engaged (參與進去)。因為我知道光看新聞是無法判斷市場底部的。而且市場真的觸底時，就看誰搶得快。等觸底反彈那個時候再和仲介接觸，建立人脈關係就來不及了。

不過也有很真誠的仲介建議我不要買。我記憶中當年幫我賣掉指數房的那個仲介就是這樣的。他說房子經常幾個月租不出去，還是小心為妙。因為當經濟危機來臨的時候，住房的總需求也會減少，即使人口不變。租房的人也會壓縮自己的生活開支，比如原來一個人住一個公寓的選擇兩個人合租一套公寓，失業的年輕人回到父母身邊，失業的老人選擇和兄弟姐妹孩子們一起居住。

我原來想在大學周圍買房子，那裡的房租比較穩定，可是大學周圍的房子價格總是很堅挺。和好學區的住房一樣，下跌幅度不大。嘗試了幾次基本上就放棄了。下跌幅度小的地方，上漲空間也有限。

在這個不斷出價的過程中，我也漸漸學到了一些門道。短售和法拍屋交易中，並不是出價最高的人就能夠拿到房子，經常會有些不能擺到桌面上的東西。有的時候，仲介會想方設法不賣給你。

比如我當時看到一個 fourplex（四單元房）在短售。這是一套四個單元的公寓房。這套房子臨近一個數一數二的好小學，步行就可以走到那個小學，所以未來出租不會有問題。因為孩子上學，所以租金和房客會很穩定。我當時計算了一下，當時按照它的開價買下來就是正現金流。好學區的正現金流的房子像寶石一樣的稀少，碰見了要趕緊搶。

房東是一個猶太人，擁有這四個單元快三十年了。現在年齡大了不善管理，房子又出了幾個比較大的維修責任，他就用六十萬的價格把四套房子一起拿出來賣。這樣的房子在市場正常的時候價格應該在 100 萬-120 萬美元之間。

我馬上和對方的仲介聯繫，仲介倒是熱情帶我去看房子。但是用一大堆的理由跟我說這個房子有多麼不好，有各種各樣的問題，地基有問題，牆有問題，屋頂有問題，都是大修，簡直要重蓋了。我當時並沒有完全聽明白他的意思，我只是相信了他，表示感謝，謝謝他告訴我實情，不然一上來就弄個爛攤子在手上。

這麼多年以後，等我有了很多管理房屋的經驗之後，才明白其實那個仲介是想把我嚇跑。不知道當時有什麼內線的買家已經談好了，怕我出高價攪了局。現在想一想他說的那些白蟻和屋頂問題，其實都不是什麼大不了的問題。只是在當時我還沒有太多管理投資房的經驗，所以被他說一說就嚇怕了。那些問題現在看看可能也就是 5 萬~10 萬美元就可以全部解決。

這樣的房子絕對是現金奶牛（cash cow)的房子。這個房子價格是 60 萬美元，四個單元的租金每個月就 1 萬，一年 12 萬美元。Cap rate 將近 20%。如果你玩過大富翁的遊戲，就知道玩房地產這個遊戲的秘密之一，就是要在早期有一頭現金奶牛不斷地給你生產出你買房子需要的現金來。只有這樣才能持續蓋房買地，成為遊戲的贏家。

我在摸底的過程中還碰到過一個老中賣房子。應該說當時中國人賣掉房子的人很少，買房子的人居多。賣房子的拉丁裔和非洲裔要多一些。幫我買賣指數房的那個仲介，2009 年的時候，他的生意糟糕透了。因為他之前都是做中國人的生意，次貸危機之後，一下子沒人買賣了。他和我說"幸虧當時沒有辭掉正式的工作，當仲介只是兼職，不然現在要去街上要飯了。"

到了 2010 年，他的生意突然又好了起來，我問他是怎麼樣做到的。他說以前仲介廣告他都是發給自己過去的客戶，大部分都是中國人，所以沒有生意。因為中國人只買不賣，而且買房子不需要仲介。後來他把代理短售賣房的廣告專門發給拉丁和非裔的低收入人群。結果生意一下就好了起來。客觀地說，在整個次貸危機過程中，走法拍程式或者短售的大部分業主也都是低收入人群，高收入人群在次貸危機過程中只是坐了一次資產帳面上的過山車，並沒有選擇賣出，所以對他們沒有實質性的影響。

當時碰到中國人在賣一個短售房，所以我就感到很好奇。我也不好意思問他們為什麼要把房子短售出去。我只能跟他們說中文套近乎，我說我的信譽良好，把我的 offer 提交給銀行，肯定能夠批下來。那個老中支支吾吾地回答，不是很乾脆，似乎恨不得我馬上人間蒸發，最好別來煩他。當然，最後

會走路的錢

我沒有買到這個房子。後來一個越南仲介告訴我，她說這樣的情況，多半是房東壓根不想賣。只是走一下流程把房子轉賣給自己的親戚朋友，這樣實際的擁有人還是他們自己。但是可以借這個短售的機會抹掉一些銀行的貸款。這樣的短售房旁人自然是買不到的。

我計畫買的房子是獨立屋。但是公寓的房價其實跌得最狠。當時我剛到灣區租的公寓也有法拍屋和短售在賣。價格已經跌到大家不可想像的程度。因為 2008 年在房價高峰的時候需要 25 萬美元一套，而在 2010 年法拍屋的價格只有 5 萬美元一套，而且還可以再討價還價一下。2019 年這些公寓的價格已經漲到 40 萬美元左右。2010 年，雖然我也覺得價格低的誘人，值得買入。但由於各種原因，我就是沒有買到這個公寓。很多年之後，有感而發，這個故事我還專門寫在下面這篇博文裡。

調情的藝術(2018 年 3 月 6 日)

by Bayfamily

上一篇文章居然被微信管理員封殺了。正經的事情不讓談，這會只能說點不那麼嚴肅的事情。今天換一個角度來講投資理財的細節，調情的藝術。The Art of Flirting。Flirting 的正式翻譯是調情，這個詞比較反面。（此處略去1000 字）

Flirting 是 Seduction（勾引）前奏。這個世界充滿了各式各樣的 seduction。有的時候你是被政客 seduced，比如 70 歲的特朗普老頭不知道誘惑了多少紅脖子。有時你被金錢誘惑了。有時你被男女明星誘惑了。誘惑的本質就是，誘惑者扔出一個 magic spell，讓被誘惑者心甘情願臣服於你。

你可能會問，這和投資理財有什麼關係？ 投資理財需要和人打交道，無論買房，還是買車，還是購買理財產品，保險產品，都需要討價還價。人和人溝通，有各種各樣的力量。經濟學的一個重要假設就是人都是理性的。可惜我們人恰恰是非常不理性的。 人有憤怒，有共情。大家不要忽視了性、曖昧、誘惑在討價還價中的力量。要做到曖昧的力量為我所用，而不是為我所害。

先舉兩個例子說明一下吧。

一次是我在北京秀水街買包。北京秀水街都是一些浙江的小姑娘在賣包。我在一樓的某個櫃檯上看中了一個包，秀水街的包其實都很類似。同樣的商品很多櫃檯都有。我討價還價的技巧一般是第一家價格一定要砍到對方不賣的地步。然後第二家同樣的商品，價格往上加 10%，他再不賣給你。你再找第三家，再加 10%。 直到有一家商家賣給你。這樣你知道你是買在很接近他們成本價格的地方。

當時和我討價還價的是個個子不高的皮膚白皙的浙江小姑娘，說話帶著南方口音，白裡透紅的皮膚。我一下子被她的容貌迷惑住了，按照常規，第一家無論什麼價格我是堅決不買的。一定要找到一個不肯賣的價格，然後再一家家加上去。

我正要離開的時候，她柔聲地對我說，"就買咱家的吧，去哪家買，不是買呢？" 她就那樣站著直視著眼睛對我說，吐氣如蘭地補上一句 "對不對？" 像是小時候鄰居家小妹妹找我要糖吃。

討價還價的結果你可想而知。我一下子就稀裡糊塗同意了。走出秀水街大廈，被長安街的冷風一吹。我就明白，我是多麼傻瓜一樣地上當了。居然把自己討價還價的原則都忘了。這是我被人曖昧和 seduce 的例子。

再舉一個我 seduce 和曖昧他人的例子。

2009 年房地產危機的時候，我在灣區開始看房子。仲介是個越南裔少婦。帶我看了半個月的房子，平時有說有笑的。最後我看中了一個很小的 apartment。當時銀行要的價格是 5 萬美元（現在價格 30-40 萬）。當時市場非常低迷，根本沒有人給 offer。我對仲介說，我看中了這個房子，咱們給 offer 吧。當然我也表達了深深的憂慮，萬一租不出去怎麼辦。

我想這個仲介可能是被我迷惑了。仲介總是標榜他們是真心真意地為客戶著想。也許真的最後我的仲介就替我真心真意地著想了。結果我的仲介來了這麼一句。

"可是萬一，銀行接了你的 offer，怎麼辦？"

會走路的錢

我當時一下子就糊塗了。仲介居然害怕 offer 被接受。堪稱千古奇談。現在回想起來其實我讓仲介真的產生帶入感了。

當然這個曖昧害了我。於是我沒有給 offer，仲介可能事後也覺得自己被曖昧忽悠得糊塗了，有些不好意思，於是再也沒有和我聯繫過。

商家是最明白如何利用性和曖昧的力量進行銷售的。君不見，國內售樓處的銷售員都是小姑娘。因為小姑娘忽悠大叔，一拿一個准。走街串巷賣保健品的，都是小姑娘和小鮮肉。小鮮肉逗得老奶奶樂哈哈。老爺爺從小姑娘手裡一大包一大包地買保健品。 商店化妝品櫃檯裡沒有用帥哥進行推銷，因為沒有哪個女人想被帥哥知道她們化妝的秘密。

我自從有了秀水街的教訓，凡是討價還價的場合，碰見小姑娘轉身就跑。

我自己最成功的一次討價還價是和一個印度中年油膩大叔手裡買車。昏天黑地地一路討價還價到半夜。對方頭上的氣味熏的我眼睛都快睜不開了，我當時就預感到，今天肯定能談個好價錢。 如果，你是帥哥小鮮肉，儘量找大嬸大媽討價還價。 如果，你是女人，千萬不要跟小姑娘費口舌，直接找他們男經理。

女人購買大宗商品的時候，記得把自己打扮得漂漂亮亮的。你花那麼多錢買的衣服，終於有用武之地了。對了，別忘了上一點點眼妝，一個殺人般的眼神，會讓對方魂飛魄散，白花花的銀子就都流到你口袋裡了。

男人購買大宗商品的時候，記得多準備點笑話。你讀了那麼多的書，不是只為了深夜沒事思考宇宙真理的。記得幾句輕鬆的話語，爭取把對方逗得花枝亂顫。

人的因素是買賣房屋中最不可控的因素。讀了我的博文就會明白，其實是出於一些特別荒唐的小理由，讓我錯過了這樣的機會。

2009 年的夏天，我出差去佛羅里達開會，順便去看我的一個朋友。他住在奧蘭多。老中聚會總是忍不住談論起房子。當時的奧蘭多與迪士尼周圍的很多公寓賣到不可思議的低價。

我印象中大概一室一廳的公寓價格是 5 萬美元左右。但是我那個朋友就是堅決不肯買。我說這是一個好的投資，你應該買下迪士尼周圍的公寓，以後不愁租的。因為迪士尼會有遊客來，現在經濟蕭條不容易租出去，以後經濟好了肯定會容易租出去。

但是他給我算了一筆賬，他和我算了一下物業費和房地產稅費。最後算下來一個月剛剛打平。他說自己忙活一場一分錢不掙，那又何必呢？所以不值得買。我說按照你這樣的演算法，哪怕這個房子價格跌到 0，也不值得買，白送給你也不值得買，因為即使白送給你，你也還是基本打平，或者每個月掙 100-200 美元。你不能光看現在的收入來決定買不買房子，要看未來的收入和房價。另外不能只看現金流這點小錢，要看房屋價格的變動和你能利用的槓杆。

最後這個朋友似乎買了一套，好像是用全現金買的。因為貸款額太小，沒找銀行貸款。後來他跟我說一直不掙錢，於是他就再也沒有買。最後似乎錯過了這個歷史大底。其實他當時借助銀行的貸款杠杆，是有足夠的能力，一下子買到 10 套 20 套的。現在這些公寓也就成了他的現金奶牛。

03 股票與抄底時機

雖然我不炒股，但是次貸危機之後，我一直關注股票價格的動盪，因為股票價格和房地產價格有著互相緊密的影響關係。我只能憑著我的記憶回憶這段歷史。有興趣的讀者可以比照一下實際的歷史資料驗證一下我說的對不對。

股票市場在雷曼兄弟倒閉之後開始一路往下跌。Fannie Mae, Freddie Mac, Washington Mutual，紛紛破產或者被政府接管。一個銀行接著一個銀行破產倒閉。到 2009 年初的時候跌得非常慘。對於市場底部的標誌性事件，記憶中我有這樣幾個。一個是 AIG 破產了，一個是花旗銀行的股票跌破了一美元。而花旗銀行一年前還是 40 多美元一股。終於大家達成共識，銀行是太大了不能破產"too big to fall"。連高盛這樣的公司都不敢確信自己不會破產，找巴菲特伸出援助之手。巴菲特給了一個包賺不賠的可轉債券的金融援助。最後連

會走路的錢

GM 這樣以實業為主的公司也破產了,政府只能援助。2009 年初,作為美國工業經濟、製造業的明珠,美國製造的標誌,通用電氣(GE)也搖搖欲墜要破產了。

我當時不太信這樣綜合性很強、既有實業、又有品牌的 GE 會破產。所以格外關注了一下。原來 GE 有一個非常龐大的金融部門。它的商業部門運行正常,但是它的金融部門有毒資產要把整個 GE 帝國拖下水。

GE 開了一個非常龐大的新聞聽證會來證明公司不會受到大的衝擊和影響。我仔細看了一下他們那天做出來的財務分析報告。當時我還感慨一下,因為我知道那些 PPT 不知道是哪個投行裡的 MBA 畢業生,用了不知道多少個不眠之夜趕出來的。

看完報告,我忍不住玩兒一樣的買了一些花旗和通用的股票。我印象中只買了 100 股花旗,100 股通用,花了不到幾百美元。讀了通用的分析報告,我也完全不能判斷市場底部在哪裡。我只想買一點股票作為一個標誌,以後可以用來回憶這段歷史。當時我太太和我說,我應該記一個日記,把每天發生的事件和自己的感受記錄下來。這樣可以當風浪過去的時候,回頭看看,提高自己的抄底水準。

那個時候,股票震盪劇烈。道鐘斯多的時候一天起伏就有 1000 多點。每天對股票指數震盪的報導,好像很是家常便飯的事情。沒有人知道底部在哪裡。專業人士不知道,我也不知道。但是總是有無數多的大師出來預測底部在哪裡。

我印象最深刻的是前總統克林頓都跳出來發表見解。在 2009 年初的有一天股票大跌之後,大約是 3 月份左右,他侃侃而談,痛斥本次次貸危機的根源,然後他說他感覺市場還遠遠沒有到底"This is still far from over"。這是他的原話,我印象深刻。他說我們犯下了很大的錯誤,需要漫長的時間來慢慢修正。

大人物說出這樣的話,說明市場真是已經到底了。因為市場沒有更多的人看空了。

克林頓這句話說完，股票開始一路反彈。一口氣不停，是個完美的 V 型反彈。在我印象裡，克林頓當時的講話基本就是股票的最低點，是整個次貸危機的歷史最低點。

所以你大概可以判斷出股票的最低點和經濟的形勢並沒有太大的關係。最低點取決是後面是否還有更多的空頭。市場是否到穀底是看是否還有更多的絕望者。市場是否到頂點是看是否還有更多的樂觀派。就是連前總統這樣的話的人都說出絕望的話之後，實在不能再有更多的絕望者了，股票市場這個時候就到了最低點。當然這樣說說容易，只能用來做大趨勢判斷。具體的節點不確定性很大，這也是我從來不炒股的一個原因。

股票到了最低點之後一路反轉上漲。是的，真的就是一路反轉上漲，根本不給任何人上車的機會。一口氣不停地漲了很久。我自己不炒股票，但是每天看市場的行情，我可以聽到或者感覺到千千萬萬一腳踏空的人，發出痛苦的吶喊聲。我的一個朋友就是這樣。她是斯坦福大學學經濟出身，但是在市場最低點的時候，竟然她也說定投的投資策略不 work。現在回想起來，她應該和克林頓一樣，都是最後一批絕望者。

經歷過這樣的 V 型反轉，就會更加對股市充滿敬畏之心。這也是每次經濟危機到來的時候，很少有基金公司敢把股票賣掉的一個原因。金融風暴來臨之前，往往大家都能看到下跌趨勢，但是沒人能夠控制好節點。股市會隨時發生反轉，讓你一腳踩空，追悔莫及。

但是在房地產市場就不一樣了。我每個週末都在看房子，摸著市場脈搏。2010 年，當股市大約上漲了一年左右，我給自己下的命令就是要開始買，而且一定要開始買。房地產一個周期就是十幾年，一輩子沒有幾次這樣的機會。而且為了這個機會，我已經整整準備了 5 年。從 2005 年起，我就期待著有一天房地產崩潰觸底。市場崩潰我已經等到了，觸底要是錯過了，那就太辜負我 5 年的心血了。

因為我已經苦等了 5 年，所以我要毫不猶豫地全倉殺入。

04 艱難的抄底

會走路的錢

抄底說說簡單，全倉殺入。可是我哪來的錢呢，花錢的地方到處都是，存錢的簍子千瘡百孔。因為付清了所有的 MBA 學費，買入了中國的房子，買了好車。這個時候我把美國所有的錢都匯總在一起，可以投資的錢大概也只有 8 萬美元左右。

看著銀行裡的 8 萬元存款。我對我太太說："我要買 8 套房子"。

她說"你瘋了嗎？我們手上只有 8 萬美元，你怎麼買 8 套房子？我們目標小一點，我們買一套就可以了。"

我說"不行，我一定要買 8 套房子。"我斬釘截鐵地說。這樣的機會太少了，而且我盤算了這麼久，我一定要買 8 套房子。

我像赴刑場就義一樣的口號似乎嚇到了她，她都沒有理我。她倒是好奇我有什麼本事變出魔術，有本事買 8 套房子。她同意我先買一兩套房子。並且她說你從來沒有在美國當過房東，根本不知道怎樣管理出租房。還是先實際一點，買一套房子練練手再說。還可以等下一次經濟危機再找機會。

"我要買 8 套房子。"我還是那句冰冷的話。像複讀機一樣一字不差，像南極的石頭一樣冰冷而堅硬。

她沒好氣地走開了，懶得理我這個神經病。

我之所用這樣嚇人的口氣說話，是因為我知道，沒有堅定的意志和鋼鐵一樣的決心，人是做不成事情的。

這個時候我 2005 年 72 萬美元賣出的"指數房"已經標出了一個不可思議的低價，26 萬美元。比最高點跌掉了 64%！ 我看到這個價格心砰砰直跳。就像小時候抓蟋蟀一樣，小心翼翼地撲向我的獵物。我知道市場底部就在眼前，每下跌一步就越接近底部。因為僅僅兩個月之前"指數房"還是 32 萬美元。兩個月一下子又跌了 20%。一切都完美地符合經典的市場底部的特徵，持續下跌一個階段後快速探底。

現在想起來。真的我非常感謝我買入的第一個住房。我不但從這個住房掙到了自住房的首付，而且因為和這個房子類似的房子當時市場上很多。讓我有一個我熟悉的"指數房"把握市場的脈搏。

指數房跌到 26 萬美元的那個月就是當年整個次貸危機灣區房價的最低點。我還記得當時的那個法拍屋裡面的樣子。在一開始的時候，大部分法拍屋都是乾乾淨淨整整齊齊的，後來的法拍屋越來越破。當時那個 26 萬的法拍屋裡面已經破爛不堪。地毯要換，牆要重新刷。廚房油膩不堪，垃圾扔了一屋子。看來是一個極度不負責的人搬走留下的。

就在那個 26 萬美元指數房標價出售的那一周，市場似乎一下子從昏睡中醒了過來。很多買家蜂擁出現。我的 offer（出價）很快就淹沒在其他 offer 的大海裡了。

我沒有搶到這個房子。於是我開始誠心誠意地寫 offer。市面上在法拍的房子非常多。一個社區裡 10%的房子都在走法拍程式，總共有二三十個。但是交易過手速度非常快，成交量也非常大。

我當時看中了兩個社區的房子。一個離我住的地方比較遠，開車 45 分鐘，一個離我住的地方比較近，30 分鐘。我做了非常詳細的 Excel 表，根據租金、價格，利率，保險、HOA 費用、地稅。我把能想到的因素都考慮進去了，包括未來可能出現的空置率和維修費用。也參考歷史價格計算了未來可能出現的增值。當時按照保守計算，離我近的房子 Cash on cash 的年回報率是 15%，離我遠點的房子年回報率是 20%。

所以顯然我應該買離我遠一點的地方。好在我當時吃過 Excel 的虧，沒有書生意氣，我兩邊都同時給 offer。我當時想的是買到哪個都可以，當然最好是買到回報率高的地方。這麼多年過去的結果顯示，那個 Excel 表計算的完全沒有意義。因為最後影響空置率和維修成本的居然是距離。距離遠的地方我懶得跑和管理。出現維修的事情，也懶得去維修而讓客戶自己去找更昂貴的維修工。最關鍵的是，你在房租議價上，遠的地方沒有近的地方那麼強有力。往往是好不容易找到租客，想想跑起來太煩，能租個什麼價，就租掉算了吧。

當然當時我還沒有想那麼多。我思考的最主要的事情就是盡可能地買到房子。我知道搶房的時候，根本不要挑挑揀揀，哪個都可以。我根本不等上一個 offer 是否給回復，就搶著出下一個 offer。但是過了一個月，我的 offer 沒有一個被接納的。我給的基本都是要價（ask price）的 offer。我趕緊問相關的仲介，到底是什麼情況？

仲介跟我說，其他人都會加價，加價從 5%-10% 不等。而有些短售屋的加價加得太多，超過了銀行貸款。業主乾脆收回去不賣了！

我的子彈有限，不敢加價太多。8 萬美元，按照 20% 的首付。我滿打滿算我可能可以買兩個獨立屋。如果運氣不好只能買一個或者買一個公寓。我可不想我等了 5 年的機會就這麼錯過了。顯然我需要去找錢，我需要大量的錢做首付。

可是錢從哪裡來呢？這是一個大問題，我抓破腦袋在想。

05 克服千難萬險也要搶

搶房子不順利讓我漸漸回到理性。又過了兩周我也學乖了，我加的價格比別人也更加多一點，終於買到了第一個法拍屋。這是一個離我比較近的一個小小的三居室獨立屋。22 萬成交，我的買入價比 2008 年最高點 65 萬美元低了一半還多。

辦完交割手續，我立刻就找貸款仲介，讓他給我再開一個新的貸款預批函（loan pre-approval letter）。房價每天都在漲，我一分鐘也等不及。可是貸款仲介幾乎給了我一個晴天霹靂一樣的消息。他說你買不了了，你的條件只能買一個房子。

我說"為什麼我只能買一個房子？"我沒好意思說我的雄心壯志是買 8 個房子。

他說你們的收入和自己現在有的貸款負擔比例太低了。你要買下個房子也可以，但是必須把這個房子先出租出去。要有半年以上的房租收入證明，這個時候你才可以買下一個房子。如果運氣不好，你可能還要一年以上的出租收入證明，才能買下一個房子。

我心裡咯噔了一下。"半年以上？房價每天都在飛漲。我怎麼可能等半年？"

我經歷過中國的搶房過程。我知道這個時候循規蹈矩是沒有用的。需要八仙過海，各顯神通。買一個房子可遠遠不是我的目標，我要買 8 個房子。我的內心對自己吶喊。雖然我不知道我怎麼樣才能買到 8 個房子，但我要克服千難萬險去買到這 8 個房子。因為那是我的目標。是我寫在投資理財博客上，給幾十萬個讀者看過的目標。我有一萬個理由要去完成這個目標。我今天在寫這篇回憶錄的時候，我還能夠感覺到我當時激情澎湃的心臟。

怎麼辦？換貸款仲介！找個不用等那麼多時間的。

是的，我只能一個又一個的去尋找各種各樣的貸款仲介，讓他們幫我解決我的問題。大部分的回答都是 NO！因為我當時在創業，所以我自己的收入屬於自雇收入（self-employment income），而自雇（self-employment）需要多年的收入歷史才能夠證明自己有穩定的收入。

我需要找到一個貸款仲介，在這方面相對寬鬆一些的。

貸款的問題沒有解決。搶房子又總是被 overbid （他人搶價），更糟糕的是錢的問題還是沒有解決。買第一個房子首付用掉了 4 萬多美元。我還能最多買一個。我上哪兒弄更多的錢呢？

我當時焦急的心態就和玩大富翁遊戲裡，手忙腳亂完成土地置換交易後開始蓋房的人一樣。那個遊戲裡砸鍋賣鐵也要想辦法蓋房子。但是往往不是有地就可以蓋房子，你需要有現金才行。

更多的首付款大概有這麼幾個來源，一個是把中國的房子賣掉，那樣可以籌措一些錢。二是從美國自住房裡申請一些房屋淨值貸款(home equity loan)。三就是把自己 401K 的錢取出來。

中國的房子當時正在狂漲。我害怕像上次一樣偷雞不成蝕把米。自己自住房的 home equity loan 可以用，但是我嘗試了幾個銀行最後都不行。因為房價下跌了，我自己的自住房的價格也下來了，所以我剩下的 equity 沒有那麼多。次貸危機後，銀行吃一塹長一智，對 loan to equity value 的要求也特別高。401K 的錢取出來有很多問題，最直接的問題就是罰款。雖然我知道房子的回報會比 401K 更好，但是蒙受罰款卻不是我想要的。因為罰款是真金白銀，交了就沒有了。

會走路的錢

當你缺錢的時候，沒有人願意給你錢。不但是我一個人缺錢。當時投資理財論壇上抄底的各路英雄沒有一個不缺錢的。我印象中有一個網友甚至開出 15%年利率的回報，用房子做抵押，找人借錢。可是還是借不到。

我買的第一個房子空置了一個月之後，勉勉強強出租出去了。但是出租也不是一帆風順，因為我那個區非核心地帶，經濟還沒有復蘇，來看房的都是一些稀奇古怪的人。我頭一次在美國當房東，這些人是不是能交下月的房租，我心裡也沒有底。

我只能好聲好氣地伺候著，有求必應。燈泡壞了我都跑過去幫他們換一下。把房客伺候得像大爺一樣。因為我知道這個時候不能有任何閃失。我想起了前一陣子在拉斯維加斯買房子的那個網友說的話。做了房東才知道，真不知道誰是楊白勞，誰是黃世仁。

06 搶到第二個房

又過了兩個月，我終於找到一個貸款仲介，他可以幫我辦第二個房子的貸款，不用等半年。不過利息要稍微高一些。利息高就高吧，回頭 refinance 時候再說，這個時候顧不得那麼多了，趕緊搶到房子是最重要的。

我買的第二個房子是在遊輪上買到的。那個時候每週都不停地在發各種 offer。幾乎所有的 offer 都全軍覆沒。最大的障礙就是我的銀行現金太少，賣家不是很肯定我有足夠的能力 close deal。發那個 offer 的時候，正好碰到我們全家去海上坐遊輪度假。

工作再忙，不能耽誤休息。買房再忙，不能耽誤度假。我的這個回憶錄可能給讀者一種錯覺，感覺我每天都在忙房子的事情。其實不是的，大部分的精力我還是在忙我的工作，照顧孩子。買賣房子的事情，只限於週末和晚上下班。每年的度假再忙也是必不可少的。

當時手機還沒有這麼發達，游輪上完全沒有信號。整個遊輪只有一個網路埠，按分鐘收費。但是沒有辦法，我也只能一邊看著墨西哥灣的落日，一邊在遊輪上寫 offer。遊輪上沒有印表機。所以我只能用帶著的電腦把長長的合同每一頁截屏截下來，然後手描的在上面簽字。寫完 offer 再用郵箱發送出去。輪船在大海上航行，外面是喧鬧的人群。我在游泳池邊完成了這個工作。當時有種生意人做大買賣的感覺，因為電影裡大富豪們都是在高爾夫球場上和游泳池邊上把生意做完的。

07 不要相信媒體

2011 年，當房價止跌回升的時候，跳出很多著名的經濟評論家預測未來。這些評論家，每個人都帶著嚇死人的頭銜，包括諾貝爾經濟學獎獲得者 Robert Shiller。他號稱因為準確地預測了互聯網泡沫和次貸危機而獲得諾貝爾獎。我是不信這些事後諸葛亮式的吹牛把戲的，無論他有多麼大的頭銜。因為普通民眾可能很少注意到他 2015 也預測美國股市泡沫嚴重，立刻會崩盤。結果被打臉。看空的人永恆看空。吹牛的把戲就是不斷地試錯，試對一次就無限擴大宣傳，然後拿諾貝爾獎，試錯了就默默無語。

當時電視採訪他問他覺得房價會下跌多久，他說可能會下跌 3~5 年的樣子。最後又有人問他，你覺得房價什麼時候會回升？什麼時候會有下一個房地產泡沫？他當時的一句話是，"probably not in your life again."

我對他後面這半句話特別不以為然，我甚至認為房價下跌 3~5 年這樣的判斷也是不靠譜。至少對於局部地區，灣區這樣的地方不是這樣的。市場反轉就在眼前。說美國此生再不會有房地產泡沫更是不可能的事情，下跌之後就意味著暴漲。只要是自由市場，有跌就有漲，有漲就有跌。

可是所有的媒體報刊雜誌都不這麼說，如果你有興趣去考古看一下 2010 年 2012 年前後的所有的媒體，沒有一個媒體會告訴你房地產價格在下跌之後會暴漲，反而會有大量法拍屋源源不斷出來。你今天去查一下 Foreclosure second wave 這個關鍵字。就能看到當時洶湧澎湃的報導是多麼的錯誤，當時很多媒體認為第二輪法拍屋浪潮馬上就到。我隨便節選一段 2012 年初的新聞報導。

"Foreclosures have plagued the United States for the past few years and it seems that trend is set to continue. Now even though the amount of foreclosures dropped 19% in January and another 8% in February, it's expected that a massive increase in foreclosures is on the way. Experts warn that the massive $26 billion settlement between five of the largest banks in the country will cause a major ripple when it comes to foreclosures and how they are inherently handled."

　　沒有一個著名的經濟學家，沒有任何的股票評論人，至少我沒有看到一個公開預測 2012 年之後的房地產價格的狂飆。

　　然而在我眼裡，這簡直是禿子頭上的蝨子的事情，雖然我也不知道什麼時候價格會反轉上升，但我知道反轉是肯定的，因為過去的歷史一次一次都是這樣的。而且反轉不會用幾年就會達到新高。

　　這個現象又一次印證了我之前的一個觀察和理論，就是所有的這些評論人，他們最關心的是如何討好聽眾，他們並不關心自己的判斷是否正確。他們也許獨立思考，但是真正獨立思考的人，很少敢在公共媒體上公開說。至少媒體不願意播放和廣大民眾意見相悖的觀點。

　　做出獨立思考而採取行動的人是默默無語的。黑石 Blackstone 這樣的對沖基金就在幹這件事。他們突破傳統思維，直接從銀行手裡購買法拍屋。據說前後整整買了將近 100 億美元的法拍屋，最後發了一大筆財。他們默默買進的時候能夠聲張麼？當然不能，恐怕還要僱經濟學家在媒體上鼓吹泡沫和衰退有多麼嚴重呢。

08 信息不對稱的房市

　　第一年抄底的工作結束，我在文學城博客上寫了一篇新年總結的文章。我告訴大家不要迷信名人和媒體以及各種 Excel 的指標，搶到籃子裡的就是菜，不要猶豫趕緊搶。

　　我這樣是在警示大家市場底部已經形成，鼓勵別人抄底。但是這些鼓勵給我自己可能帶來了很大的副作用，因為我在當時發現我買房子的時候，很多和我同樣背景的人在和我競爭。我搶房子的時候，我發現一多半是中國人、印度人，和其他亞裔面孔居多。似乎美國普通的民眾非常的少，至少在灣區是這樣的。我感覺這裡面可能有很大一部分程度來自資訊不對稱。

128

　　大部分中國人和印度人在 IT 領域工作。他們在公司裡已經感覺到了經濟在復蘇。那個時候又是中美的蜜月期，我們作為美國的華人，我們知道還有太多的中國人要到美國來。他們或者是為了子女教育，或者是厭倦了中國惡劣的空氣環境，想移民到美國來。就像當年山西的煤老闆賺了錢都去北京生活一樣。

　　此外還有大量的中產階級中國人效仿 70 年代和 80 年代的臺灣，把他們的孩子從高中就開始送到美國來。這些孩子過了幾年大學畢業的時候，首選的工作也還是 IT 領域，最大的可能也就是落戶在東西海岸人口密集的城市。我認識的聰明的中國家長那個時候已經開始為孩子將來的婚房做準備。婚姻和住房，按照我們東方人特有的習慣，都是這些家長要負責到底的事情。這些國際買家的購買力和當地人當下的就業和收入是沒有關係的。

　　美國人也許知道自己家裡的事情，但是對於美國以外的事情不是特別瞭解。在三藩市房地產歷史上出現過好幾次這樣的例子。我印象中 90 年代香港的大批移民曾經救了三藩市因為經濟衰退導致的低迷的房市。

　　人們對於房市底部的判斷往往過於悲觀。因為人們經常用庫存除以銷售量來確定房市走出低谷的時間。我曾經閱讀過一個 80 年代的 San Jose 地區的房地產衰退時期的報告，當時預計需要 30 年才能消化掉現有庫存。可是最後只用了兩年的時間，就把庫存消化掉了。主要的原因是銷售速度和庫存本身都是變化值。人們會根據預期隨時調整買入和賣出。

　　如果有企業在大規模的擴張，那麼人就會源源不斷地進來。2010 年前後像蘋果，穀歌這樣的公司，已經漸漸走入如日中天的階段。他們都在灣區大舉擴張的計畫，購買土地，新建更多的辦公樓。Facebook 這些原本創業階段並不在灣區的，也在灣區大規模地招聘人員創建企業。當時的特斯拉已經初現規模。灣區一個本來不生產汽車的地方，未來會變成美國汽車建造的重要中心之一。灣區的風險投資在 2012 年開始活躍起來。一大批科技企業在灣區開始孵化，包括後來鼎鼎有名的 Uber 等。

　　這些 IT 的產業資訊以及亞洲買家的資訊，普通美國民眾特別是傳統行業的普通民眾是不知道的，也沒有切身的緊迫感。IT 行業的人，印度、中國等

會走路的錢

新移民知道這些資訊，我們比僅接受大眾媒體影響下的普通美國人資訊掌握得更多更全面一些。因為這個原因我看到了大量的亞裔背景的人在那個時候開始抄底買入大量的住房。

房價上漲的時候，基本規律是核心區的房價先漲，然後蔓延到週邊。比如在灣區，2012 年灣區最好的學區，最核心的地段的房價已經漲過了 2008 年時的最高點。然而此時，週邊的房價剛剛觸底不久開始反彈。房價還沒有達到 2008 年最高點的一半。

用我的指數房作為例子。2012 年的時候，那個房子僅僅漲到 36 萬。而同時其核心區的房子已經超過了 2008 年的最高點。房地產的區域性很明顯。

然而全美的經濟學家或者聯儲局，他們關心的是全國的經濟形勢。大部分人是沉浸在 Great Depression 的痛苦中。我記憶中，當時我的一個朋友委託我幫他一個朋友的孩子在美國找工作。還是剛剛從斯坦福碩士畢業。這在以前是閉著眼睛就能找到工作的，可是那個時候真的就是找不到。報刊雜誌還是各種負面的消息，因為就業率依舊不高。

灣區的房地產投資人群裡反而是另外一種聲音。就是我們是否形成一個新泡沫（Are we forming another bubble）？因為房價反彈太快了。不過在我看來，因為核心區的房子漲過了 2008 的最高點，就認為新的泡沫又在形成中是很荒唐的一個想法。我堅持的一個觀點是房價才剛剛開始起步，要漲很漫長的一段時間。也許是 5 年，也許是 10 年。因為你看看過去的歷史就知道，每次這樣大的迴圈都是 5-10 年一個週期的。

大眾媒體很少有前瞻性思維。我這麼多年對大眾媒體的總體觀察就是，媒體的反應總體是滯後的。因為一個事情變成熱點之後，才會引發媒體關注。而引發媒體關注之後，經過採訪和調查，整理成文章，再傳到普通人的時候，節拍已經慢了一大步，最好的機會已經過去了。媒體擅長做的就是利用這種痛苦，最大化銷售自己的雜誌，或者贏得更多的點擊率。

當我們做一個投資決策的時候，首先要想到的就是我這個資訊從哪裡來的？我是不是這個資訊的最後一批知道者。是否我身後還有比我更晚知道這件事情的。如果沒有，那可能要深思熟慮了。

前瞻式的資訊獲得只能通過親力親為，在一線的人手中獲得。比如投資理財的論壇，2012 年就充滿了各種購買法拍屋的經驗帖子。從這些帖子中你能夠獲得的資訊和知識遠遠超過多數主流媒體。

不過，在美國的華人相當一部分人有一個大的心病。就是總是強調融入主流社會，遠離中國人的社區和媒體。事實上，從主流媒體中我們能夠獲得的資訊總是非常有限。主流英文媒體，一切似乎都是朦朦朧朧得，總是不具體，說不到關鍵點上。這不單單是限於投資房地產，包括孩子們的教育、升學、辦理移民。你會發現最有用的資訊都來自華人本身的中文社交媒體。

我認為房價會陷入長期復蘇的觀點和當時在投資理財論臺上一些勤於筆耕的人基本一致。房價上漲遠遠還沒有到泡沫的程度，這只是一個漫長上漲的開始。隨著大家工資的升高以及就業率的提高，那個時候大量的需求才會真正被釋放了出來。

09 哪裡都找不到錢

道理都明白，最後沒有抄到底也是一場空。最後誰可以抄到底，其實就是執行力的問題。我自己非常清楚地知道這點，可是執行層面越來越困難。

我幾乎是以歷史最低點的時候買入了第一個房子。過了幾個月，等我心急火燎買入第二個房子，房價已經漲了 10%-20%左右。要買第三個房子卻費了老勁了，因為所有的仲介都告訴我不能貸款。要等兩個房子都有比較長的出租歷史才可以。

我可等不到那一天。我要買 8 個房子。我自己一遍一遍給自己堅定地強調這個事情。如果你老老實實的，把自己想像成一個人肉皮球，被其他人踢來踢去，最後你就是什麼也做不成。這個時候我只能找審查稍微寬鬆一點的貸款仲介幫我出主意。他的一個辦法就是把我的海外的一些諮詢收入加進來。因為這些收入並不是有清晰和明確的定義的，解釋的空間有很大的餘地。

會走路的錢

貸款解決了，可是我的首付問題依舊沒有解決。買兩個房子已經耗盡我手上所有的現金。一有風吹草動，恐怕要動用信用卡過日子了。機會放在這裡，杠杆我也能拿到，可是我沒有撬動這個杠杆的金鑰匙。

當時我有幾個選擇。一個辦法是把中國我買的第一個上海中心城區的房子賣掉，那個時候中國的這個房子已經漲過了 100 萬美元，如果把它賣掉，我就用這筆錢做首付，一個獨立屋只需要 5 萬美元。那麼可以購買 20 套住房，總市價 500 萬~600 萬美元左右。這 20 套住房價格漲一倍，回到 2008 年的次貸危機前最高點，那麼我"普通人家十年一千萬"的理財目標就實現了。能夠實現這樣的目標該是多麼令人開心的事情啊。

然而明明知道紙面上這是正確的投資決定。可是我不敢。我擔心那些理論計算以外的不確定性因素，讓我真正落實這件事非常困難。第一，我可能要交一些資產增值稅。當時我已經持有綠卡了。這個房子我在中國按照比較低的價格買進，較高的價格賣出，我可能要補交大量的稅費。交多少稅，怎麼交，這點我不是很明確。

我當時諮詢了一些會計師 1031 Exchange 的辦法。我說可不可以把中國的房子賣出，作為 exchange 買美國的房子，這樣我可以延稅。會計給我的答覆是否定的。他們說中美兩邊的房子很難說明是同類或者相似的房子。我說都是住宅啊，很相似啊。會計師依舊直搖頭。當然會計師的答覆都是偏保守的，他們不想承擔更多的責任。但不管怎麼說讓我對這個問題產生了一些疑慮。

還有就是這麼大筆錢進入美國，會不會有其它的問題？我沒有做過 100萬美元以上的國際匯款。大額的美元匯入美國，可能需要向稅務部門甚至 FBI解釋這個錢的來龍去脈。雖然我是守法公民，但是被別人調查的感覺非常不好。尤其是當時中國外匯管控已經變嚴格了。一人一年五萬美元的限額。我需要找 20 個人幫我匯款才可以。問題是即使我在中國那邊想辦法繞過了外匯管制，我在美國這邊說得清麼？他們能理解我找 20 個人代我匯款這事麼？我有證據麼？我能說明這不是洗錢和非法交易麼？調查你的稅務官員，他們能明白中國那邊關於外匯管制的一些措施嗎？你雇傭律師和會計師說明白這些事情代價有多大？

很多人對美國的金融管制很反感，讓你感覺普通人其實沒有多少自由。當然我理解可能這些管制一開始的出發點是好的，防止有人逃稅或者防止恐怖分子毒販洗錢。但是副作用也是明顯的。普通人用錢也是戰戰兢兢的，生怕政府把自己當成壞人。這也是我後來堅信比特幣未來會有一定市場的一個原因。這部分在後面比特幣的章節裡我再展開講。

在美國，你沒有辦法把幾萬塊錢隨便借給朋友。因為你擔心會有政府找你要證據，找你要贈予稅。所以你或你父母在中國賣掉房產的錢也不太敢拿回美國來，倒不是因為你說不清楚，而是因為被調查本身就是一個很痛苦的事情。

我想想這些事情都很頭大。另外一方面讓我擔心的就是上一次在中國置換房的經驗教訓。當時我也是想一個換四個，但最後的結果是還不如什麼都不做。我對未來的趨勢能夠把握得那麼准麼？所以我放棄了賣掉中國的房子，轉錢到美國投資的想法。中美之間的投資還是各管各個的吧。

當然現在回顧往事，看看當時我的這些擔心，也許是我把風險想像得太大了。因為在投資理財論壇上的確也有人把中國的房子賣掉，拿到美國來投資的，也沒有什麼太多的事情。比如當時就有一個投資理財的網友，諮詢我在 San Jose 買 multi-family house 是不是一個好主意。她是一個 2012 年到美國的新移民。她算了一下聖荷西的回報率比上海高太多了。我告訴她在美國管理房屋跟中國是很不一樣的，要負責維修。如果是一個 multi-family，甚至還要處理鄰居的關係。最後她買到了沒有我不知道，但我衷心祝她好運。只是我知道她的確做到了從中國匯款上百萬美元到美國。

我最終下決心不賣中國的房子，壓倒駱駝的最後一根稻草其實是信譽。2011 年的時候，我把上海的第一個房子租給了一對年輕夫妻。他們帶著家裡的老人，一起搬了過來。因為老人的年紀比較大，所以他在搬過來的時候一再跟我確定，他希望長住這個房子，所以當時簽了一個 5 年的合同。

會走路的錢

當然我也可以撕毀這個合同，撕毀合同也就是賠償他們一個月的房租而已。可是簽約的時候他們和我說得非常懇切，有明確的約定。他們說寧願房租高一點，也希望找一個穩定的地方。因為他們的父母當時已經 70 多歲了，不想也不能再折騰。而且這個家庭從來都是準時准點付的房租，從來沒有給我找過任何的麻煩。甚至房租每次都是截止日期前三天付給我。房屋的維修也都是他們自己去辦理，然後徵求我意見之後把帳單寄給我，從房租裡扣除。

我這麼多年跟房客打交道的經驗是，如果你為別人著想，為房東省下了金錢和精力，最終這些好處都能回饋到你自己身上。房東可能會在房租上給你更多的優惠，可能在你搬出的時候給你更多的寬鬆日期。然而很多房客不明白這一點，尤其是美國的大多數房客。他們不知道房東付出的所有勞動，每一個修繕，每一個看似合理的要求，最終羊毛都出在羊身上。而房東的小時工資往往遠比房客的小時工資要高很多。所以房客麻煩房東是一件很傻的事情。

因為我不想違背信用，所以我沒有把房子賣掉把他們趕走。這是我十幾年投資的一個基本原則，就是我極其在意自己的信用。維持信用記錄不僅僅是保證我有較高的信用分值，可以幫我獲得貸款。另外一方面我總覺得冥冥之中，人世間一切都是環環相扣，緊密相連的。一個人如果做到又誠實又守信，上天總是會用各種方式來獎賞你。一個人如果言而無信，出爾反爾，那麼也許你可以占一些小便宜，但是命運總是會想辦法把這些小便宜成倍地從你身上奪走。也許是通過某種陰差陽錯，也許僅僅是因為你內心的不安導致你犯錯。

既然這樣不行，那樣不行，我只有最後一個辦法了。那就是從 401K 裡頭貸款。401K 明明是自己的存款，但是此刻只能走貸款程式，把錢取出來。你瞧政府又何必多此一舉呢？讓人們自己管好自己的錢不是很好麼？何必養活那麼多中間人。401K 裡一個好處就是利息還是付給自己，所以利息再高也不是什麼損失。但是 401K 的貸款金額是有限的，就是如果你換了工作，rollover 那部分是沒有辦法貸款的。你只能用在當下公司工作期間的 contribution 抵押做貸款。也不知道當初為什麼制定這些荒唐的規矩，對於自己的錢設定那麼多的管理規則。

因為這個原因，所以雖然我們當時的401K退休金有幾十萬，但是我能貸出來的錢非常少，只有5萬多美元。但不管怎麼說，這筆錢夠我買第三個房子的首付了。於是我又開始不斷每個週末去看房子，抄底的挖掘機繼續前進。但是正當我滿腔熱情地瘋狂遞交 offer 的時候，另一個災難又發生了。上帝總有各種辦法磨煉一個人的心智。

10 搶到第三個投資房

這次是我生病了。就在這個最重要的節骨眼上，我生病了，而且病得很嚴重。我運動的時候，一個不當心，腰椎受傷了。一開始是隱隱約約地疼痛，後來是鑽心地疼痛，最後我只能躺在床上了，一動不能動。醫生說只能靜養，別無他方。我說需要多久能恢復？醫生說他也不知道，少則幾個月，多則半年一年。

人休息躺在床上，可是房價還在蹭蹭地上漲。我心急火燎也沒有用。

當時房價不能一步漲到位的原因其實是銀行。很多房子即使再加 10%的價格也是賣得出去的。因為一個房子經常是十幾個 offer。但是銀行的貸款估價限制了房價的快速攀升。比如當時一個 40 萬美元的房子，offer 從 40 到 45 萬美元不等。雖然賣家希望賣到最高價 45 萬美元。但是 45 萬的 offer 沒有辦法成交，因為銀行貸款評估的時候並不認可。此時銀行貸款吸取次貸危機的教訓，變得極其小心。他們只會根據最近幾次交易的價格，也許稍稍有一點浮動來決定你這個房子的合理價格。即使合同是 45 萬美元，最後也是要根據銀行評估重新商量。

因為有銀行貸款這一關做最後的保險，所以我後來膽子變得越來越大，給出的 offer 也越來越高。加 10%~20%都不在話下，賣家想賣多少錢都行。簽了合同再說，後面銀行估價下來再慢慢談。如果給出的價格我沒有排在第一名，後面壓根沒有談的機會。

會走路的錢

我只能躺在床上帶病堅持工作。躺床上並不妨礙我給他們出 offer，躺在床上，我依舊可以打電話給仲介。但是躺在床上讓我沒有辦法去看房子，其實很多房子我也不需要看，因為通過照片和地圖我大概知道這個房子的價格是多少，以及是否有更好的升值空間。

最大的問題是我不去看房子，賣家總覺得我沒有誠意。即使我給出高價有的時候他也不願意接受。賣家覺得我可能是胡亂試試的，房子都沒有看，沒有誠意。因為這樣我錯過了好幾個 deal 我只能幹著急直瞪眼，一點辦法也沒有。

但是只要你動腦筋。辦法總是有的。辦法總是比困難多。我的信用良好，分數很高。我只能用非常規的辦法解決這個問題。就是每次我出 offer 的時候，附上自己的信用分數的截屏報告。仲介告訴我沒有人出 offer 的時候附上自己的信用報告，這樣不符合常規。我說因為沒人這樣，所以我才一定要給。這個辦法果然有效。就這樣費盡周折，我也買到了第三個房子，這時候我又沒有錢了。

那個階段感覺自己的錢就像打遊戲時候的血條。好不容易滿血復活了，上去幾下子就被妖怪打沒了，然後心急火燎地接著等復活。

我像一個殘疾人一樣躺在床上。沒有首付的錢，也不能工作。可我買 8 個房子的計畫才執行了一半不到。怎麼辦呢？

好在當時我已經工作很自由，我不需要擔心失去工作。因為當時我主要的工作是在創業經營一家公司。因為在創業階段，我沒錢給自己發工資,所以我大部分的收入來自做一些諮詢業務。諮詢業務稍微停停不要緊。這個公司因為我是老闆，所以我不去，問題也不是特別大。

病痛的打擊更多是來自信心。我不知道我的脊椎能不能好。在床上整整躺了一個多月之後，我幾乎還是下不了床。我不知道以後會怎麼樣，如果我一直像個殘疾人一樣，我的創業公司該怎麼辦？我還能不能管理投資房？

11 搶到第四個投資房

136

大概又過了三個月，這個時候我可以下床活動了，可以開車到處走一走了。但是我不能站很久，只能坐著或是躺著，或者是快步行走。如果是站著不動，只要一分鐘脊椎就會疼得我呲牙咧嘴。我去醫院拍了核磁共振，顯示的確我有一部分脊髓液外流壓迫神經。醫生也沒有什麼好的辦法，告訴我唯一的辦法就是儘量恢復，不要讓脊椎受力。

那時候房市依舊火熱，非常地搶手。有的時候仲介都見不著，我覺得記憶中最誇張的一次，大概我們有五六個人同時約好了去看一棟房子，在門口等了一個多小時，仲介都沒露面。

但是我要買 8 個房子的目標還在那裡，我心中的火焰還在燃燒，我還是要去實現我這個目標。雖然我沒有什麼首付的錢，雖然我不能站立太久，雖然我幾乎無法貸款，我也要繼續看房子，找機會。

下一個看到的房子是一對老夫妻在賣的短售屋。這是一個在鐵路邊的房子，真是一個破得不能再破的地點了。這裡雖然離鐵道不遠，但是我知道附近正在規劃建設一個大的研發中心。幾年後可能會有幾千人到這附近來工作。

這是一個獨立單位的房子，短售標價只有 11 萬美元。這對夫妻不打算要這個房子了，我當時覺得很奇怪。房子地點雖然很差，但是房子裡面修繕得很好。後來瞭解到這對夫妻在這個房子上傾注了大量的心血，次貸危機前，他們申請了 home equity 抵押貸款，把這個房子裝修一新。把臥室客廳全部重新翻修過，屋頂重新換過，廚房和廚房電器全部都是新的。

他們花了兩年的時間去修這個房子。光修房子就花了 15 萬。但是這 15 萬都是從銀行來的。這個房子在 2007 年的時候估價是 45 萬，當時他們因此款貸了 15 萬美元去修這個房子。

按理說他們好好地在這個房子裡享受自己的生活就好了，慢慢地把貸款還掉。但是就是因為房價跌了，跌到只有十幾萬，他們覺得自己背著 15 萬的貸款實在不合算，於是就想把這個房子短售掉。

會走路的錢

在其他正常的社區裡，我當時感覺無力和別人搶房子。我一沒錢，二行動不便。但是這個房子因為離鐵路比較近，後院經常可以聽到火車的轟鳴聲，所以沒有什麼人來買。

於是我出價把它買了下來。11 萬的房子，20%的首付，我只花了 2 萬多元就把它買了下來，而且沒什麼人和我搶。這兩萬元是我從各種犄角旮旯裡湊出來的。包括2008年的時候我以 1 美元買入的 100 股花旗銀行股票都賣了。又用了一個一年不付利息的信用卡刷了一些錢。好不容易湊齊了首付。

房屋主人走的時候收拾得特別乾淨。我去接手的時候，院子裡都沒有一片落葉，草坪整整齊齊。仿佛可以感覺到前主人對這個房子的深情。他們對房子傾注了那麼多的愛，付出了那麼多的勞動，但是在最關鍵的時候，他們卻選擇了拋棄它。

房子的地點雖然很差，但是房子很好，基本上沒有什麼修繕工作要做。所以我很容易地就把這個房子出租出去了，房租一個月 1500 美元，不但足夠還房貸，而且還有富餘。

雖然這個房子靠近鐵路邊上，但是出租反倒很容易。世上總是窮人多，很多人在租房期間不在意壓縮一下自己的生活品質，只求租金低。所以在後來的日子裡，這個房子沒有空置過一天。

現在這個房子的價格早已突破了歷史最高點，估價 55 萬美元。如果認真想想，基本上這對夫妻兩年的心血和銀行的 15 萬美元是白送給我了。對於他們，這些本來都是可以避免的，只是因為自己太過於貪婪和算計自己的利益。所以人在做事情的時候，不能光想著自己，不能只是做一個精緻的利己主義者，人還是要有一些誠信和擔當的。

12 搶到第五、第六個投資房

我買第 4 個房子的時候，房價的趨勢已經很明顯，一輪一輪在上漲。半年之後，我漸漸恢復得可以自由行走了。雖然時不時有些不舒服，但是沒有大礙了。但是我實在湊不出更多的錢去買後面的房子，如何實現我 8 個房子的目標呢？

讀者可能會覺得我為什麼癡迷於這 8 個房子的目標？如果沒有在文學城上寫下自己十年一千萬的豪言壯語，可能我也就放棄了。因為自己有這樣的承諾，有這樣的公開目標，內心深處給自己製造了一些壓力，想看一看自己的能力極限在哪裡？

可是錢呢，錢從哪裡來？每天我看著不斷上漲的房價急得直搓手。人可以有各種各樣的目標，但是沒有錢你一點辦法也沒有。

常言道"如果一個人真的想做什麼，上帝都會被感動跑過來幫你。"

歷經磨難，我的好運氣終於也跟著來了。這個時候我突然接到一個特別古怪的諮詢項目。這樣的諮詢專案，我一輩子也只做過一次。

有一個我所在行業的創業公司要去上市。他們的核心技術專利需要有人做一下技術評估，來證明他們的技術是獨一無二的。上市公司的技術負責人，通過很多關係找到了我，讓我幫他們做一下技術評估。因為我曾經在這個領域發表過一些期刊論文。他們覺得我比較適合做這方面的技術評估。

你會覺得奇怪，為什麼這個工作是創業公司自己去找人評估而不是投行找人評估。其實不是，是投資銀行要對他們的技術做盡職調查。但是投資銀行的人壓根也不懂這些技術，所以就讓創業公司的人給他們推薦專家來做評估。

做這個工作不複雜，只要寫一份報告，把相關的技術優點和缺點比對一下就可以。技術內容我很熟悉，差不多一個星期就可以寫完。不過我知道投行是怎麼回事。因為我在那裡實習過，所以如果按照小時計算的話，這樣一個諮詢費用不過是 5000 美元左右的酬金。可是這個上市過程是一個上億美元的交易，我就不客氣地把自己的要價放大了 10 倍，給了一個 5 萬美元的諮詢費估價。

創業公司的這位老總對我非常的客氣。他主動說可能你還是要少了一點，他建議我可以再加一些。他說最關鍵的是能不能快一點出這份報告。反正錢也不是他出，最終都是投行買單。寫報告這種事情得心應手。我寫一本書也不過是幾個月的事情。於是我價格又抬了抬，我說那乾脆就 10 萬美元了吧。

會走路的錢

他看著我呵呵笑，覺得我一副不開竅的樣子。一個公司在上市的時候，眼睛裡看到的都是大錢。對這些小錢完全不在乎。反正這筆錢也不是他出。我感覺他似乎呵呵的樣子是說可以再加一些。在上市的交易過程中，各種財務資料報表的最後一位往往是一百萬，百萬以下的他們連看都不看。

不過我沒有再貪心。過了幾天投行的人找我，簽了合同。我開的 10 萬美元的價格，他們一口就答應了，壓根沒有還價。但是只有一個條件，就是這個週末結束前必須把報告給他們。

於是我忙了整整一個週末，那幾天幾乎沒有合眼，把這個報告趕好給他們，算是盡職調查的一部分。其實大部分時候公司的並購，這些盡職調查都只是走一個過程。買賣雙方內心深處都很清楚，投資銀行這個時候接到這個單子，難道能讓這個公司不上市嗎？公司努力上市，難道他會找一個人對他們的技術評估說壞話的嗎？

對於我而言，別人雇我做技術評估，難道我能評價他的技術一無是處嗎？當然我也會保護自己，我不會說一些違背原則的話。創業公司能夠做起來，技術只是一方面的，還靠技術以外的很多東西。獨門秘笈一樣的技術是不存在的。大部分的技術評估有非常大的彈性空間，我不能把黑說成了白，白說成了黑，但是灰度的顏色到底是多少，評估者的自由度很大。

我自己覺得我的報告無懈可擊。雖然倉促之間完成，但是也沒有違背自己的職業道德。這可是雪中送炭，意外橫財。我用一個週末就掙了 10 萬美元。

這 10 萬美元對於投資銀行的人可能根本不算什麼，對我來說其實很重要。靠著這筆錢我買入了第 5 和第 6 個房子。離目標還差兩個。等我買完第 6 個房子不久。我的指數房已經漲過了 45 萬美元。比最低點幾乎要漲了一倍。這個時候抄底的最好機會基本已經過去。我感覺房價肯定會突破新高，現在只是市場進行正常的恢復，遠遠沒有進入到泡沫。真的市場瘋狂進入泡沫的狀態，需要換一批購房者。曾經經歷過房地產泡沫的業主，恐怕會小心謹慎，很難再製造一個泡沫。

13 買到第七、第八個投資房

這個時候房價稍微穩定了一段時間。一年後，我用平時的積蓄又湊了一些錢，買入了第七個房子。這時候我的指數房已經漲到快 55 萬了，我實在沒有辦法再買更多的房子了。

這些大約就是我在整個次貸危機之後，灣區抄底過程中的真實記錄。第七個房子買好之後又過了一陣子。我把第一個房子 refinance 了一下。用 cash out 的錢買入了第 8 個房子。終於了了我的心願。

在整個抄底過程中。房價平均漲了一倍。因為是 20%的首付，所以現金回報率(Cash on cash)是 10 倍左右。最賺錢的是那個鐵路邊上的小黑屋，現金回報率三年是 20 倍左右。

在整個抄底過程中，我基本上沒有特別大的資金投入。當然主要原因是因為自己是普通人家，沒有太多的積蓄。因為自己在創業，沒有太高的收入。大部分時候家庭稅前收入一年只有 15 萬-20 萬美元。個別時候有些額外的諮詢收入，量也很少。

我對自己在次貸危機之後抄底的執行能力是基本滿意的。如果再給我一次這樣的機會的話，我幾乎想像不出我怎麼能比這一次做得更好了。因為我作為手邊可動用的資源就這麼多，我給自己的表現打 80 分吧。

第十六章 在美國做房東

01 初試房東

    次貸危機抄底過後。我開始了在美國當房東的日子。美國的房東有很多外號,有的時候叫地主,有的時候我們老中自嘲為"淘冀工"。淘冀工的語義來源是投資理財論壇上經常討論房東維修房子的事情。包括馬桶堵了,都需要房東親力親為。所以房東們自嘲自己為"淘冀工"。當你經營的出租房規模很小的時候,其實大部分時候業主都是淘冀工。經營上規模之後,可以有比較長期的工人幫你工作。

    我一開始做房東的時候,也覺得很詭異。特別是我急需錢抄底買灣區的房子的時候。一方面自己是一個博士,創業公司再不濟我也管著十來個人。另外一方面每到週末,我卻經常要提著工具箱,幫別人修門鎖,修開關。通馬桶的事情我倒的的確確沒有幹過。和上下水相關的活兒我都交給了水管工(plumbers)。抄底那幾年過去之後,一般的維修我也不再親自上手。但是有的時候,活兒太小找不到合適的工人,也只能自己親力親為。

    在中國當房東和美國當房東是完全不一樣的。過去十年我同時體會了這兩種當房東的感覺,可以分享對比一下。

    在中國當房東是活脫脫的黃世仁。因為你只需要管好錢,具體的事情都不用你管。因為人工費不貴,維修的事情有物業去幫你去做。另外因為中國大部分房子是公寓樓,所以沒有什麼要修的,屋頂不會漏,牆不會漏,窗戶不用換。如果讓我寫中國當房東的故事,可能一千個字就夠了。

會走路的錢

在美國當房東，特別是小業主當房東，活脫脫的就是楊白勞，因為美國的房子大部分都是獨立屋(Single Family House)。考慮到租金控制(rent control)和屋主委員會—物業（HOA）的管理費，我購買的大部分房子都是獨立屋。因為真正升值的是土地。非獨立住房 HOA 年年上漲，也會對你的利潤有很大影響。

美國修房子的人工費很高。然而對於小業主，不單單是人工費的問題。當你房子不是很多的時候，沒有穩定的維修工作量，你去找一些陌生的工人來修理，難免要被宰。

唯一的辦法就是自己去做修理。我覺得大丈夫能上能下，既然中華民族優秀的婦女同志們可以上得了廳堂，下得了廚房，我們這些油膩的大老爺們，自然也是發得了 Nature 論文, 通得了馬桶。四體不勤的男人沒啥值得驕傲的。

我自己家的修繕工作大部分都是自己做的。無論之前我說過的自己鋪設地板還是平時空調暖氣汽車的維修。我感覺給自己家修東西其實是充滿了樂趣。尤其是我不忙的時候，週末在家鼓搗一些工程項目都是很有趣的。比如在後院建造一個小孩玩的秋千滑梯，在側院搭建一個花架子。這些事情很長一段時間都是我週末最大的樂趣。我會興致勃勃地去 Home Depot 採購原材料，自己設計，動手完成。最享受的就是每次完成之後，坐下來喝一杯清茶，細細欣賞自己的勞動成果。

給自己家幹活永遠都是充滿了動力，當然最主要的原因是有成就感，所以你能享受其中。這就好像你給家人做一頓豐美的菜肴，然後看到家人們吃得開心的樣子，你會心滿意足。哪怕此刻已經累得腰都扶不起來了，你也會很開心。

給自己修房子和給房客修房子的差別，大概就是相當於給自己做飯和在餐廳做飯的區別。給房客修房子，你通常沒有心情，只想對付了事，趕緊逃之夭夭。這對每個初期當房東的人都是考驗。

02 調整心態

　　我的體會是，最重要的第一條就是調整好自己的心態，控制住自己的傲慢。大部分的美國華人都受過高等教育，而且往往不可避免地鄙視體力勞動者。其實體力勞動也好，智力勞動也好，並沒有什麼高低貴賤之分。大部分人很多時候都是在自欺欺人地找感覺。

　　我給你算一筆賬，你就會明白。比如投資銀行的人是最講究體面的，一個個西裝革履的在高樓大廈裡面工作。可是當投行的 Managing Director (MD) 也好，副總裁(VP)也好，會見客戶的時候，不是也要恭恭敬敬客客氣氣麼？因為只有對客戶恭恭敬敬客客氣氣，這單生意年終獎就可能提成 10-50 萬美元。即使客戶蠻橫無理，刁鑽找碴，看在錢的份上，你也忍了。

　　我在抄底買房子的時候，仔細核算了一下。如果我可以穩住租客繼續租住，房價持續漲到年底，那麼這幾個房子加一起我就可以掙到 50 萬美元左右。我幫助修理一下房屋，通一下馬桶，那又和投資銀行的工作有什麼區別呢？無非在投資銀行，你服務的是大老闆們。而當一個淘糞工，你服務的是普通民眾，甚至是掙扎在溫飽線上遠不如你的普通民眾而已。

　　但是畢竟都是服務，錢都是錢。老百姓更多的時候比那些刁鑽的生意場上的老闆容易對付多了。其實主要的問題往往還是來自你的心態。人本能地不喜歡給低於自己社會階層的人服務。要是給比爾·蓋茨家修個車庫門，即使沒好處，我看很多房東也會樂於跑一趟去看看富豪家怎樣。

　　我說這些道理是告訴你，同樣做一件事情，有理想和沒理想，有長期計畫和沒有長期計畫是不一樣的。明白了這些道理，就會讓你在做這些體力勞動的時候充滿了幹勁。不然就會顧影自憐，抱怨人生。

　　我認識一個朋友，當我的指數房價漲到 40 萬左右，在我看來還有很大的上漲空間的時候，他受不了做房東之苦，把房子賣掉了。這位朋友也是博士畢業，房客老找他修這個修那個，最後他不堪其煩，毅然把房客趕走，房子賣出。我覺得他沒有調整好自己的心態。他總覺得自己一個大博士，去服務於這些個沒文化的，又被那些人呼來喝去地搞維修，心裡多多少少有些不甘。

會走路的錢

美國房子的修理工作一點都不難，房客其實自己都可以修。只是大部分的房客沒有意識到，把房東呼來喝去做這些修理之後給自己帶來的後果是什麼。我印象中有一個房客，家裡有一隻螞蟻，他都會打電話讓我去。他說這個房子出問題了，客廳裡竟然有螞蟻。要我幫他把螞蟻清理掉。對待這種客戶最好的辦法就是趕緊漲房租讓他們滾蛋，愛去哪裡去哪裡。

其實四體不勤的人，你一眼就可以判斷出來。四體不勤的人的共同特徵就是不考慮他人，只想著提要求。面談的時候，會對房東提出各種各樣的清潔衛生要求。你問他能修什麼的時候，他們說自己什麼也幹不了。

很快我就找到減少自己維修工作量的辦法。每次和他們簽合同的時候都會附加一項專門條款。在已經談好的房租上，我說可以幫你每個月降 50 美元，但是如下所有的小事情通通你自己來修理，材料費我來負擔。這些小事情包括換燈泡、換門鎖、換紗窗、殺臭蟲等等，我列了長長的一個清單。

如果房客對這些清單有質疑，或者是房客說他自己處理不了這些事情的，這樣的房客還是直接拒絕了為好。事實上，大部分勤勞的房客，還是樂於接受突然降低了 50 美元房租的好處的。用這樣的方法顯著地降低了我的工作量。

03 選房客

我在美國當了 8 年的房東，同時管理著 8 個住宅。我感覺如果想讓自己生活舒適一些，最主要的是要找到靠譜的房客。同樣的一個房子，一個靠譜的房客和一個不靠譜的房客，給你帶來的煩惱，差不多會差 10 倍的樣子。而你每個月的租金收入並差不了多少。

那麼怎樣通過短暫接觸，瞭解對方是否是靠譜的房客呢？可以從以下幾個基本原則挑選：

一、信用記錄，幾乎沒有什麼東西比信用分數更能預告對方是否是個麻煩製造者了。我曾經有過兩個信用分數 800 分的房客，後期的麻煩都少極了。平均一年才來找我一次，一切問題都自己解決。信用分數高的人一方面為了保護自己的信用分數，不願意跟房東發生糾紛。另外一方面信用分數高的人往往有好的習慣。這些習慣表現在富有責任心，富有同理心，會替別人著想，而不是只顧自己，言而無信。也是因為這個原因，我後來幾乎很少租給700分以下的房客，我寧肯房子空著，也不要租給找麻煩的人。

二、當然有的時候你找不到信用記錄好的房客。比如我出租的第一個房子，那個時候就業市場還一塌糊塗，根本找不到合適的房客。還有很多不錯的房客，由於各種原因沒有積累自己的信用分數。如果沒有信用記錄的時候，我就會用另外一個原則就是"語言原則"。

總的來說給你寫長長的郵件的，給你發長長的短信的，打電話一口氣能說上五分鐘以上的，都不是好的房客。在加州灣區有來自世界各地的移民。我整體的感覺是語言能力越差的，越是好的房客。如果英語基本上不太會說，用翻譯機才能和你溝通的，那基本上就是值得你優先考慮的優質房客了。語言能力越強，說得天花亂墜的，往往都是劣質房客。

在加州有時你會碰上不交房租的房客。他們利用法律上對自己的一些保護跟你胡攪蠻纏。這些法律條文說起來好像是保護了房客，其實是破壞了房東和房客的信任關係，變相地提升了租房成本。

在中國出租房屋的時候，你很少擔心房客付不出房租。你也不用查對方的信用記錄，付一個月的押金就可以了。因為如果付不出房租就被趕走，這是天經地義的事情。根本不需要法院或者員警來做什麼。不交房租，你去敲敲門趕人，房客嚇得屁滾尿流就走了。

在美國有各種法律條文對房客進行保護，本質上是害了房客。他們讓那些最需要租房子的低收入人群很難租到房子。因為在美國趕走一個房客需要花很長時間，走法庭程式，走員警流程，往往一拖就是大半年。這期間的損失都要房東來負擔。

我自己曾經經歷過一次驅逐房客（eviction）的經歷，大約讓我損失了半年的房租。整個過程中不勝其擾，付出的律師費就更不用說了。原本很簡單的事情，一切都要走漫長的法庭程式。而走法庭程式看起來是由房東負擔的，但是長遠來看，和房租加稅並沒有什麼區別。最終所有的負擔，其實羊毛出在羊身上，都是最終由全體房客來負擔的。也是因為這個原因，沒人敢

會走路的錢

把房子租給收入很低的人群。一個佐證就是美國的租售比，同樣在人口稠密的大城市，美國要遠比東亞國家高很多。這是因為房東在出租的時候不可避免的要把這些風險通通加到房租上。

如果你學過微觀經濟學就會明白這些道理。這些貌似保護租房者的法規其實是養肥了一個大的政府機構。而養肥這些政府機構的人，並不是房東。真正的出錢者反而是社會的最底層租房子的人們。最後的結果是低收入人群真的很可憐，租不到房子。

三、第三個選房客的原則就是不要租給急於要搬到你這兒來的人。我碰到的最糟糕的租客是當時住在汽車旅館裡找房子的人。她謊稱是從外州搬來，其實是被攆得無處可住。我動了同情心，就租給了她。結果住進去後我就再也沒有收到過房租。直到大半年後請員警把她驅逐出去。

作為房東，人們都恨不得房子明天就租出去，因為空置一天就是一天的損失。但是如果有房客說他明天就可以搬進來，多半不要租給他。相反那些未雨綢繆的房客，說他們一個月之後才能搬進來，往往是更加靠譜的房客，雖然你的房子會空關一個月。

四、總的來說家庭完整的是好的租客。如果家庭結構健全，有比較小的孩子，如果你的房子又在學校附近，那麼他們通常會穩定住很多年。如果是未婚同居，或者很多朋友湊在一起，往往不穩定。有自己事業的租客，也都是好租客，因為他們關注在自己的事業上，不會跟你胡攪蠻纏。

五、凡事物極必反。信用分數特別高，家庭完整，收入又高的人，不見得是好的租客。他們往往是有購房能力的，經常他短暫的住一陣子之後就自己買房子搬走了。

六、儘量不要租給較短歷史的自我雇傭者(self-employed)。他們的收入不穩定，即使是很好的人，但是沒有錢付房租也沒辦法。

我買的第三個房子就是租給一個開幼稚園的人。她是一個東歐來的移民。當時就在我買的房子邊上開了一個幼稚園。她從外州過來，曾經經營了二十幾年的幼稚園。她一再和我說沒有任何問題，讓我不用擔心。她當時同時租了我的房子和我邊上的一個房子開辦幼稚園。把我的房子作為她的個人住址。

但是她的幼稚園一開張生意就不好。她是一個特別好的人，勤勞而努力，信用記錄也非常好。但是幼稚園因為種種原因就是沒有生意。最後她經營不下去了就開始拖欠我的房租。

我只能請她搬走。她走的時候把房子打掃得乾乾淨淨，然後說欠我的那一個月房租以後有錢了一定會還給我。當然我再也沒有見到過她，她也沒有還給我，我也沒有去通過討債公司去索要，給她留下不好的信用記錄。我想人活在世上都有各種不測的風雲，能夠互相幫助的時候，還是互相幫助一下吧。

七、最後一條最重要。就是無論是誰，都需要走標準流程審查。標準流程就是你永遠都要那三樣東西：信用報告、銀行帳單、工資條。無論什麼人都要去信用記錄上查一下，看看有沒有犯罪記錄，有沒有被驅逐的歷史。

理論成千上萬，說的再多也沒有用，只有你去親身實踐的時候，你才會慢慢積累經驗，找到門道。我在灣區的房子基本上都買好了之後，美國的經濟越來越好，失業率越來越低。原先把房子扔給銀行的人，都要到市場上來租房子。有經濟能力的人越來越多地開始買房子。所以房價在漲，房租也在漲，我的日子好極了，每天都看到各種上漲的好消息。每一次換房客，租金都可以上漲一大截。

當我想著可以好好享受一下數錢的日子的時候，又一個災難發生了。是的，真的又是一個把我打懵的突發事件。人生就是這樣，總不能讓你一切順利。有一陣子好日子，倒楣的事情就來了。持續的壞日子也不會長久，轉機往往就在前面。

04 種大麻的老中

這次倒楣的災難事件，是我的中華同胞給我造成的。我抄底買的第一個投資房，後來租給了一對年輕的中國夫妻。這對夫妻剛從中國來，據他們說，那個女的剛到美國三個月，男的是一個廣東人，應該是通過親屬移民過來的。女的是從國內嫁過來的,當時已經懷孕。看著是一個令人羨慕的溫馨家庭。

他們租我的房子三年,從來不給我找任何麻煩,沒有提出過任何修理要求。偶爾有事也都自己修了。每個月房租都是按時付,正確的說每次都是提前一天付。

我還經常心裡嘀咕,感覺還是我們老中同胞靠譜。我的第五個房子買到之後,我還打電話問他們有沒有什麼親戚朋友也要租房子。他居然還介紹了一個他的表妹來租我的房子。他們看我的第五個房子很滿意,但是陰差陽錯,其他人比他們早付了定金訂走了,當時我還有些後悔。

所以我對這對夫妻的印象特別好。我房子的鄰居是 HOA 的主席。有一次我還寫郵件問他:"我那個房客怎麼樣?"他說非常好,他們好像有一個小孩子經常推著車進進出出的,非常安靜,從來不給大家找任何麻煩。

大約三年之後,因為利率變化的原因,我那個房子需要 refinance。銀行讓我去約一下房客。他們需要進屋做一下評估。我給那對中國夫妻打電話,預約來做評估的時間。打過這個電話,這對夫妻就人間蒸發了,我再找不到他們了,郵件不回,電話也不回。

我隱隱約約地感覺到不太妙,於是跑到現場去看。房子很安靜,我敲門沒有回應,門鎖已經換掉。我繞到後院去,所有的窗簾全都是遮蔽得嚴嚴實實的。而且是那種特別小心的嚴嚴實實的,都找不到一個縫隙看到室內。我試圖從二樓的窗戶看進去,但是也是一樣,完全遮擋了,什麼也看不見。

我心想壞了,最近電視新聞上經常看到有人租房種大麻。會不會被我碰上了。我耳朵貼到門上聽,這時候我聽見房間裡隱隱約約的嗡嗡的聲音,像是有風扇或者是其他什麼電機在轉。我心裡一涼,我的房子真的變成了大麻屋,被他們種上大麻了。

不過我還是心存僥倖,不太相信那對看起來很正常的夫妻會種大麻。房子一旦被種上大麻會很麻煩,因為房子的結構會被他們破壞和改造,長期種大麻,高溫高濕,黴菌滋生。需要更換所有的地毯、石膏板。電路系統也會出問題。

　　我猶豫了再三，只能選擇報警。當然現在看看報警不是最好的選擇，因為員警不會去保護房東的利益，員警只會秉公辦事，按流程走。此外，在員警眼裡每個人都有可能是嫌疑人。

　　員警很快鳴著警笛就來了，我同時約了鎖匠來。員警敲門沒有人回應，於是員警命令鎖匠把門打開。一開門，眼前的景象把我驚呆了。

　　全是大麻，整個房子像熱帶森林一樣。每個房間已經分不出功能了，地上全是種大麻的水池，屋頂上各種照明設備和各種稀奇古怪的通風管道，那對中國小夫妻把房間徹底改造成了大麻屋。

　　員警做的第一件事不是去找犯罪分子，而是錄我的口供。讓我把和房客當年簽的合同找出來，把房客的所有資訊都給他們，包括房客的駕照、銀行帳號等等。當我急忙把這些東西都找給他之後，員警又說都是假的，沒什麼用。同時另外一批員警到房間裡，先把電源切斷，然後拿一個大口袋，把所有的大麻從根部剪掉，把葉子放到大麻袋裡。

　　我問能否抓到壞人？他們說這樣的案子他們一周好幾起，他們會做備案。他問我房租多少？我實話實說。他說你不知道他們這些人種大麻掙了多少錢，光今天剪掉的，就能賣十幾萬。我問哪裡可以申請賠償麼？他說你可以民事訴訟告他們，不過 "I won't bet on it"（我可不指望）。這基本上就是員警的全部服務。然後員警就呼嘯著警車揚長而去。走的時候還給我留下一句狠話，說以後你出租房子，需要睜大眼睛看清楚點。如果你再有大麻屋事件，你也要被當作同夥嫌疑人接受調查。

　　員警撤退走了，毒販留給我的是一個千瘡百孔的房子和一屋子種大麻的設備，各種水管水盆，和數不清的通風管道。

　　後來我讀到其他人的攻略，如果發現房子裡被種了大麻，更好的辦法不是報警，而是跟房客商量一個協議(deal)。要求房客把我的房子復原到原來的樣子，然後毒販自己走人。否則報警。

　　我沒有這方面的經驗，選擇了直接報警。毒販固然損失了十幾萬，但是員警拿到了相關罪證，他們什麼都不會去做。好像員警對這樣的事情非常司空見慣，種大麻在加州已經變成一個員警管不過來的罪行。他們壓根兒也不會去費力緝拿這些犯罪分子。

我後悔當時自己的輕率。因為租給中國人，在情理上多一些信任，三年裡都沒有想著過來看一下。尤其嚇人的是我甚至傻乎乎的差點把我的第五個投資房也租給他們。那個表妹應該是同他們一夥種大麻的。想一想真是有些後怕，當時如果把那個房子也租給他們，員警更有理由懷疑我是同夥了。

後悔歸後悔，抱怨歸抱怨，眼前面對的是惡夢一場，一片狼藉的攤子，總得我來收拾，承擔損失。我買了那麼多房子已經彈盡糧絕了，我都不知道這個房子收拾好之後該怎麼辦？能出租麼？能賣出去麼？而且我的腰傷還沒有痊癒，我也不能幹重體力活。這下子讓我怎麼辦呢？

04 峰迴路轉

我在房子裡轉了幾圈，評估了一下自己的損失。折騰了一天，天色已經變暗，房子沒電了，很快黑了下來。種大麻照明耗電比較高，所以他們採用了偷電的辦法。為了繞過電錶，他們把主電纜那片牆砸破。在電錶前用一個偷電夾，夾住進戶主電纜。偷電夾有一圈鋒利的尖刺，可以刺破厚厚的電纜保護皮，從中偷走電。

因為種大麻必須要偷電，電力公司應該很容易識別哪裡有人種大麻的。他們只要看到一個社區有嚴重的偷電現象，就可以初步判斷這個地區是否有人種大麻。偷電也很容易判斷，把一個片區總表用電和各家各戶分表的總和比較一下就知道了。但似乎電力公司對這樣的事情也是睜一隻眼閉一直眼懶得管。員警經常拿著紅外線視頻攝影器在街道上巡邏，四處拍建築的外立面的溫度，來判斷是不是有人種大麻。我那個房子是在一個大門封閉社區(Gated Community)裡面，員警平時不太容易進去。所以自然也就被毒販看中了。

應該說這個時候文學城的投資理財論壇還是幫助了我。我諮詢了一個比較資深的大地主，問他這種情況應該怎麼處理。他說他沒有直接的經驗，不過感覺保險公司應該負責賠償。我問這應該屬於哪一類賠償？他說這個應該算蓄意破壞（vandalism）。

　　真是雪中送炭的好建議。我趕緊給保險公司打電話，每年我交了這麼多保險金，不能白交。保險公司第二天派了兩個人來了，他們特別平靜，似乎都司空見慣了，來了就拍照、畫圖和測量。他們告訴我這樣的案例，一周他們要處理好幾起。我這才算放下心來，可見加州的大麻屋已經氾濫到什麼程度，而員警的放縱又是到了什麼程度。他們畫完圖，做完測量，然後就回去了，說明天給我一個賠償的估價。

　　保險公司的效率很高，第二天賠償估價就給了我。我可以有兩種選擇，一種是拿錢自己修，一種是保險公司負責給我修。

　　我看了一下賠償的估價。保險公司給的估價其實是挺慷慨的，賠償裡包括所有的房間隔斷、石膏板、電纜電線的更換。我覺得有些其實並不需要，只要換一部分就可以了。電路系統我瞭解，大部分是好的，不用換。大部分房東看見電路系統就害怕，我不是這樣的。我唯一不確定的是大麻味道很重，不知道那個味道能否徹底散掉。

　　保險公司的人走的時候，我問了一下他，我說這一大堆種大麻的設備應該怎麼處理才比較合適？那個人客氣地看了我一眼，欲言又止，最後說，我如果是你的話，估計會放到租賃倉庫裡去。然後在 Craigslist 上登個廣告，誰要來買就可以把全部設備賣給他，這樣省得未來有麻煩。

　　於是我到街上找了兩個墨西哥工人來，把大麻屋裡的主要設備放到附近的一個租賃倉庫裡。然後去登廣告開賣。在 Craigslist 上登廣告我才發現這裡頭賣設備的人太多了。加州真是一個大麻氾濫的地方，你根本不用擔心賣設備是否犯法。

　　然後我又找了兩個老墨工人，幫我一起幹活兒，修理房屋。把地毯全部揭掉，把屋頂裡面的一些東西拿下來，把通風管道全部拆掉，把石膏板該換的都換掉，把牆上打的很多洞全部封閉掉。然後重新油漆一遍。

　　這個工作讓我前前後後大概忙了兩周的時間，房子很快又煥然一新了。完全看不出種過大麻的痕跡。但是最麻煩的是電力系統的恢復。報警之後，電力公司把電完全切斷了，他們需要檢查電路合格之後才能恢復電力系統的供應。

會走路的錢

因為毒販偷電紮破了主電纜。所以電力公司要跨過一條街，把整個主電纜全都換掉才可以。其實主電纜上刺破的小孔很小，拿膠封住就可以。但是電力公司不幹，換一根電纜就要花 4000 美元，前後用了將近兩個月的時間。

電力公司和政府差不多。因為都是壟斷經營，效率低下。走手續就能走到你斷氣。5 元能解決的問題，一定要用 4000 元去解決。主電纜更換，一個小時都不用的工作，要兩個月才幫你解決。

好在保險公司慷慨大方，電力公司的這些費用和房租損失保險公司也負責。因為房子是我自己請人修的，所以實際的費用比保險公司賠償的要少很多。等一切都弄好了，大麻設備也賣掉了，我算了一下賬，最後竟然賺了 2 萬美元。忙了兩周掙 2 萬美元，這買賣還不錯。

不過這樣的掙錢買賣以後也再不敢幹了，員警臨走時候對我的威脅我還記得。之後我所有的房客在租住房屋的時候，我都專門寫上一條，特別說明我每半年需要入室來檢查一下房屋的水管和屋頂。就這一條讓我再也沒有碰到過大麻屋。雖然我從來沒有像合同上說的那樣去主動檢查過水管和屋頂。

05 白人黑人化

在美國當房東還有一件有樂趣的事情，就是讓我有機會更全面的接觸美國的社會。應該說之前我在讀書和工作的時候只能接觸美國社會很小的一面，局限於工程技術領域的人群。因為跟我打交道的大部分都是知識份子，受過良好教育的人。

而當房東卻讓我接觸到魚龍混雜各行各色的人。他們來自不同的國家，來自不同的族裔背景。這些接觸一方面讓我感覺到美國的多樣性，另一方面第一手感受到美國的各種社會問題。美國是在一片荒原上建立起來的國家。全世界各種各樣的人來到美國來。因為多樣性，所以才有創造力。每個人因為不同的文化背景，有人擅長做這些，有人擅長做那些。

可是在帶來各種天才的同時，也不可避免地把各種問題帶到了美國。我覺得美國最偉大的地方不是民主自由，西方其他很多國家都做到了。美國最偉大的地方是讓不同族裔之間，不同背景的人群和平共處。這實在太難了。

族裔融合這事基本上沒有什麼國家能夠比美國做得更好了。通過法律系統和政治正確主旋律的宣傳，讓各個族裔之間求同存異，和平相處，走向融合。

我在美國還觀察到另一個現象。平時報刊媒體很少討論，但是在我眼前真正發生的現象。那就是就是白人的黑人化。

從前白人試圖幫助黑人，讓更多的黑人進入中產階級，像白人一樣生活和工作。但是隨著經濟的發展，貧富懸殊拉大，有相當一部分比例的白人漸漸淪為低收入階層。低收入階層白人的生活方式越來越像黑人。他們的受教育程度、人生態度、家庭結構、子女教育、以及在社會上的競爭力，漸漸變得越來越像黑人。白人的低收入單親家庭和黑人低收入單親家庭似乎都越來越多。

在中國人們經常討論一件事，就是中國會不會掉入中等發達國家陷阱，會不會拉美化？現在看來中國可能不太會拉美化。倒是美國有可能變得拉美化。我說的這句話並不是針對拉丁裔。而是說我接觸的低收入階層，無論是黑人、白人還是拉丁裔似乎都變得越來越像。沒有做房東之前，我沒有意識到有那麼多家庭破碎的低收入人口。收入階層的劃分漸漸取代了族裔的劃分。

在美國種族是一個特別敏感的話題，你不當心就會掉到政治不正確的陷阱裡。作為外國人非常容易在這點上犯錯誤，特別是生長在單一種族國家的外國人。我們過去生長在中國，一直都是主流族裔，所以我們很少從少數民族的角度看社會。但是生活在中美兩岸，讓我既能作為社會的主體，也能作為社會的少數民族來感受兩種不同的定位。

在美國當好房東還有一個很重要的經驗，就是要有大海一樣寬闊的心胸。尤其在錢方面，不要和房客斤斤計較。如前面所說，你收入的主要來源是房地產的那四大收入。即：增值、抵稅、折舊、通脹。房租收入只是讓你能夠保持現金流打平，持續玩這個遊戲。既然如此，就不要太在意房租多一點少一點。我在投資理財論壇上經常看到有人為雞毛蒜皮的一件事情跟房客鬧得不可開交。總的來說房客在經濟上是弱勢群體，房東是稍微強勢一點。得饒人處且饒人，和氣才能生財。

會走路的錢

過去十年裡，有兩次新聞報導過華人房東跟房客發生口角，被房客一槍打死的事情。作為旁觀者，房客殺人是肯定不對的，但房東為一點房租送了性命也是不明智的。我的理想不是做一個超級大地主。 房產只是一個讓我獲得財富的方法，所以不值得為了那點房租那麼敬業。我這篇文章裡說的所有抄底的故事都是我在業餘時間完成的，當房東並不是我生活和工作的全部。現在我花在房地產管理的時間，一年也就一周左右。

06 怎樣滾雪球

投資理財論壇上，2006 年曾經有個叫作石頭的網友很活躍。他是網上公開的第一個實現 1000 萬美元資產的人。2006 年，他所在的地區房地產價格漲了 10%，因為他有 1000 萬美元的資產，所以那一年他在紙面上至少掙了 100 萬美元。他當時感慨地說，"如果用工資去掙這 100 萬美元，那要付出多少年辛辛苦苦的努力啊？而用資本掙資本的方式獲得這 100 萬多麼簡單啊。"他這一年什麼都沒有做，帳戶上憑空就多了 100 萬美元。

我做房東的感覺就是特別像玩大富翁(Monopoly)。大富翁遊戲裡你的工資就是每轉一圈銀行給你的 200 美元。如果你沒有被動收入，200 美元很快就坐吃山空了。上班族就像那個棋子，永遠在奔波下去，可是並不富裕，毫無安全感。當你投資擁有一定數量的房子之後，再買更多的房子，讓錢生錢，一切都變得簡單了很多。

用錢生錢，讓自己的房產投資變成一個賺錢的列車滾滾向前，會有三種情況：

第一種情況就是在房價比較便宜的地區。比如中西部地區的房子，的的確確會給你帶來正現金流的收入，然後你用這些收入投資購房，又可以讓你買更多的房子。

第二種情況，就是我的情況。對於我所在的灣區，即使我抄到了世紀大底，靠租金收入去買下一個房子也是不可能的。隨著房產漲價，我每個月有了幾千美元的正現金流。這個時候，需要通過不斷重新抵押貸款(refinance)，套現現金（cash out）出來投資買房。當然每次買入新的房子，你的現金流又

156

會變成持平或者輕微變負。這不要緊，你的任務是滾動出更多的房子，而不是收取租金。

第三種情況，就是我在中國碰到的情況。現金流永遠是負的。但是房價還在上漲，又不能重新抵押貸款。你就只能通過不斷的買賣，來實現擴張。

無論上面哪種情況，核心的一點其實都是保持自己的杠杆率。杠杆是房地產投資的靈魂，沒了這個靈魂就失去了前進的動力。

07 如何還清自住房貸款

大部分正在工作的年輕人的夢想就是還掉房貸，沒有房貸一身輕鬆。然而大部分人都是省吃儉用，用辛辛苦苦掙來的工資，一點一點地把自己的房貸付掉。

其實我想跟他們說的是，只有傻瓜才用工資把自己的房貸付掉，聰明的人應該是把自己工資省下來的錢去投資，然後用掙來的錢把自己的房貸付掉。

我在美國自住房的房貸也有好幾次機會可以把它都付清。第一次是上海的房子漲價。2006 年的時候，我買入的上海第一個房子漲了好幾倍。我可以把那個房子賣掉，然後把美國的房貸都付掉。也就是說，我可以在剛到灣區 5 年的時候就把自己的自住房全部付清。

但是我沒有選擇那樣做，因為我相信投資的回報更高。當我次貸危機抄完底，買了 8 個投資房之後，2014 年之後，我再也不用為自己的房貸而擔心。因為投資房的被動收入已經足夠支付我的自住房房貸。這和房貸都付掉又有什麼區別呢？

回到第十章我的那個香港同事說的話，他當時語重心長地建議我貸款做 15 年，不要做 30 年。因為一個人很難有 30 年的穩定工作，30 年一直背著房貸，工作的時候忍氣吞聲。

但事實上你通過投資抓住了一次房地產價格變化的機會，基本上就可以把你的房貸都付清。當然這些的前提是，你平時必須有能力管好自己的財務。要做到按需消費，存下該存的錢。如果你是一個花錢手松而沒有毅力的人，他的建議是正確的，房貸做成 15 年的，可以強制你儲蓄，早日擺脫房貸給你的精神壓力。

在中國有一句官宣的話，那就是"房子是用來住的，但不是用來炒的"。這句話從經濟學原理上是靠不住的。更正確的描述是，對於個體小老百姓而言，應該是"如果你想住房子，必須要學會炒房子"。房地產市場和股票市場一樣，人生最後的贏家不是那些辛辛苦苦掙工資的人，而是對市場趨勢做出正確判斷的人，能抓住機會的人。高樓總是窮人蓋，忙碌了一年的民工，工資存款可能一平方米都買不起。遍身羅綺者，不是養蠶人，穿絲綢最多的是買賣絲綢的商人。亘古不變的道理是因為背後的經濟學規律，僅僅靠煽動仇富情緒是沒有用的。

在美國當房東，特別是在核心一線城市當房東，不抓住歷史大機遇，靠平時省吃儉用上車的可能性是不大的。我回顧自己能夠抓住歷史性的房地產市場的大回轉，最主要的原因還是來自計畫。如果沒有從 2006 年就開始的計畫和前期準備，我不太會近距離緊密觀察房地產的動態，也就會錯過 2010 年到 2012 年的歷史最低點。

08 雪球不要停

未來我打算把這 8 個房子打造成一個自我滾動的機器。就是隨著房租在漲，我就用重新貸款(refinance)方式去買下一個房子。這樣我不需要有新的投入進去，實際上我第 8 個房子就是這樣買的。第 8 個房子我自己沒有出一分錢，都是通過重新貸款用銀行的錢買的。

我需要做的事情就是保證這台機器不要出現負現金流，一直保持稍微正一點現金流就好。這樣我就不用交個人所得稅。按照現在的計算差不多這個機器每年可以增長 5%~10%左右，就是每隔 1-2 年我可以增加一個房子。但是這是一個指數增長的機器，預計 10 年之後，差不多每年可以新增兩個房子。

這樣一個滾雪球機器本質上是一個打折版的"勤快人理財法"。長期投資最好的辦法就是啟動一個自己會滾動的雪球。但是房地產和股票不同，房地產的啟動雪球需要克服一開始的阻力，並且有一定的份量。不然雪球是滾不起來的。雪球一旦過了臨界品質，自己就會沿著山坡往山下滾去，越來越大。這個時候，你需要做的只是控制運動的方向，並不需要你再往上面添雪和推動了。

大部分人在房地產領域沒能形成這樣一個雪球。或者是一直沒有機會形成規模，或者是因為在平地上滾雪球。今天中國的大多數房地產持有者都是這樣。他們只是靠歷史機遇，稀裡糊塗地擁有幾個價格不菲的住宅。但是他們中間的大部分人忙著高興了，無法形成滾動效應。大部分人不知道怎樣形成滾動效應，也不明白保持槓桿率的奧秘。

這些年來我在美國做房東的日子越來越輕鬆。因為隨著時間的推移，壞的房客被篩選掉，留下來的漸漸都是優質的房客。另外我把一些可能經常出問題的房子交給房地產公司去管理。這點不得不說美國這個領域的服務還比較差，不像中國有房屋管家這樣的包租地產管理公司。未來隨著服務業變得越來越發達，房子管理也就會變得非常省心。

完成次貸危機抄底之後，我自己不再靠攢下來的錢進行投資。生活變得非常的寬裕，我們掙的錢都花掉了。不再存錢來投資，那個鐵路邊上的小黑屋後來漲價漲到 55 萬美元。我做了一個重新貸款，套現了一部分美元。2016年我開始用這筆錢去做一個更大膽的投資。之所以我敢做更大膽的投資，因為這些錢都不是我的辛苦錢，都是銀行的錢。即使全虧掉也不是什麼事。

這個更大膽的投資，也讓我在投資理財論壇上的所有網友都大跌眼鏡、出乎意料。我一改之前只投資房地產的習慣，開始了一個嶄新的投資，也掀開了我人生的一個新階段——投資比特幣。

第十七章 從 100 到 1000 萬（三）比特幣

01 緣起

比特幣和房地產看起來是八竿子打不著的兩個事情。但是根據我的"會走路的錢"原理，它們本質上是一回事。至少在灣區、上海、深圳這樣的一線城市的房子投資和比特幣投資是一回事。

我第一次關注到比特幣是在 2013 年的時候。當時新聞報導比特幣的價格一下子衝破了 1000 美元一枚，引起了我的關注。我自己對新鮮事物的好奇心往往比較重。比特幣又涉及很多的數學問題，所以我就感興趣地研究了起來。

我仔細讀了中本聰寫的白皮書。這個研究讓我吃了一驚，世界上居然有人能夠發明這麼神奇的東西。

我從小就對錢比較感興趣，所以在我來到美國之後，曾經很仔細地研究了一下錢到底是什麼。讀 MBA 之後更是這樣。大部分和我背景類似的華人，可能都被教育過錢是"一般等價物"。大家也大體上明白錢是如何從實物黃金，演變為銀行錢莊開出來的承諾匯票，再到政府信用債券的過程。這裡我就不再說了。對金融再感興趣一點的人可能明白佈雷頓森林體系。美國 1972 年放棄金本位，現代貨幣是法令貨幣 Fiat Money 這些概念。Fiat Money 是無實際價值的法定貨幣，通過政府規定賦予其交易價值。

我對貨幣的興趣比這些知識可能再古老一點，就是太平洋島上的 RaiBlocks。那些完全搬不動的巨石如何就成為貨幣了，如何又退出不再是貨幣了。還有就是我的另外一個有爭議的觀點，就是中國古代辛辛苦苦燒制瓷

會走路的錢

器換來了全世界的白銀。其實中國人這些努力並沒有換來財富到中國，這些白銀只是起到了中國貨幣的功能，和政府定量印點紙幣沒有區別。這些白銀並沒有給中國帶來實物，所以那些人幾百年的努力全是白忙活一場。

我第一次聽說世界上有電子錢這個事情，是 2001 年左右在一本介紹金融體系的書上看到的，比中本聰發明比特幣要早 8 年。那本書上只是模模糊糊地說，隨著互聯網的普及，未來的一種電子錢可能會取代今天的貨幣系統。可是沒有任何更多具體的資訊。我遐想了一下，也想不出電子錢是啥樣的。可能當時作者自己恐怕都不知道電子錢應該是什麼樣的。

懂電腦和數學的，都會明白區塊鏈本質是一個速度極慢，效率很低的分散式資料庫系統。軟體上其實沒有什麼了不起的。但是區塊鏈對貨幣系統而言絕對是革命性的。我曾經寫過一篇博客，"只有比特幣才是屬於你的財富"。可以幫助讀者理解比特幣最大的革命性之處。

比特幣才是真正屬於你的財富 (2017 年前後)
by Bayfamily

曾經星雲法師講過這樣一個故事。他說有個富人和他抬扛，說錢可以給他帶來很多快樂。然後給星雲法師看自己的存款數量，描述他有多少珠寶和首飾。

星雲法師問他，你的珠寶在哪裡?明天會不會被別人偷走？

他說，珠寶在銀行保險箱裡面，很安全。每次去拿要過三道機關。他都快十年沒有去看過了。

星雲法師說那這些財富都不是你的。存摺也好，金銀珠寶也好，都是銀行的，無論是錢還是珠寶，你只是掛一個名字而已。星雲法師的本意是說，大家不要對財富過於癡迷。我想用這個例子說，對於大部分的人來說，那些名義上你的財富其實都不是你的財富。你很難對財富擁有絕對的控制權，大部分財富只是在你這裡臨時掛一個名而已。

舉個例子說，你擁有房產，但是房產的財富是你的財富麼？政府可以指定政策，沒收充公，可以設定房產稅，可以限制交易。讓你的房產財富分分鐘縮水，或者化為烏有。這在 1949 年的上海、排華時期的印尼、內戰時期的美國都發生過。如果是太平盛世呢？你可能會面臨訴訟，面臨索賠。比如在美國，如果你開車不幸撞了人，如果你的訪客在你家不幸發生了意外，你的房子也會被索賠被迫變賣。

好吧，也許房地產不是一個好例子，那麼我的股票呢？股市要是被關停了，你可能會認為我還有個公司，公司總是我的吧。如果你經歷過公私合營，經歷過破產清算，你就知道那些財富也可能分分鐘不是你的。

再舉個例子，你手中的現金是你的麼？大部分人的現金都是用實名的方式存儲在銀行裡的。如果你犯罪了，或者被誣陷犯罪了，你銀行裡的錢分分鐘會被充公。戰爭年代，你必須押對方向。如果你不幸持有了美國內戰期間南方的美元、或者二戰期間德國的馬克、1949 年的國民黨法幣、1974 年的南越貨幣，你的現金都會化為烏有。即使在和平年代，2008 年的賽普勒斯，曾經 20 萬歐元以上的存款統統被凍結。在美國，你被告了，民事官司打輸了，同樣你的銀行帳號會分分鐘被凍結。

以上的所有財富都有個共同點，就是需要協力廠商確認你是財富的主人。 事實上任何一筆實名的財富，就是通過某個協力廠商，無論是政府還是銀行之類的機構認證的財富，都不是真正意義上你的財富。因為如果這些認證的機構不承認你擁有這筆財富，或者剝奪了你對財富的控制權，你的錢就會化為烏有。

那麼我物理上實際控制的財富呢？你要是覺得把錢存在銀行不靠譜，放在家裡總可以了吧。如果你看過"人民的名義"，看見上億的現金怎樣被查抄，你就會知道，現金放在哪裡都是不安全的。

那麼黃金呢？我家裡放著金條銀洋，金條和銀洋的尺寸比較小，可以藏在床底下。或者像過去的地主老財一樣，院子裡挖個坑埋了。黃金白銀雖然千百年來，作為保值儲蓄已經深入人心。尤其是在亂世，黃金一次次顯示它的穩定的保值能力。但是他們攜帶太不方便了，而且很容易成為政府或者劫匪的襲擊目標。

會走路的錢

比如，1949 年的國民黨政府，在推行法幣的時候，強制民間上交黃金白銀。文革時期，上海有些人家怕抄家，不得不在半夜裡把黃金白銀扔到黃浦江裡面。越戰結束的時候，越南政府掀起大規模排華浪潮，華僑們把他們所有的財富變賣為金條，但是在海上，還是被海盜們洗劫一空。

所以從這點上講，物理控制的財富也不靠譜。盜匪橫行的時候不靠譜，即使是在安定法制社會也不靠譜。比如美國 1934 年臭名昭著的 Gold Reserve Act，規定除了少量珠寶和藝術品之外，所有的黃金必須統統上交給聯邦儲備局。政府按照$35 一盎司黃金的價格兌換。任何美國人在世界上的任何地方私自買賣黃金的行為都是重罪違法。這個法令一直到 1975 年才被廢止。

比特幣最牛的地方就是徹底擺脫了協力廠商認證，回到了物理控制。物理控制又實現了大腦對財富的絕對控制。比特幣無法被火燒掉，無法被物理毀滅掉。如果你不說，沒有人能從你的大腦裡沒收你的比特幣。

比特幣等加密貨幣的私密性和便於攜帶使其具有無可比擬的先進性。一句行話叫作，"if you do not own private key, you do not own the coin"。比特幣的持有方式就是私匙，一串數字。你擁有這串數位，你就擁有這串數位帳號裡面的所有比特幣。這串數位你可以寫在一個小紙片上，可以存在電腦裡，如果你記性好的話，還可以直接背在腦子裡。如果你記性不好的話，你還可以用 Brain wallet, 就是腦錢包。腦錢包就是一句話，一句你自己能記住的話。

腦錢包成立是因為比特幣存儲方式不過是一個 160 bit 的公共鑰匙和一個 256 bit 的私密鑰匙。由於公匙可以通過私匙計算得出，所以記住私匙就可以了。256bit 的私匙很難記住，除非寫在紙條上。但是寫在紙條上不安全，任何人拿手機拍走了，你的錢就丟了。最好的辦法是把私匙 256 位元變成一個高位的數位存儲。比如，"1011100010000000100101"很難記住，但是轉化成十進位的 30222885 就比較容易記住，進制的位元數越高，位元組數越短。腦錢包最常用的是 58 位進制轉換。58 位元用了 26 個字母大小寫的絕大多數部分和 1-9 這些數字。這樣避免了 0，和 O, I 和 l 這些容易手寫出錯的字母。由於私匙可以是任意的，所以人們先寫出一段話，根據這段話來生成 256 bit 的代碼。

否則逆行出來的腦錢包無法記住。 腦錢包支持任何一種語言系統，因為每個字本質上也都是有一一對應的代碼。

但是注意，常用的句子千萬不要用來做腦錢包。比如"To be or not to be". 早就被用了。被用的結果不是你沒法存錢進去了，而是存在裡面的錢任何人都能使用。每天網路上有上萬億次的計算，搜索常用語和常用的句子，在破解粗心大意的新手們製作的大腦錢包。

比如，你可以記住"一切反動派都是紙老虎"，根據加密程式，這句話可以被分解成一個私匙。私匙那串漫長的數位和符號不好記，但是一句話很好記。當然像這樣的"一切反動派都是紙老虎"的腦錢包很容易被破譯。

比特幣的腦錢包還可以通過暗語實現對財富的絕對持有。

你可以改成" 一切外星人的二舅媽都是喜馬拉雅山上的紙老虎"。這句話容易記，如果你還不放心，可以把這句話反過來寫，作為你的腦錢包。你可以在這個腦錢包裡面放入任意數量的財富。可以是一分錢，也可以是 100 個億。沒有人能夠知道你擁有這些財富，也沒有人能夠偷走這筆財富，除非他知道這句暗語。

你不用在家裡藏匿任何實物財富，你不需要向任何協力廠商機構出示證件。你可以一切都被剝奪，赤手空拳，到地球上的任何一個角落，找到一台能上網的電腦或者手機。幾分鐘之後，你就可以憑這句暗語，用你的比特幣購買任何東西，或者轉化成當地貨幣。沒有人能夠用任何方式阻攔住你。除非你的腦袋不受你自己控制。

你的大腦擁有對你的財富的絕對所有權。想明白了這點，我想任何一個擁有一些財富的人，都會分散一部分財富到加密貨幣中。否則不知道自己的財富在哪一輪政治漩渦或者經濟風暴中就被剝奪了。如果持有的是加密貨幣，思聰的 Daddy 也不會那麼快乖乖地討饒，表示今後只專注本土投資 (Domestic investment)。他就可以理直氣壯地說，"我的錢是我的，你管我想去哪裡投資。"

如果你覺得自己生活在太平盛世，生活在完美的法律框架下，任何銀行機構或者公共機構不會錯待你自己掙的每一分錢。既不會貨幣超發也不會巧取豪奪。那麼想想遺產吧，在現有中外法律框架下，並不支持遺產的持有者對遺產具有無可置疑的分配權。但是加密貨幣解決了這個問題，你想把財富給任何人，只需要告訴他而不是其他人一串數位就可以了。

"私人財產神聖不可侵犯"這句話奠定了現代資本主義的發展，也是當今社會財富極大豐富的一個重要原因。因為道理很簡單，只有財富是安全的、不被剝奪的，人們才有動力去創造更多的財富。但是在過去的人類歷史上，私人財產一次次被剝奪的事件屢見不鮮。無論是政局動盪、社會變革、還是法律誤判，你的財富在暴力、強權面前只是一頭養肥的豬。只有加密貨幣從技術層面上解決了這個問題，從數學上保證了私人財產神聖不可侵犯。僅憑這一點，對世界經濟的貢獻恐怕不亞於歷史上的保險，證券，有限責任股份公司的發明。

只有擁有比特幣，才是擁有真正屬於你自己的財富。

02 比特幣的價值

是的，在比特幣之前，人們從來沒有發明過這樣的一種財富形式，你可以做到 100%的自我完全控制。你可以不需要協力廠商認證。沒人可以用任何形式，包括法庭、軍隊、暴力的方式把你的財富剝奪。你永遠可以對一筆財富擁有絕對的管理權，只要你保護好自己的密碼。

我小時候看各種綁匪的電影，當時意識到對於綁匪來說最困難的事情，就是如何拿到綁票索要的錢。所有的綁匪片，電影高潮部分都是贖金交付的時候。綁匪只能索取物理財富，比如小面額美元這樣的散鈔。可是即使是這樣的，交割地也是問題，真錢還是假錢也是問題。這些永遠都是各類動作片槍戰電影裡，最出戲的地方。無論你怎麼想，都想不到一個絕對安全的財富交割方式，似乎這是個不可克服之障礙。

那個時候我還不明白，這個現象的根源在於 2009 年之前，人世間所有的非實物財富都是需要協力廠商認證的，而所有的實物財富都是隨時可以被暴力剝奪的。如果想不明白這個道理，我再給大家舉個例子就是中國電影《1942》。地主明明知道災荒年來了，自己家裡儲存了糧食、銀圓和槍以防不測。可是他完全沒有辦法控制這些實物財富不被別人搶走。最後事實上他家也的確被人搶光了，落到家破人亡，沿街乞討。

比特幣橫空出世解決了這個問題。這是財富和貨幣歷史上的一次革命。

我在寫這本書的時候，美國剛剛刺殺了伊朗的蘇萊曼尼將軍，兩國處於戰爭的邊緣。網路傳言伊朗打算懸賞 8000 萬美元給任何能夠殺死特朗普總統的人。如果這個事情想落實，就帶來一個難題，伊朗如何支付這 8000 萬美元呢？因為成功刺殺特朗普總統的人肯定不想暴露自己的身份。而支付這 8000 萬美元又繞不開美國對美元的監管。無論是現金還是銀行轉帳，都會被美國追蹤到。刺殺特朗普總統的人也不希望把自己的身份暴露給伊朗政府。所以銀行轉帳也轉不了，他自己親身去拿現金也不可能。

比特幣的出現解決了這個問題，他可以發一個比特幣帳戶給伊朗政府，讓伊朗政府轉入這筆錢。伊朗政府如果想展示他們誠意的話，伊朗政府甚至可以開出一個多重簽名(multi signature)的比特幣帳戶。這樣任何人都可以看到帳戶裡確確實實有值 8000 萬美元的比特幣。任何一個人刺殺了特朗普總統，伊朗政府只需要把另外一個金鑰發給他就可以了。

很多人認為比特幣只是一種炒作的東西，單純擊鼓傳花的遊戲。那些複雜的數學只是庞氏騙局的偽裝。在我看來，比特幣的確有很大的炒作成分，投機因素占了很高的比例。甚至你可以說目前比特幣最大的需求就是投機需求。可是另外一方面比特幣是有功能價值的。它的功能價值就是世界上從來沒有這樣一種財富形式被創造出來。這種財富形式有一定的市場剛需，特別是在政府功能崩潰，社會正常秩序喪失的地方和時候。

在 2013 年的時候，你就可以聽到截然相反的兩種不同的聲音。傳統的經濟學家大部分認為比特幣是一個炒作。比特幣本質是一個電子符號，並不值一分錢，所以它的價值是 0。另外一個聲音是比特幣的粉絲派，他們認為比特幣可以取代黃金，可以成為世界的儲存貨幣。

我當時的想法是兩者之間的一個折中。比特幣肯定有價值。不會一文不值。但是另外一方面它到底值多少錢這個事情實在不好說，取決於有多少人相信它，以及會不會有其他的山寨幣取代比特幣，那個時候大家還沒發明山寨幣這個詞，而是叫克隆幣。2013 年的時候，我也仔細研究了一下當時的第一大克隆幣，萊特幣。我當時不是很肯定會不會因為任何人都能克隆比特幣，而讓比特幣變得不值錢。

03 泡沫破裂

2013 年的時候。我只是看看和瞭解了一下比特幣而已，我什麼都沒做。因為投資是一個相對需要謹慎的事情，我一直相信巴菲特的那句話 never lose money。房地產投資之所以比股票更能被普通中產階級接受，也是因為價格的穩定性。所以在當時讓我花 1000 美元去買一枚比特幣，那是不可能的事情。

物極必反，就在 2013 年比特幣突破 1000 美元不久。之後發生了 Mt. Gox 駭客事件。Mt.Gox 交易所丟失了 85 萬枚比特幣。從此比特幣的價格一落千丈，從 1000 美元迅速跌回到 100 多美元。

我當時也是個悲觀派。我閱讀了駭客事件的前因後果。我的判斷是這些事情和比特幣本身的結構沒有關係，而是交易平臺出了問題。 但是一個貨幣能值多少錢，完全取決於有多少人相信它。如果最大的交易所，也幾乎是唯一的比特幣交易平臺都能出安全問題，可能會讓很多人對比特幣的安全性失去信心。所以我也不知道它的價格會跌多少。

2013 年之後，比特幣漸漸淡出了我的視野。我不再關注這個投資品。後來我忙著在中國和美國買房子，這件事情也就漸漸淡忘了。我只知道比特幣價格跌得慘不忍睹，媒體上一大批幸災樂禍的人群。

04 會走路的錢

時間漸漸地進入了 2016 年。這一年比特幣發生了減半事件。減半是比特幣的一種特有的控制貨幣發行總量的方式。就是比特幣挖礦的獎勵，每隔四年要減半。我很感興趣地研究減半事件對價格的影響。因為我經常思考的一個事情就是到底市場是否是充分效率的？或者說哪些市場是充分效率的，哪些市場是非充分效率的？

如果一個市場是充分效率的，那麼發生減半這樣的事情，價格應該不漲，甚至減半之後反而下跌。因為減半之前，資訊已經充分反映在市場預期裡。所有人都知道減半要發生而且知道為何要發生。通過減半前後價格的變化，可以知道比特幣的交易市場是不是足夠的有效率。如果不是充分效率的，那就有通過短線買賣掙錢的機會。如果是充分效率的，那就沒有什麼做短線掙錢的機會。如果用我兩大投資法來解釋，就是在充分效率的市場，就應該用懶人投資法。在非充分效率的市場，那就應該用勤快人投資法。

2016 年減半之後，比特幣的價格基本平穩。只是在年初的時候有小幅上漲，之後維持在 600 美元左右。這件事情讓我有些出乎意外，這樣的價格變化說明有足夠多的人在買賣比特幣。另外市場有足夠大的流動性，市場充分效率。

由於對這個事件的關注讓我有機會接觸一些論壇上關於比特幣的討論。我當時是想登陸這些論壇看看大家對減半事件後的價格預期是怎樣的。那個時候論壇非常活躍，每天都有大量的帖子。大部分看上去都是相當年輕的人。而且他們都很聰明，因為在討論很多山寨幣以及演算法的問題上，他們對數學和電腦都說得頭頭是道。

我查了一下那些在論壇上比較活躍的人的教育和技術背景。發現他們都是電腦行業中真正的牛人。比如當時討論比特幣的閃電網，主要的開發人員都來自 MIT 的媒體實驗室。可是這些絕頂聰明、擁有高學歷、在 IT 領域工作的人，談及他們 N 年後比特幣成為儲蓄貨幣的夢想，卻讓我大跌眼鏡。

2016 年我的夢想是實現我 1000 萬美元的目標。而且已經完成了大半。可是這些論壇裡的人的夢想居然只是希望發財之後能夠把學生貸款還掉。沒有貸款一身輕，然後就可以攢錢買名車了。還有一些更窮的人，經常說的就是今天拿比特幣去買比薩餅。

這時候，我意識到除了個別大戶，他們這些比特幣普通玩家都是屌絲，是一幫窮人。這幫窮人未來可能會很有錢，因為他們都受過良好的教育又絕頂聰明。這非常符合我的"會走路的錢"投資原理。讓我豁然開朗，眼前一亮。

會走路的錢

我曾經看過很多人講改革開放初期到中國購買古董瓷器的故事。80 年代改革開放不久，中國百廢待興，為了積攢外匯，允許出口乾隆六十年以後的古董，想狠狠宰外國人一筆。這些古董經常就放在中國友誼商店裡。幾萬元人民幣一個的瓷器當時絕非大陸普通民眾可以承受的。當時一些精明的國外古董商人，廉價買入大批的古董，把這些古董扣在手上，到了 90 年代或者 2000 年以後賣出。這些古董普遍都漲了 100 多倍。因為剛剛改革開放的時候，中國人很窮。可是到了 90 年代和 2000 年之後，中國人一下子變得有錢了。這些古董自然也就貴了。

2016 年的比特幣在我眼裡，和那些 20 世紀 80 年代初的古董、猴年的郵票，明清紅木傢俱一樣。這個時候不買它，什麼時候再買它呢？

05 涉獵

但是購買一個投資品光有一番熱情還不行，還要仔細分析。因為價格起伏太劇烈，一不當心就會被套在裡面。於是我寫了一篇博客文章，就是比特幣的上限在哪裡。這篇文章叫作"比特幣會漲到一枚一百萬美元麼？"

比特幣會漲到一枚一百萬美元麼？ (2017 年 2 月 11 日)

by Bayfamily

2016 年是比特幣等加密貨幣(Cryptocurrency)的減半年。比特幣風起雲湧，得到全世界無數無政府主義者、自由經濟主義者、反凱恩斯學派、極客的追捧。各種說法都有。有的人認為比特幣會漲過 100 萬美元一枚。我想潑一點冷水，說比特幣不太可能長期穩定地漲過一百萬美元一枚。是因為比特幣能耗實在太大了，而且增長迅猛，對環保而言是個災難。

是的，比特幣消耗的電力在急劇增長。目前比特幣挖礦的出塊速度是每十分鐘 12.5 個。每天挖礦的速度是 1800 枚。按照價格 5000 美元一枚的話，每天礦工的收益是 900 萬美元，每年的收益是 32.8 億美元。礦工挖礦都在電力最便宜的地方，在中國的四川貴州的小水電廠，內蒙古的煤電廠。由於挖礦是市場充分競爭的，長期來看礦工的主要成本就是電費。由於硬體上很快就落伍，硬體的投入一般是通過比特幣增值對沖掉的。所以礦工收益約等於他們的電費投入。按照保守估計，按照 0.3 元人民幣一度電的情況來算，一年大約消耗了 6.57×10^{10} 度電。 目前人類一年的總耗電量是 20×10^{12} 度電，也就是如果比特幣長期站在現在的價格上，那麼 0.32% 地球上的電力就會被用在比特幣挖礦上。

問題是比特幣的價格還在一路暴漲，有相當一部分人認為比特幣在未來 5-10 年有可能成為全球的儲蓄貨幣。全球黃金總市值是 8 萬億美元左右。全球的美元總量是 10 萬億美元。要想成為儲蓄貨幣， 比特幣的總市場規模應該達到萬億美元這個數量級， 在此之前價格不會穩定下來。如果比特幣能夠持續過去 8 年的增長，未來的價格會在 10 萬-100 萬美元一枚。

我們來看看那個時候的比特幣電力消耗是多少？未來 10 年比特幣還會經歷兩次減半(halving)，分別是 2020 年和 2024 年。2024 年以前的挖礦速度將會是 900 枚每天，如果按照現在的速度在 2024 年以前價格漲到 10 萬美元。那麼每天的礦工收益是 9 千萬美元，折算到一年的電費是 328 億美元。也就是說幾年之後，地球上 3.2%電力將被用來挖掘比特幣。

有人推算過，地球上所有銀行系統耗電功率大約是 6,000-10,000 MW，是現在比特幣總功率的 5-20 倍。 未來幾年如果比特幣的電力消耗增長趨勢不變，比特幣的耗電總量將會和銀行系統的耗電量持平。這樣來看，比特幣的電子錢革命，至少從能源角度來說，是歷史的倒退。如果比特幣成為全球性儲蓄貨幣(global reserve currency), 那麼能耗總量將是現有銀行系統的 1-2 個數量級之上。

如果按照那些更加大膽的預測，比如著名的防毒軟體 McAfee 的創始人 John McAfee，他堅定地認為比特幣會在 2030 年之前漲到 50 萬美元一枚。

權且不說一百萬美元了。如果比特幣能夠保持過去的增長趨勢，8 年內漲到五十萬美元一枚，那麼比特幣挖礦的總電力消耗是 7.3×10^{12}kWh, 7.3 萬億度電。這是一個天文數字，地球上人類一年的總耗電量是 20,000 TWh, 20×10^{12}kWh, 就是 20Trillion 度電。就是說地球上每年三分之一的電力消耗將

會走路的錢

被用在比特幣挖礦上，才能夠支撐比特幣價格漲到這個價格。 邏輯上感覺很荒謬，別忘了中國一年的耗電量只有 5.5 萬億度。

荒謬的事情不見得不會發生。地球上每年出產 2,500 噸黃金，產生 120Billion 美元的價值。假設金礦本身在成本中占一半的價格。那麼金礦挖礦需要投入的資源大約是 60Billion 美元。這似乎和那個時候的比特幣挖礦的投入在一個數量級上。這其中絕大部分的黃金從挖出來就直接放到地庫裡變成金塊一動不動。如果有未來世界的人穿越到現在看我們動用了這麼多人力物力挖黃金擺在倉庫裡，也是極其荒誕的事情。

如果說 8 年後地球上 1/3 的電力被用來挖掘比特幣是很大的遺憾，是環境和能源的災難，但是也不是不可能。 比特幣的挖掘最初在個人電腦上就可以實現，現在必須大規模的公司和資料中心組成挖礦池。等到世界上很多地方都像對待黃金一樣動用國家之力挖掘比特幣的時候，估計比特幣的電力消耗就會達到 1/3 全球電力消耗的水準了。注意這個電力消耗和硬體進步沒有關係，因為礦工和礦工之間是競爭關係，電力消耗唯一的影響因素是挖礦減半 (halving)的時間。

這樣的事情會不會發生呢？會發生而且已經發生了。北朝鮮最近已經開始啟動國家之力挖掘比特幣，用來獲取外匯收入，這樣可以避開貿易禁運和封鎖。如果薩達姆和曾經的那些中東獨裁者今天還活著，他們也會動用國家之力，獲取比特幣。因為相對于存儲美元而言，美國政府拿他們沒有任何辦法。等到伊朗這樣的被貿易制裁的國家開始自己燒油發電，挖比特幣換外匯的時候，你就知道地球人又開始瘋了。

縱觀歷史長河，半個地球都曾經相信資本家消滅了，人類就進入共產主義了。歷時千年，中國有一億婦女痛苦地裹小腳，只為嫁個好人家。 一個信仰和價值觀體系一旦建立起來，被大多數人接受，所有的人，任你有多麼清醒的自由思想，都會裹挾其中，動彈不得。 當大家都認為裹小腳有價值的時候，你的天足觀念就會當作傻瓜。全世界都用比特幣的時候，你口袋裡的紙幣就會一錢不值。 現在也有越來越多的人相信比特幣是解決人世間一切疾苦的良方。比如著名的比特幣領袖 Roger Ver，他投身比特幣運動的原動力在於他相信比特幣能夠消滅人間的戰爭，因為大家都用比特幣，政府就沒錢打仗了。聽上去似曾相識那句"一個幽靈在歐洲遊蕩"，理想都很美好，帶來的卻全是苦難。

加密貨幣（Cryptocurrency）的浪潮洶湧澎湃。持有和使用過加密貨幣的人一般都再也不願意轉回 Fiat（法幣）。因為加密貨幣在保值、投資、非國家化、流動性、跨境交易、隱私、持有成本等方面擁有很大的優勢。就像車輪子、交流電、互聯網一樣，沒有發明之前，人們也能正常生活。但是這些發明一旦出現，再想把它們塞回瓶子裡，比登天還難。有了互聯網，人們再也不願意只看報紙了。Fiat money 流動到加密貨幣的這個單向閥恐怕一時半會是關不上的。再多的監管也是螳臂擋車，有點當年的"不許片板下海的味道"。Fiat 漸漸退出歷史舞臺，恐怕也是早晚的事情。

問題是比特幣的挖礦只是為做數學題而做數學題，完全沒有必要這樣。比特幣挖礦 POW(Proof of work)的本質就是你必須消耗電力資源來證明你做了工作，但是做這些數學題並不是實現去中心化交易所必需的。第二代的電子錢採用 POS(Proof of stake), 或者 proof of capacity，或者採用 Tangle 完全可以避開挖礦這個環節。可惜第二代電子錢可以實現零費用支付，實現智慧合約，卻似乎沒有一個有潛力能夠替代比特幣，作為 Reserve currency 的候選人。因為POW是真金白銀的投入，是最可靠的。讓比特幣改變演算法從 proof of work 到 proof of stake 也是完全不可能，但是因為去中心化的特點，任何結構上的改動比登天還難。一個簡單的擴容問題（Scaling problem），Segwit(隔離見證)派和 Big blocker(大區塊)派已經是惡鬥了四年，剛剛硬分叉(hard forking)，目前還在彼此雜湊算力攻擊中。

誰擁有廉價的能源，誰就擁有更多的比特幣挖礦能力，這點上比特幣本質上是能源幣。國內倍受並網賣電約束所折磨的，開工不足的發電廠還沒明白這點，等他們弄清楚了，就會開足馬力挖比特幣。

在可預見的未來，不論大家喜歡還是不喜歡，比特幣能耗將會持續攀升。在能源結構調整和氣候變化大背景下，它會成為一枚越來越不環保的貨幣。未來 10 年內也不可能漲到 100 萬美元一枚。

會走路的錢

　　我的博客在投資理財論壇發表之後，沒有一個人回應。投資理財平時我的文章經常上萬的點擊數，然而 99%的人對比特幣的陌生程度就像對火星人一樣。很多熟悉我的人當時可能會很吃驚，我怎麼會突然搞起比特幣來了？

　　每個社交媒體往往是圈住了一個固化人群。文學城的用戶在一點點地衰老，年輕人越來越少，大部分人都是中年以上的人，和我的年齡相仿。我幾乎是文學城成立的第一天就來訪問這個網站的人，也見證了這個網站的用戶變化。總的趨勢是越來越老。二十年前的時候，談情說愛的論壇最熱鬧。後來漸漸是子女教育、我愛我家、投資理財這樣的 BBS 變得熱鬧起來。我想再過二三十年，可能是養老院、遺囑葬禮這些話題變得熱鬧起來。我甚至懷疑每年文學城用戶的平均年齡也是增長一歲。

　　2017 年的時候，文學城的大部分讀者都是年富力強的中年人，處於他們一生收入的最高階段。可是竟然沒人對我這樣一篇博文有任何反應。所以我知道比特幣還是一個非常小眾的投資品，還沒有引起普通投資人的關注，這個時候進場應該是很好的時機。

　　絕大部分的投資都是擊鼓傳花的遊戲。關鍵是後面有沒有人為你接棒。如果後面沒有人接棒，你是最後一棒了，那你最好不要去碰這個投資品。如果你是最早接棒的幾個人，後面你能看見烏泱烏泱的接棒隊伍。那這可能就是一個好的投資品。

　　所以很關鍵的一點就是你要想一下，傳遞到你的資訊到底是從哪裡來的。大部分投資決定的正確與否其實都和我們獲得的資訊有關。資訊不會免費地平白無故地到你耳朵裡來。是主動獲得的資訊，還是被動獲得的資訊，以及你在整個社會人群中獲得資訊的快慢程度，決定了你的投資決定是否正確。

　　永遠不要和舊錢(old money)、舊貴拼體力，要搶在新錢(New money)、新貴前面一步。New money 人群未來喜歡的東西，就是你現在要買入的投資品。無論是灣區的房子、中國古董，還是當下的比特幣。

06 籌措資金

所以我決定投資比特幣，但是怎麼投呢，這卻是一個令我傷腦筋的問題。

肯定不能斷然一股腦兒地買進，那樣風險太高，因為比特幣的波動性太大，隨時有可能下跌。分期投入也是一個好辦法，如果你看清楚它是一個長期上漲的趨勢。可是即使分期投入，我也不確定是否靠譜。因為長期到底是多長比較合適呢？比特幣的稅務問題也比較麻煩。當時 IRS 已經明確了比特幣是 Asset。買賣賺錢了，需要按照投資的方式交稅。

此外投資比特幣的錢從哪裡來呢？2016 年的時候我剛剛抄完灣區的次貸危機的底，手上也是完全沒有現金的狀態。首先我決定用我的 Roth IRA 來投資買比特幣，就是前面第四章我說的那筆錢。我用那筆錢直接購買 GBTC。

GBTC 每年有 2%的管理費而且有很高的溢價。一枚比特幣當時 GBTC 的價格整整比實際價格高 30%。但是 GBTC 的好處是比較方便，直接像股票一樣購買就可以了。金額不多的話，不是什麼問題。因為是 Roth IRA 帳號，買賣不用交稅。而且每次買賣的手續費極低。不像當時的主流比特幣交易平臺都是按照交易總額收取千分之一的費用的。買賣 GBTC 只需要每次交 6 美元的手續費即可。於是我用那筆錢分期分階段買入比特幣。

但是這點投入太少，我需要動用更大的資金量。除了 Cash out（抵押套現）小黑屋的錢，我只能動用 401K 的養老金來投資比特幣。401K 漲了這麼多年，已經形成了比較大的規模。我打算拿出 20%的 401K 來投資比特幣。這個時候，直接購買 GBTC 就不再是一個好主意了。不單單是因為 GBTC 每年要收取 2%的管理費。更關鍵的是持有 GBTC 違反持有比特幣的三個基本原則。

這三個基本原則是我在看過大量的比特幣論壇上自己總結出來的。但是這些年過去了，我覺得這三條依舊是金科玉律。這三個原則是：

一、不直接持有私密金鑰的比特幣就不是你的幣。只有持有私密金鑰才真正是你的幣；

二、不用把比特幣放在交易所裡。世界上一切 Hack proof (抗駭客)的交易所只是暫時還沒被攻陷；

三、永遠不要賣出你的比特幣。

如果你對這三個原則還不理解，可能是因為對比特幣的一些背景知識的不夠熟悉。限於篇幅的限制，我在這本書裡不再展開說明這三個原則的重要性。就比特幣本身我也可以寫厚厚的一本書來討論，那不是本書的重點。

07 比特幣退休金帳戶

於是那個時候，我又幹了一件幾乎所有人都沒有幹過的事情。我估計全美國恐怕不超過 50 人和我做了同樣的事情。我之所以這樣說，因為我當時問遍了所有的銀行和交易機構。所有的回復都是這件事情做不了。我直到今天也不是很清楚我辦的手續是否完全合乎管理法規。所以請讀者不要盲目重複。

2016 年我打算給自己開一個 Solo 401K 的帳號。把我的 401K rollover(轉帳)這個帳號裡，然後用這筆錢去買比特幣。Solo 401K 開帳號這件事情並不難，網上找代理機構，每年交一定的年費就可以幫你出具好檔。

問題是你有了 Solo 401K 檔，你需要去銀行開一個同樣名字的帳號才能把錢從其他 401K 轉過來。不然退休金轉帳(Rollover)的支票沒法兌現。錢轉過來之後，我還需要同時在比特幣的交易所開一個同樣名字的 Solo 401K 帳號，這樣才能把這筆錢轉到交易所。然後在交易所，我還需要買好比特幣之後，把比特幣提取到我的私人紙錢包裡面，這樣才算真正的完成整個流程。

我跑遍了我在的這個城市周圍的所有銀行，Bank of America, Union Bank, Wells Fargo， Citi Bank，US Bank 等等。每個辦事人員一開始都是熱情洋溢，告訴我說沒有問題。不過聽到我說要用 401K 的錢直接去買比特幣，他們就像外星人一樣的看我。不單單是他們，其實當時比特幣的粉絲論壇上，也沒有人提過如何直接用 401K 買比特幣。當然這事我理解，因為那裡都是一群窮學生。學生貸款還沒還清呢。哪裡來的錢買 401K。銀行的人每次去後臺請教一下經理該怎麼辦，隨後就卡殼了。少則一天，多則幾天，最後告訴我無法開這樣的帳號。

但是越是因為辦不下來，越會讓我越覺得這裡有投資的機會。因為道理也很簡單，GBTC 比比特幣現貨市場的價格有 30% 的溢價。這個溢價不是憑空而來的，是因為辦不下來這些手續造成的。我在銀行四處碰壁，就反映了 30% 溢價帶來的困難。

不斷碰壁反而堅定了我的決心。第一個吃螃蟹的人，肯定能拿到紅利。當沒人知道手續應該怎麼辦的時候，你辦下來就是贏家。於是我就諮詢給我開 Solo 401K 管理文件的人。問他們哪個銀行可以開這樣的一個帳號，一個可以買比特幣的帳號。Solo 401K 的管理公司也不是特別清楚，但是他給我介紹了網上的一個網路銀行，讓我諮詢一下。

我也不是特別清楚這個網路銀行是不是靠譜，網站上看起來好像還可以，不像是詐騙。所以我想從小金額開始試一試。這個流程大概是這樣的，我從 Fidelity 這樣的管理公司申請 rollover，他們會開出一張我名字加上 Solo 401K 的支票，然後我把這個支票存入這個網路銀行。

然而下一步又卡住了，因為需要在比特幣交易所開 Solo 401K 的退休帳號。當時，所有比特幣的交易所都不支持開設 Solo 401K 的帳號。美國當時主要交易所只開設個人帳戶，2016 年能開設退休金帳戶交易所一個都沒有。我打了一圈電話，碰了一鼻子灰。

就在幾乎絕望的時候，終於找到了一個當時還是很不起眼的小交易所，他們願意開這樣的帳戶給我。可能是他們生意剛開張不久，所以並不拒絕每一個可能的客戶。不過即使這樣，他們還是嚴格地審查了我很久。我平時做諮詢業務的往來帳目都要給他看，客戶電話也要給他們，生怕我是一個洗錢的。

這件事情來來回回折騰有三周的時間，漸漸終於我把所有的帳戶都開好了，路也走通了。我在辦手續的每一個環節裡碰到的人，都是瞪大了眼睛說，從來沒有過這樣的事情。我還記得當時我轉第一筆錢從基金公司索要轉帳(rollover)支票的時候。因為我不知道那家網路銀行是否靠譜，只要了 1000 美元。服務員再三和我確定這筆金額，可能是想這麼點錢還瞎折騰個啥。

08 免費獲得比特幣

　　帳戶開好了，錢也轉好了，新的問題又來了。如何買比特幣這也是一個困難。資金小的時候，分階段買進長期持有就好了。資金大的時候，我可不敢冒這樣的風險。

　　我仔細研究了一下。最穩妥的方式是通過放債的方式去擁有比特幣，而不是直接買。當時的比特幣放貸利息非常高，因為投機活躍。就是說買比特幣的人主要的任務就是投機，所以短線交易者會用槓桿買進賣出，導致貸款給他們可以獲得比較高的利息。

　　但是如果直接在加密貨幣交易市場上去放貸款，那麼就面臨著稅務上的風險，因為貸款獲得的錢你需要去交稅。但是 401K 帳號沒有這個問題。

　　放貸最好的辦法是買入比特幣，然後到衍生品交易市場上直接放空。這樣的對沖方式叫 naked sale（裸空賣）。熟悉金融衍生品交易的人可能明白我在說什麼。不熟悉的可以直接跳過這些技術細節。利息的來源在於現貨市場和衍生品期貨市場的價格差異。用做空的方式，當時貸款的回報年利率在10%~20%之間。最高的時候有的時候一天就有 1%的利率回報。因為比特幣每天價格起伏很大。所以對於那些做短線買賣的人 1%的利率不算什麼，因為每天價格的震盪起伏就可以到 10%。

　　但是這樣我可以免於比特幣價格起伏的風險。漲了我也賺錢，跌了我也賺錢。我覺得我不是炒短線的人，對於炒短線需要專心坐在那兒，每天凌晨開機盯著螢幕，我還有自己的事業要做，炒短線對我來說是件不可能的事情。所以我要做的事情就是把機器設置好，然後比特幣就可以嘩啦嘩啦的進到我的錢包裡來了。

　　我小心翼翼地把我的對沖交易結構設置好，剩下的事情就全部交給機器了。機器會每天源源不斷地生產出比特幣給我。每 8 個小時作為單位結算一次，一天三次。按照我的計算，一年下來，也會收穫相當可觀，因為 2016 年之後比特幣進入快速飛漲期。

一年後，我還把我的這個貸款辦法寫成博客分享給投資理財的朋友。雖然我知道這個市場非常小眾。越多的人進來，我的利潤率就越小。可是我抵擋不住與人分享掙錢方法的誘惑。獨樂樂，與人樂樂，孰樂？看見因為我的分享，可以給其他人帶來更多的財富與快樂，這會讓我很開心。

然而好景不長，天有不測風雲，就在我把機器和程式都設置好了，每天歡快地數錢的時候，另外一個新的打擊就來了。

09 最賺錢的列車

中國把比特幣給禁了。

歷史上中國不知道多少次把比特幣禁掉了，因為比特幣採礦、交易一半以上的量都來自中國。所以每次中國禁止比特幣,都會引起市場的恐慌，價格的下跌。

應該說，中國政府對比特幣的看法一直是處在一種曖昧和猶豫之中。2013 年後一開始是暗中觀察的階段，只要不違反金融管制條例，基本上是睜一隻眼閉一隻眼，偶爾對大陸的三大交易商上各種各樣的緊箍咒。2017 年初把 ICO 都禁了，用來防止非法集資。

但是 2017 年秋天的那次禁令是把所有的交易所全部封殺了。而且政府也搞不清楚什麼是 utility token （功能代幣），什麼是 security token （證券代幣），什麼是 coin （幣），什麼是 cryptocurrency （加密貨幣）。把所有的代幣和電子幣通通一律禁掉。所有的挖礦和交易所統統都明令禁止。

這次國家出臺的禁止令之狠是前所未有的。國家傳遞的信號很明顯，就是和電子錢相關的任何商業行為都不要在中國出現，政府打算自己發行央行的電子錢。政策力度之狠以至於有一個非常大的比特幣交易公司，宣佈關閉的時候乾脆把自己公司的平臺代碼全部公開。表明的意思是以後再不做交易平臺了，交易的平臺代碼都拿出來了，任何人都可以一夜之間成立一個交易平臺。

會走路的錢

比特幣價格一路下跌。從 7000 多美元一路跌到 3000 美元。我雖然是放債，所有本金沒有任何損失。但是我的利息掙來的比特幣價格卻跌了一半。經驗告訴我，歷史上一次次出現像這樣情況的時候，都是投資的最好時候，那就是當所有人都絕望和放棄的時候。這次也不例外。

你看好一個資產，需要側重看它的長期發展潛力，而不被一時的大眾情緒所困擾。就像 2017 年渾水公司攪局揭露美國上市的中國互聯網公司財務作假一樣。2017 年那個時候是買入阿裡巴巴這些公司股票的最好時機。不過我從來不炒股，所以可能可以不帶感情色彩，作為局外人可以清楚地看清這一點。

如果瞭解比特幣的人就會知道，比特幣從設計之初就是一個屌絲造反的工具。一個國家禁止，甚至多個國家禁止都是沒有意義的。除非整個地球人齊心協力都來禁止它。比特幣的整個設計和核心思想就是禁不掉的。但是大部分人此時還是倡狂逃出，我可以看到價格一輪一輪地下跌。

很快我就找到了一個滿地撿錢的機會。中國的交易所要關閉，所以大家都在拋售，短期內形成海外市場和中國市場有 20%的差價。中國市場買，海外市場賣。賣了再買，買了再賣。我還記得當時非常不巧在中國出差，市場崩盤的時候，我正坐在京滬高鐵列車上。時不待我，一路下跌我就一路買，憑空做差價，轉一圈就是 20%的利潤。那次火車大約是我這輩子坐過的最賺錢的火車了。忙得我都不想下火車，感覺自己怎麼一抬頭就到站了。

這是比特幣交易的一個特點，它是 24 小時連續交易。當然也是因為這個原因，做短線的人會很痛苦，也會很興奮，他們感覺每一分鐘都在賺錢，每一分鐘也都在輸錢。因為兩邊市場的差價不會持續很久，只有幾個小時，稍縱即逝，所以我只能是忙著在火車上撿錢。

當時同樣持堅定信念的是趙長鵬，他和合夥人在中國出臺全面禁止比特幣，大家紛紛退出的時候，創立了 Binance。讓這個名不見經傳的小交易所一躍成為全球最大的比特幣交易中心，讓他自己的照片也登在了美國財富雜誌的封面上。那年 Binance 號稱賺了 10 億美元。其實沒有什麼神奇的，投資永恆的真理就是不要隨大流。逆流而上，特立獨行才能有機會。

2017 年比特幣經歷了嚴重的內鬥，分叉為比特幣、比特幣現金。後來比特幣現金又分叉出 Bitcoin SV。每個人都表明自己的立場。我也就寫了一篇博客，說明自己為什麼是見證分離派。後來看來的的確確只有見證分離派站住了腳。比特幣現金等其他分叉幣價格都一落千丈。

我是隔離見證派 (2017 年 12 月 5 日)

by Bayfamily

我是隔離見證派(Segwit)，俗稱核心黨人。雖然我不齒於核心黨的很多做法，比如 reddit 上的言論管制，開發組內部排斥異己。但是從技術角度來看，我認為隔離見證派技術路線是對的。

比特幣擴容之爭愈演愈烈。隔離見證派(Segwit)和大區塊派（big blocker）的殊死搏鬥從比特幣創立之初就開始了，一直到今年 8-11 月份達到最高潮。現在雖然平淡了下去，但是恐怕兩派之間的纏鬥會持續幾十年。 世上很多偉大運動的開始到興盛都符合這樣一個規律。

1.一個奇特新穎的想法，橫空出世

2.一群狂熱鐵杆份子追捧

3.漸漸勢力變大，生存危機過去，狂熱分子因為很小的一個事件，意見不統一，分成兩派或者多派

4.進入主流，外部壓力消失，兩派為奪權進行生死搏鬥

5.短期激烈矛盾告一段落，變成長期派系鬥爭，漸漸腐朽沒落，成為社會進步的阻力

6.又一個新的想法，橫空出世

有人說，比特幣的發展史可以看到伊斯蘭教的影子，遜尼派和什葉派因為繼承人的事情，互相仇恨千年。也有人說比特幣如中國革命，一開始，為了打倒滿清和軍閥，誕生了國民黨和共產黨，隨後分家。當然你可以把比特幣的歷史看成中國革命史。星星之火，可以燎原，但是革命勝利了，文革各派就開始撕鬥了。

先簡單科普一下技術層面的事情，什麼是隔離見證，什麼是大區塊。

181

會走路的錢

比特幣在創立之初，一個 block 的大小被限定在 1M，中本聰自己的解釋說，擔心區塊大了，會容易被駭客利用。他認為隨著交易量的增大， block 的大小應該同步放大。這點上他的討論被大區塊派反復引用，認為見證分離派違背了創始人的意願。如果從宗教情節上看，大區塊派應該屬於原旨主義者。而見證分離派認為，加大區塊的容量是沒有意義的，即使放大十倍，仍然無法最終滿足全世界的交易。必須靠側鏈和閃電網來擴容。而閃電網的擴容必須依靠修改原來主鏈上的數位簽章的存儲方式。需要把數位前面，就是支付的見證部分分離到另外一個檔中。 這就是見證分離派這個名詞的來源。從宗教意義上看，見證分離派屬於改良派。

如果你把見證分離派和大區塊派關在一個屋子裡，他們爭吵的對話內容大概是這樣的。

核心黨，"喂，老兄，咱們的隊伍一天天壯大，法幣(fiat)快被咱們顛覆了，慶祝一下？"

大塊黨，"慶祝個球啊，Visa 一秒鐘的交易能力是幾百萬，咱們是七次，都堵成北京二環了，咱們把區塊改改大吧，1MB 實在不適應人民日益增長的交易需要啦，不擴大區塊大小，我怎麼用比特幣買咖啡啊"

核心黨，"改改改，改你個頭啊，你別忘了，比特幣所有的交易都存在公共帳簿(public ledger)上，俺家的硬碟都快爆炸了，網路的節點數越來越少，你再擴大比特幣就全完了，節點要多大的硬碟啊。你沒看見節點數年年在下降"

大塊黨，"你別嚇唬我，摩爾定律你懂不懂，硬碟越來越便宜你知道不？就算明天咱們把區塊擴大到 1 個 G，你買個 100T 的硬碟，要幾十年才能填滿，你有啥好擔心的"

核心党，"那終極之戰呢？你聽說過中國的萬里長城不？100T 的數據咋跨越長城呢？100T 的數據怎樣上 TOR 呢？"

大塊黨,"別嚇唬我，哪有啥終極之戰，就算有終極之戰，對付政府的最好辦法是人海戰術，你懂不懂，要是每個屌絲都用比特幣買咖啡了，終極之戰來臨那天，政府不讓大家買咖啡了，他們就會揭竿而起。你要是把比特幣弄成一個結算網路，終極之戰來臨那天，誰管你啊"

核心黨，"你是不是懷有二心啊，怎麼天天想加大區塊大小啊，我瞅你們那幫小子都是礦工，而且用 ASIC 挖礦，是不是為了你的礦場賺錢，天天催著擴大啊"

大塊黨，"你是不是申請了閃電網的專利啊，主鏈不讓擴容，這樣閃電網以後你就可以狠得勁的收費啊"

核心黨，"狠得勁收費，我，我幹嗎要害死比特幣啊，比特幣可是我一手撫養大的啊"

大塊黨，"你小子是不是 GMBOX 那場風暴，把比特幣都丟光了啊，這是堵死比特幣，弄死比特幣的節奏，然後趁機低價撿漏啊"

核心黨，"你是不是偷偷買了不少乙太坊,辣條啊,弄死比特幣然後發財啊"

大塊黨，"血口噴人，你違背中本聰先生的訓誡，算力為王"

核心黨，"啥算力為王，俺們要的就是算力去中心化，特別你們是躲在萬里長城後面的算力，我要弄個比特金(BTG)，終結你們 ASCI 的算力"

大塊党"你們這是，開發中心化，也違背中本聰先生的原意，我要弄個比特現金(BCH),和你們分道揚鑣"

你瞧，本來的一個技術問題，漸漸變成了一個政治問題，人格問題。吵到這裡，你知道這已經是不可調和的矛盾了。 我們人類解決不可調節的矛盾，經驗豐富，最常用的辦法就是在肉體上消滅對方。 於是有了香港協定，紐約協定，於是有了硬分叉，Bitcoin Cash, Bitcoin Gold，有了算力攻擊，有了 11 月份凍僵 BTC 的技術建議。

隔離見證派和大區塊派的意見我看了很多。總的來說，我覺得隔離見證派占了上風。讓比特幣唯一能夠滅亡的其實是政府，而且必須是大國的聯合行動。可惜的是大部分政府現在可能還沒明白過來這個問題。

明白過來最快的是各種專制政府。你瞧禁止比特幣的急先鋒是委瑞內拉，越南，摩洛哥。因為他們知道比特幣最先動搖的是這些專制政府脆弱的法幣。

會走路的錢

天朝還有點稀裡糊塗的。其實比特幣終結的是美元霸權，天朝這樣的比特幣礦業大國趁機可以上位。不抓住時機，反而搞起來了不許片板下海的鎖國政策。和當年燒了鄭和寶船的傻瓜官員們是一個路數。

巴菲特（可能是謠傳）說，如果中國政府都禁不了比特幣，其他國家就不要想了。我覺得他說的不一定對，世上只有一個國家可以禁掉比特幣，那就是三胖領導的國家。除非人類社會重回那個時代，比特幣恐怕很難根除。

在我看來，比特幣存在的價值在於美國這樣的政府無法消滅它，而不是多快被大多數人使用。這點必須從技術層面保證才可以。再多的人使用比特幣，政府一句話也就沒有了。俺們在天朝上國待過，知道人多這事不一定靠譜。而大區塊派的確會讓比特幣變得更加容易被技術上消滅和禁止。

當然比特幣的信徒認為從技術上美國這樣的政府也無法消滅比特幣，美國政府可不一定這樣認為。 人世間一切戰爭都在於有一方誤判了形勢。如果勝負結果明顯，戰爭是打不起來的。比特幣如果開始全面流行和使用，最終政府會被逼到死角。因為現有的稅收體系會崩潰，無論是企業稅還是個人稅，現有的幾乎所有的金融體系基本上全部推倒重來。不但是華爾街基本要完全關門，連華盛頓都要關門。因為政府沒有比特幣，也無法從稅收上獲得比特幣，除了能印沒人認的美元，沒有經濟來源。

比特幣要顛覆的不僅是金融體系，也包括現有的稅收，政府體系。政府豈能善罷甘休，不殊死一搏呢？

像所有的貨幣一樣，比特幣的價值在於信心。未來遙遠的事情，會映射到今天，影響到今天的價格。認為比特幣是泡沫的人，選擇不信比特幣，可能是高估政府的能力。比特幣的鐵杆粉絲，Holder（持有者）們可能也是低估了政府可能的手段和決心。終極之戰如何演繹，我後面會慢慢寫來，一切還是未知數。

當人們想到終結之戰的時候，一切能增加比特幣勝算的，我覺得都是對比特幣好的。所以僅憑這點，我就是核心黨，隔離見證派。

10 長期持有

　　但是我也不是神仙。賺錢的事情讓人永遠難忘。虧損的事情我也沒有少幹，應該說電子錢在一開始魚龍混雜，各種騙子都有。

　　2017 年的時候，我自己當時錯誤的想法就是覺得應該分散投資。因為比特幣的分叉風波，讓我感到比特幣來自內部的風險要大於來自外部的風險。一個方法就是分散投資一部分資產，因為我也不確定比特幣是不是能夠獲勝。我覺得未來的趨勢肯定是電子錢，因為電子錢應用的功能太強大了，不單是點對點支付，更多的應用還包括財富的管理、會計、公司管理、保險證券的點對點分散化。

　　所以我把我擁有的比特幣相當一部分拿出來分散投資去購買各種山寨幣。現在看來這是一個錯誤的做法。分散投資並沒有給我帶來良好的收益。因為魚龍混雜，騙子也多。很多山寨幣在 17 年之後下跌了 100 倍之多。

　　山寨幣風波之後，有一個觀點我自己也不是特別肯定。那就是區塊鏈唯一的應用可能只有比特幣。除此之外，可能區塊鏈沒有其他的任何可以落地的功能。因為不管怎麼說，區塊鏈都是一個速度和效率非常低的資料庫。這樣一個資料庫，總是不如集中式的資料庫，或者不如幾個集中式資料庫更有效率。除了儲蓄貨幣，其他所有的交易都可以在相對集中或者半集中的資料庫中實現。比如中國和 Facebook 在研究發行的電子錢雖然也都是打著區塊鏈的旗號，而實際上是一個集中或者半集中的資料庫系統。

　　我在寫這本書的時候，中國和 Facebook 的電子錢還沒有出臺。Libra 可能因為政府監管胎死腹中。但是在我看來，金融市場從傳統的銀行系統的壟斷一直轉到新的一種經營方式，新的一種貨幣方式恐怕是難免的。因為道理很簡單，我們人類在過去 5000 多年甚至更久遠的時間裡，其實只用了一種貨幣就是黃金，我們用法幣 Fiat 系統其實只是從 1972 年到今天，僅僅 50 年。

　　在美元黃金脫節之前，人們使用美元，本質上是使用黃金作為貨幣。而歷史上所有的法幣系統最終都失敗了。去世界各地旅行的人們，無論是去西亞如伊朗、東亞如韓國、東南亞如越南、南美如阿根廷，都會注意到世界上的貨幣怎麼那麼多個零。 數數全世界各國貨幣上零的個數，你就知道靠政府限制貨幣濫發是多麼不靠譜的事情。歷史上所有的法幣最後都變得一錢不值。從中國元代的寶鈔，到今年的委內瑞拉。歷史上一個又一個國家印刷的法幣最後都變成廢紙。我沒有任何理由會相信，現在擁有的貨幣系統會持續 200 年或 300 年的歷史。

法幣除了濫發的可能性之外的另外一個問題就是，今天的法幣銀行系統被政府給搞死了。比如我曾經有一個印度的客戶，想購買我的一點商品，但是在印度要把盧比換成外匯，那是一件非常複雜和困難的事情。再比如我們普通人在商品交易的時候，每一筆錢都需要通過銀行來中轉。而政府為了稅收和防止洗錢，可以追蹤每一筆錢的運轉。這讓人覺得很煩。

因為我們社會上不是所有的事情都是那麼清清白白的，可以說清楚的。也不是所有的事情，政府都會給你講道理的。因為和政府講道理本身就要花很高的成本。就像我當時沒有辦法把上海的房子賣掉，把錢轉到美國來投資一樣，因為我懼怕這些麻煩。

也許你的交易是一些遊走在法律和非法之間的灰色地帶的經濟活動。比如你可能是賣大麻的。還有一些是來自某地區的跨境交易，比如也許你是一個政治犯。比如像我之前寫的文章裡頭，也可能發生了戰亂，你需要逃亡，這個時候比特幣是比任何一種貨幣都方便儲存和安全攜帶財富的方式。或者也許你就是天然地不喜歡政府，不想讓政府知道太多你財產的事情。這個時候就會選擇比特幣。

所以不是比特幣本身太強大了，而是法幣的服務太差了。政府濫用了控制法幣的能力，讓所有的交易都需要走金融機構。今天你可以從中國訂購一個商品，走 Fedex 24 小時就可以送到，你可以即時通訊和地球上的任何人視頻對話。但是今天一個跨境的匯款往往要 3-5 天的時間。

11 什麼是錢

在我小的時候，大家學物理的時候都很崇拜牛頓。我的物理老師當時曾用歎息的口吻說，牛頓在做完三大力學傑出貢獻之後，去英國當錢幣局的局長，實在太可惜了。

然而今天看來英國金融的霸權，全靠錢幣局的牛頓局長。牛頓其實只是用了一個非常簡單的方法就讓英國實現了金融霸權。那就是金本位。讓政府來管理貨幣發行量是一個很恐怖的事情，這就好像是讓貓來管理金魚一樣。政府有一萬個理由會願意印出更多的貨幣，特別是在它缺錢的時候。而政府總是缺錢，有的時候還會特別缺錢。

投資理財到最後都不知道什麼是錢，豈不是笑話。我為此專門寫了一個博客，"什麼是錢"。

什麼是錢? (2017 年 11 月 2 日)

by Bayfamily

投資理財的首要任務可能也是搞明白到底什麼是財富，什麼是錢。這個問題不搞清楚，就貿貿然投資理財，難免會犯各種投資錯誤。

財富和錢兩個詞通常大家都混用。房地產，食物這些實實在在為我們提供服務的物件，很容易理解他們是財富的一部分。這個道理連猴子都明白，所以動物會為領地大打出手。

股票雖然能夠帶來紅利，對於猴子而言，恐怕難以理解這是財富。事實上，股票的財富是需要借助于現代社會的基礎建設(infrastructure),能夠把未來的可能的收入折現到今天。這裡面包括證券市場，包括政府保證股份公司按照法律運行，按照股份比例分紅。當這個社會結構不再存在的時候，股票也就灰飛煙滅不值錢了。

提到財富，人們會很自然想到黃金，白銀這些東西。黃金和白銀數千年來作為流通工具而漸漸變成了財富的象徵。你瞧，Trump 總統都是一個黃金狂。啥東西都是金色的。

但是我想告訴大家，黃金，白銀，寶石，藝術品，這些都不是財富。是的。我沒有寫錯。他們不是真正意義上的財富。因為他們本質上不提供任何服務，不分紅。對於猴子而言，他們一錢不值，一噸黃金都不如一個蘋果。千萬不要輕易覺得猴子傻，猴子恐怕覺得我們是神經病。到底誰傻，誰是神經病，恐怕很難說。我們覺得黃金是財富，有價值，是因為我們生活在幻影中，這是一個持續了幾千年的幻影。這個幻影可以用一句話概況，就是

"後面會有人可能用更高的價格買入。"

只要這個幻影一直持續下去，黃金白銀寶石就會一直有價值下去。但是記住這只是一個幻影，一個持續千年的幻影。雖然可能還會持續幾千年，但是終究是人類自欺欺人的幻影。

我們人類最擅長的就是編織故事，製造幻影。買賣過股票的都知道其中的道理。公司本身賺不賺錢不是特別重要，而是大家以為公司未來會不會賺錢，或者說，會不會未來有更多人覺得公司的未來會不會賺錢最重要。

拿物理學做比較，財富的多少好比位移。如果用 PE ratio 估算股價,好比是用速度估算位移。如果用預期的 PE 估計股價，那就好比是用加速度估計位移。如果用大家未來共同預期的 PE 來估價，那就是位移的四階導數了。用四階導數估算位移無論怎麼說都是編織幻影。

你也許會說，黃金有首飾的功能啊，做裝飾品啊。你需要明白那是因為先有這個幻影，才有黃金的裝飾功能。世界上黃澄澄亮閃閃的東西很多。而且大家之所以選擇黃色，不是藍色作為財富的象徵，也是因為這個幻影。黃金的真實價值，只是在工業品上做催化劑，而且需求量很小。

提到黃金不得不說的是貨幣。黃金的這個幻影之所以成立，是因為黃金幾千年前率先成為了地球上唯一的跨越人類社會和地區的全球貨幣。所以我們不得不說說貨幣到底是什麼。這樣才能明白到底比特幣有沒有價值。

人們日常習慣使用美元，人民幣這些貨幣，時間雖然不是很久遠，但是已經足以讓大家漸漸忘記了什麼是貨幣了。

貝殼，青銅，黃金，白銀，紙幣的歷史大家都耳熟能詳，我們先看看人類歷史上其他的一些貨幣的例子。

貝殼作為錢的歷史過於遙遠。當時沒有記錄下來，到底貝殼是怎樣被用於錢的，怎樣控制通貨膨脹，怎樣生產和消失的。結繩作為貨幣的方法在中國和南美洲的印加文化都有被記載過，但是細節也不是特別清楚。

　　曾經太平洋上的某個島國，用巨石作為貨幣。這個島國的面積很小，據說小到島上的人真誠問前來訪問的人類學家，說，"朋友，這世上真的有個地方聽不到海風的聲音麼？"

　　這個島上的人以巨石為貨幣。巨石一開始還搬來搬去，後來這些巨石連搬大家都懶得搬了。大家都知道那塊巨石是哪家的。曾經有島上的人去隔壁島嶼搬運巨石回來。快要上岸的時候，巨石不幸落入海裡。 那些落入海裡的巨石也被大家承認為貨幣，平時只要指指說那些巨石是誰家的，就完成了交易。

　　再舉一個例子，是眼前的活生生的例子。在加州的監獄裡面，犯人把速食麵作為貨幣。速食麵有實際的作用，而且整齊便於攜帶。和在戰俘營裡面大家把香煙作為貨幣有異曲同工之妙。這不是最神奇的，神奇的是有些速食麵流通太久，已經過了保質期，不能再食用，但是大家還是把它們作為貨幣。

　　我舉這兩個例子是為了清理我們頭腦中很多關於貨幣的不一定正確的觀點。這些觀點有：

　　貨幣必須要政府背書。無論是監獄，海島，戰俘營，大家選擇何種物質作為貨幣都是自願行為。古代選擇金銀銅作為貨幣，也完全沒有政府背書。歷史上政府背書的貨幣屢屢崩潰，遠的元代的寶鈔。近的是民國的金元券，魏瑪共和國的馬克，委內瑞拉的貨幣。

　　貨幣必須有價值。沉默在海底的巨石，過期的速食麵都沒有價值。政府印刷出來的紙幣也沒有價值。電子錢從物理上也沒有價值。黃金白銀本質上物理功能的價值不如青銅。

　　貨幣必須有生產成本。貨幣不需要成本，成本越小越好。只要能控制住總量就可以。這點比特幣比起其他的 POS 的貨幣沒有優勢。難以獲得的是控制總量，而不是反過來。

　　貨幣和物理價值無關。貨幣的本質是記帳工具。哪種記帳工具最方便，最便捷，最便於攜帶，最有私密性，最不容易被篡改，那麼那種貨幣就會勝

會走路的錢

出。 這點電子錢無疑是勝利方。法幣一方面是被政府濫發給害了，另外一方面是法幣目前漸漸變成了一個實名制的貨幣。

從目前比特幣投資現場情況來看，和買賣股票不同。進入電子錢的錢一般都是單向流。就是進入電子錢的錢，擁有者感受到了空前的自由。不願意再回到法幣的束縛。電子錢像一個巨大的黑洞。 各國政府為了稅收，為了防恐，為了防洗錢，為了莫名其妙的外匯管控，推廣法幣實名制，自己害死了自己的法幣。

那麼問題就來了，在一個市場裡，會不會有混用的情況。就像藝術品和黃金同時被大家當作財富收藏起來。一個市場裡，會不會有多個貨幣同時存在。 這是比特幣和法幣之爭，甚至比特幣和 800 多個電子錢之爭的關鍵問題。

目前也是大多數人持有的觀點，那就是你比特幣再牛，估計也就是服務一個小眾市場，搞點黃賭毒。和美元會並存相當長的一個時間。所以對於大部分老百姓可以看熱鬧一樣無憂。

我本人覺得這個不一定對。人類生活在同樣的經濟圈裡，貨幣可能具備天生的排他性。法幣和比特幣如何演繹，以及平民老百姓如何防範風險。下文我再慢慢道來。

我對比特幣也一直保持謹慎樂觀的態度。就是未來也許很樂觀，但是如果投資比特幣一定要謹慎。不要一股腦傾家蕩產買進去。反過來謹慎來自另外一方面，如果你是富人，你可能需要稍微分散一下自己的投資，特別是你的錢比較多的時候，分散一部分在比特幣裡。

為了這個我還專門寫了一篇博客文章，叫作"如何規避比特幣的風險"。

普通人如何規避比特幣風險 (2017 年 11 月 28 日)

by Bayfamily

記得微信和支付寶剛剛出現的時候，很多中老年人的態度是不學習，不瞭解。覺得一輩子用紙幣用習慣了。只要國家法律規定紙幣還能用，自己可以一直保持下去。

後來的結果可想而知。只用紙幣的人從一開始無法打車，無法網上消費。現在漸漸地到菜市場和售貨機無法購物了。

如果你認為規避比特幣最好的辦法就是不學習，不瞭解，不買賣，捂著耳朵不看世界。認為自己反正不參與加密貨幣的買賣，不持有電子錢，就沒有風險，那麼結果可能最終就像那些幾年前的老爺爺、老太太一樣。

對於大多數的投資品，比如投資房和股票，的確不參與買賣就沒有風險。 但是對於剛需產品，比如自己的自住房，不買和不賣的風險是一樣的高。因為最後你會不得不買。 比特幣等加密貨幣和普通投資品不太一樣，因為它試圖顛覆的是長久以來大多數人財富的賴以生存的基礎，法幣系統。

年輕的時候， 自己第一次接觸進化論的時候，一個觀點花了相當的時間才想明白。達爾文老爺爺說，在一個生物節點上只能有一個物種存在。可是這和我們普通人的觀察不一樣啊，明明鳥兒都在吃蟲子，為什麼有那麼多種飛鳥呢？明明蟲子都在吃葉子，為什麼有那麼多蟲子呢?地上所有的草都在幹一件事，完成光合作用和釋放種子，為何地上那麼多種草呢？

後來隨著自己觀察的深入，漸漸理解了達爾文老爺爺的觀察是對的。一個生物節點上，由於充分競爭的關係，經過足夠長的時間，的確只能有一個物種存活下來。就像智人出現了，尼安特人就消亡了。白人在美洲出現了，印第安人就消亡或被同化了。

今天套用達爾文老爺爺的理論看待貨幣，你也會想明白同樣的道理，經過足夠長的時間，在一個特定的社會空間裡，只能有一種貨幣存在下來。無論是監獄，還是世界上任何的主權國家，人們都很快在用什麼貨幣這個問題上達成共識。共識以外的會被無情拋棄。貝殼和金屬沒有同時作為貨幣通用，是金屬取代了貝殼。 監獄裡只有一種流通貨幣，或者是香煙或者是速食麵。1949 年國人突然一夜之間選擇了袁大頭作為實際的交易貨幣，取代了國民黨的金元券。

會走路的錢

今天在我看來，加密貨幣最終取代紙幣應該是一個歷史趨勢。只是不知道哪種加密貨幣最終會勝出，何時現在的法幣系統會被淘汰。如果硬要加一個概率是否比特幣會成為主流世界貨幣的話，我覺得概率大約是 10%。

10%的概率足以讓我們每個人警惕。因為如果這個事件發生了，你手中的所有法幣都會化為烏有。無論是當下你在銀行的美元存款，還是未來的美元現金流，比如養老金，社會保險，養老金(pension)，債券股息等等。

我的投資策略是錢少的時候要膽大，錢多的時候需要謹慎。所以對待10%可能性的事件，還是需要認真對待的。

我不建議直接買入比特幣。尤其是大量的買入。比特幣當前的價格在我看來，20%是底層的趨勢，80%是投機者瘋狂。沒人知道比特幣應該值多少錢。那些告訴你他們能預測未來的都是在豪賭。回頭像 2013 那樣暴跌 90%，你哭都來不及。

我的投資方式深受當年美國淘金時代，那個選擇賣淘金工具而不是直接去淘金的人的影響。當很多人陷入比特幣瘋狂的時候，我選擇出借給他們資金，獲取高額利息，而不是去直接買賣比特幣。然後用掙來的利息獲得比特幣。這樣我的本金沒有任何風險。

針對加密貨幣革命成功上位引發的風險，我建議的策略是這樣的。

1）學習瞭解加密貨幣的機理，使用，買賣。獲得更多的資訊和知識總是對的。跟上時代，避免頭腦僵化，對於中年人尤其如此。

2）如果比特幣上位成功。你大約需要 0.1-1 個比特幣就足夠了。想辦法獲得這點幣。

3）密切觀察比特幣發展，在法幣崩潰的前夜，大舉借債。法幣如果崩潰了，房子還是一樣值錢，股票一樣的值錢，只是換了一個計價符號。所以利用房子最大限度地盡可能多的借債，是發國難財的最好辦法。這些債務隨著法幣的崩潰而化為烏有。這點地主們深諳其道，很在行，我不用多說。

4）法幣的崩潰會從最弱那些國家開始。比如辛巴威，委內瑞拉，越南之類的。你看全面禁止比特幣的國家名單就會明白為何比特幣挑戰的是法幣，為什麼這些國家會緊張。如果比特幣能夠顛覆 10-20 個小國家的貨幣，那就是美國中國這些法幣崩潰的前夜了。

5）技術角度關注閃電網上線時刻表和點對點小額支付增長趨勢，前夜會出現爆炸性增長。

這一切都取決於你對加密貨幣的理解，和終極之戰勝負的判斷。什麼是終極之戰，後面我再慢慢解釋。

給你一個這幾天的簡單資料。Tether 的流入量每天增長率是 2%。這是美元法幣轉化成美元加密代幣(USTD)的增長速度。大家都明白指數增長的厲害。如果這個加速度持續下去，不用多久，所有的美元法幣都會被變成加密貨幣。

當然，你也可以選擇無視這一切，像幾年前的老爺爺老奶奶們一樣。馬照跑，舞照跳。畢竟 90%的概率下，什麼都不會發生。

關於比特幣的討論我在 2016 到 2018 年之間寫了很多。其他的博客文章我貼在附錄裡面。感興趣的讀者可以去閱讀。我們生活在一個科技快速發展，社會快速變化的世界。做一個與時俱進的投資者，你需要放眼世界，知曉世界每個角落發生的各種變化，這樣才能把握更多的機會。無論是技術行業、房地產行業、還是股票金融市場。機會總是有的，每隔幾年就有一次。

我自己在中國讀研究生的時候。我的導師在 PC 機興起的時候堅決不使用電腦。他認為沒有什麼東西比書本、雜誌閱讀起來更方便。久而久之，最後他錯過了資訊革命和互聯網帶來的所有好處與方便。

我不是比特幣的死硬派，我認為比特幣有一些的概率成為數字儲備黃金。但是無論比特幣能否成功，作為這個時代的我們，搞清楚區塊鏈和比特幣背後的一些演算法以及一些使用方式，我認為是非常有意義的。不然你可能就會落後於整個時代。就像一開始有些老人堅持不使用手機和手機支付。但最後發現他們東西也沒法買，甚至最後連現金都花不出去。

這可能是我投資比特幣，除了獲得直接投資回報以外的最大的收穫了。

會走路的錢

後記

　　一開始網友勸我寫這本書的時候，我是想寫一些投資理財的道理，一些初涉生活的年輕人需要掌握的基本常識。特別是供剛剛移民美國不久的中國人做參考。但是後來寫著寫著，變成了一本記錄我和錢之間關係的自傳書。

　　歷史記錄不可能完全真實，雖然我會努力這麼做。但我不得不說隨著歲月的推移，很多細節我可能記得不是那麼準確。人的大腦就像一個巨大的篩檢程式，過濾網就是自己堅信的那些理念。過濾網會把一些有利於自己的證據保留下來，而濾除那些不利於自己信仰系統的內容。我自己恐怕也不能免俗，雖然我力求真實。寫這本書的時候我的心態是一方面給我自己有個交代，也是給我們這個時代，我們這一代"洋插隊"的人一個交代。

　　另外一方面，我想說的是我不是財務專家、投資專家。我從來不懂怎樣幫其他人理財。"沒有人比你更在意你的錢。"這句話從我小時候失去第一個豬娃娃之後，一直是我的警語。

　　讀者閱讀我的博客過程中，可以看到我自己漸漸成長的過程。十多年前寫的博客裡面的細節內容，有些是錯誤的，或者幼稚可笑，或者是自相矛盾的。特別是在關於比特幣上，很多想法當時也是欠考慮的。這都不要緊，我不想把自己偽裝成一個未卜先知的財經算命師。所以無論是今天看來是對的還是錯的觀點，我都不作修改貼上來。但是隨著時間的推移，我自己也在慢慢地成長。觀點越來越成熟，也越來越成系統。文字能力有了很大的提高，文章越寫越長。文思泉湧，寫起文章來如馬桶水一樣滔滔不絕。沖了下去，又咕咕冒出來。最終到不得不寫書的地步。

會走路的錢

　　讀這本書很重要的原則，就是不要試圖複製我曾經的經歷。每一代人每一個人的經歷都是不可複製的，因為周圍的環境也都不一樣。複製他人的人生，哪怕是投資的經歷，又有什麼意義。讀者最好把它當作一個歷史故事來看，從我一個小人物看到我們這個時代的歷史縮影。並借鑒裡面的故事來思考自己的投資方法與原則。

　　投資理財其實不複雜，概括起來就這麼幾點。因為我是理工科背景，所以我用流程圖的方式來說明。

　　Start： 投資理財最重要的起步還是瞭解自己。知道自己是一個什麼樣的人，自己擅長什麼，不擅長什麼？如果看到不足，那就努力去改變。當你發現無法改變的時候，也要認清形勢，做自己擅長的事情。最主要的是確定自己是勤快人，還是懶人？在充分效率的市場，就應該用懶人投資法。在非充分效率的市場，那就應該用勤快人投資法。

　　Step 1：牢記從機場接我的老中的美國五條生活指南，並付諸行動。這五條理財真經是：提高信用分數、避免超前消費、開二手車、親自修理、不打官司多運動。

　　Step 2：勤儉是一種美德。虛榮是人性的弱點需要克服。熱愛勞動的人是美的，四體不勤的人是醜陋的，樹立積極向上的三觀。

　　爭取做一個特立獨行的人。端正自己的價值觀，不要人云亦云。不要在意別人怎麼說，怎麼看。人們往往被心魔所累。舉個例子，祥林嫂辛辛苦苦掙來的錢本來可以吃好穿好用好，但是她為什麼要到廟裡去花自己那麼多錢，去建一個門檻呢？因為她有心魔。她不確定人死後有沒有鬼，於是便來問魯迅先生。當她依舊不知道死後，她之前的兩個丈夫會不會來搶她的時候，她就會傾其所有去捐一個門檻，尋找一些心靈的安靜。

　　今天喜歡買愛馬仕 LV 的人，能把這個公司的主人買成世界上第 3 首富。本質上就是千千萬萬個患有心魔的人捐款捐給他導致的。不同的時代有不同的心魔，現在我們回首看看祥林嫂覺得傻得可憐。未來的人看看我們今天省吃儉用購買奢侈品的行為，也會覺得我們傻得可憐。

196

財富是我們辛苦勞動獲得的，我們應該用它去購買自己真正需要的東西。用財富獲取生活的自由，而不是滿足虛榮心。我自己雖然節儉，但是在我投資很緊張的時候，也無償捐助過一個在美國的中國留學生。當時他博士學費有難處，我給了他 5000 美元，不求歸還。錢需要用到真正值得用的地方上去。有了正確的三觀，你就可以實現古人所說的不以物喜，不以己悲，知道自己要幹什麼，自己需要什麼。

Step 3：你永遠都是可以把三分之一的收入存下來的，因為比你收入低三分之一的人活得好好的。不要超前消費。除了房子，不要借債。投資是需要資本的。我們今天生活在資本主義的頂峰時代。靠出賣勞動力，賺取工資是永遠不會財務自由的。想不明白這點可以多玩幾次大富翁遊戲。

Step 4：檢查自己是否完成了 Step 1, Step 2, 和 Step 3。沒有完成，回到 Start。

投資不要成為守財奴一樣地守著現金，要勇敢地把存下來的錢投資出去。學習"會走路的錢"基本原理。找到合適你的投資機會。對於普通家庭，首先推薦住宅類建築投資。因為那是政府給你的福利。

學習知識，至少需要系統學習微觀經濟學、宏觀經濟學、資產管理這三門課。不能只是當評書聽聽，最好是有作業的那種課。

Step 5：如果你是懶人。請參考懶人投資法。尋找充分效率市場，做一些稅法優化。End。

Step 6：如果你是勤快人。請用勤快人投資法。尋找非充分效率市場，去 Step 7。

Step 7：造一個自己能夠滾動起來的賺錢機器。可以通過 Timing 住宅市場實現這點。住宅市場是可以 Timing the market 的。股票市場是不可以的。保持杠杆，用銀行的錢去掙錢。

End

你瞧，寫起代碼來不過 7 個步驟。那些理財產品、教育基金、養老保險都可以統統不用考慮。因為沒有人會比你更在意你的錢。

會走路的錢

我的"普通人家十年一千萬理財計畫"在 2018 年畫上一個完美的句號。歷時 11 年半。我寫完了我的故事，有時會有一種幻覺。過去的投資故事，就像在玩一個大富翁的遊戲。這個遊戲很多人都玩兒過。一開始的時候你一圈圈地飛奔，忙著買地，逢地就買。這很像我們年輕的時候，年輕力壯，對未來充滿期待。等地都買完了，互換地契取得壟斷。很快你就面臨人生重大抉擇，你需要蓋房子了。這時候，你開始捉襟見肘。好像我們三十而立，娶妻生子，安定下來需要解決自己的自住房問題了。 再過幾圈，好似人到中年。有的人居無定所，不斷交房租。有的人房子越來越多，地越買越多。如果你不買房子，不蓋房子，最終肯定就是一個輸家。因為坐吃山空日子過得沒有希望。

如果你選擇買房子蓋房子，一開始很辛苦，到後來就會越來越容易，因為你不斷地有收入進來。房子越多收入越多，然後你就有機會買更多的地蓋更多的房子。可是等你把檯面上所有的房子都吃進的時候，打敗了所有的對手。最終也是遊戲結束，曲終人散。

回首往事。有時我這十幾年的經歷就像做夢一樣，感覺也就像是玩了一個大富翁的遊戲。因為本質上那些街上的房子，跟大富翁遊戲裡的紅紅綠綠的房子也沒有什麼區別。反正我也從來不去住。那些美元人民幣真錢和遊戲桌上的假錢又有什麼區別呢？反正絕大多數時候我也不用它們。它們永遠奔跑在各個銀行帳戶之間。

說這話可能有些消極。我只是想說大家不要在投資理財賺錢的路上迷失了自己。錢是賺不完的。我更傾向把整個賺錢的過程，當作一個旅程，在過程中看看風景，而不是終點。另外一方面，很多人對投資感到害怕。其實如果你不玩這個遊戲，肯定是人生輸家。如果你玩這個遊戲，最多你會輸掉自己存下來的那一點錢，但是如果贏的話，你就可以贏到很大一個世界。

完成 100 萬到 1000 萬美元這段人生路程。我的"邁向一億美元的旅途" 又開始了。

附錄：歷年投資總結

普通家庭十年一千萬的理財計畫-（第二年 2008 年 2 月 3 日）

by Bayfamily

去年春節寫了個未來十年的理財計畫。有道是好事不出門，壞事傳千里。寫了這文章，害得我罵名遠揚，挨了一年的磚頭。磚頭多的都夠我再蓋棟房子的了。

罈子上還有幾位背功極好的朋友，拿出當年學習毛爺爺老三篇的毅力。現在已做到倒背如流，句句是典故，隨手就能引用文章中的原話。在下實在是佩服。

既然是十年計畫，就要不折不扣地執行。不然就成了政府領導，計畫計畫，牆上掛掛，領導一句話。一年過去了，寫個豬年的總結與大家分享。

先學老地主，翻出地契、房契、股票、現金，先來算算淨資產。

去年一年是個激動人心的一年。中國，美國，股市，房市震盪起伏，好不精彩。房市方面，美國全面下滑。灣區雖然總體情況比全國稍好，但中等學區和新開發區的房子下跌也很明顯。三藩市和南灣個別好學區的房子目前還能巋然不動，甚至小幅上揚。個人投資雖在好學區，保守起見，以下跌 10%計算。

401k 的投資回報豐厚。去年年底的年終回報達到 17%。今年開始一路下滑。但比起去年春節寫十年理財計畫的時候，大約增長了 8%。中國房市的投資回報豐厚，房價全面翻翻，由於財富槓杆的原因，總體回報率更高。國內的房產投資，因為鞭長莫及的原因，錯過很多好的機會，不然表現會更好一

會走路的錢

些。不過現在風險控制得不錯，總體實現了 even cash flow （現金流平衡）. 去年在 IPO 市場還發了點小財，回報率很高，到目前為止漲了 80%，但總量很小。

總體投資，此消彼長，鼠年來臨之際，除去各項債務，家庭總淨資產達到 135 萬。 算完變天賬，再來合計合計鼠年的好日子。

美國房市短期前景很難預料。個人感覺三藩市的房子也許和紐約一樣，是國際市場決定的，有歐洲和亞洲投資熱錢湧入的可能。個人財務上，堅決執行一年前寫的，十年一千萬計畫裡面，三年不買房的計畫。目前的首要任務是積累現金，等待房市的復蘇。401K 上面，除了公司的匹配(match)以外，停止一切新的 contribution(養老金儲蓄), 因為目前的 401K 總量三十年後已經夠滿足退休的基本生活了，多存實屬無益。401k 是退休用的，不能指望它發財。 總的來看，第一年的理財計畫總體執行情況良好。房市股市的走向和自己一年前計畫的情況基本相符。淨資產的增長率和預測的相符，因為盤子大了，淨資產總體回報率持續下降，從早期的 50%，30%，一路降到現在的 12%。 未來隨著現金流的改善，回報率有望重新提升到 30%。總結寫好了，送各位打油詩一首。

人生有命語荒唐, 貧富不可賴爹娘.
若是身為無能輩, 坐擁金山也敗光!
有錢難買少年窮, 匹夫志氣非尋常.
待到風雲來際會, 百姓亦變千萬郎!
金銀富貴本無種, 身是男兒當自強!

人生如白駒過隙，財富如過眼雲煙，生不帶來，死不帶走。金錢總量毫無意義，樂在遊戲過程。大家鼠年玩好。

普通家庭十年一千萬的理財計畫-（第三年 2009 年 1 月 5 日）

By Bayfamily

年年寫理財計畫，最後還是計畫不如變化快。2008 就是個風雲突變的年頭。

房地產、股票持續下跌。危機的總爆發在雷曼兄弟倒閉之後。大約算了一下，因為這場危機各種直接、間接的總損失在 30 萬左右。一個不當心，差點一夜回到解放前。先學各位罈子裡面的老地主，翻出地契、房契、股票、現金，來算算淨資產。

401K 遭受重創。到 2008 年的最後一個交易日，總共比年初跌了 31.8%。幸虧過去兩年沒有存 401K，不然會更慘。公司 IPO 的股票，unrealized gain (未套現收益) 基本歸零。原本打算今年靠股票混個買菜錢，全部落空了。灣區的房地產持續下跌。雖然在好學區，但是至少下滑 10%。市場價值很難估算，因為最近成交量很小。

投資的亮點還是有的。年中的時候，在最高點上，成功將上海的房子拋出。

因為積極的存現金政策，現金情況明顯改善，銀行總存款 12 月底的時候達到 26 萬。總體投資，此消彼長，牛年來臨之際，除去各項債務，按照當前的市場價格，家庭總淨資產達到 128 萬，比去年下跌 7 萬。個人感覺，在史無前例的房市危機面前，投資股市還是比房市要來得悲慘。普通投資人，買房子還是比較穩妥的。

回顧一下，從積極意義上來看，第二年的理財計畫總體執行情況沒有犯什麼錯誤。風暴來臨前，能做的事情，全做了。沒有什麼可以後悔的。

倒完了苦水，來合計合計來年的日子。

美國房市還會下行，未來一年的重災區應該是好學區。對於灣區而言，壞學區的房子已經沒有什麼可跌的了。好學區的房子開始鬆動。

密切注意房市動態，隨時準備抄底入市。今年年底是三年不買房政策的最後期限。年底，在適合的時候，開始考慮逐步進貨。

從來不炒股票，股市行情難以預料。個人感覺還會有一個起伏，不可能就這樣一路復蘇過去了。繼續少買 401K。

投資和庖丁解牛一樣，要因勢利導 順應天時。不可以為之的事情，不用硬上。貝多芬說他要扼住命運的咽喉，我看最終是他扼住了自己的咽喉。

會走路的錢

2009 年烏雲滾滾，風暴還沒有退去。與其當弄潮兒，不如在家拿著望遠鏡，觀潮、賞景。

祝大家看到美麗的風景，玩得開心。

普通家庭十年一千萬投資計畫 （第四年 2010）
by Bayfamily

時光過得真快了。一下子從寫文章到現在已經是 3 年了。這三年發生了多少變故啊。美國地產泡沫的崩潰，金融機構的崩盤，中國人財富的迅速膨脹。按照慣例，每年寫一個投資總結。

今年最大的變化就是間接地受金融危機的影響。不幸失業。失業是不幸的，對人心理的打擊比較大。但是馬克思說過，無產階級失去的只是鎖鏈，得到的是整個世界。稍稍想過，決定放棄尋找新的工作，做一個自由的人，走上了創業的道路。和朋友一起成立公司。

與其買股票，不如自己製造股票。你看看我買了這麼多年的 401K 股票，買到了什麼下場。送進去的現金比現在市價資產都多。完全是無償奉獻給華爾街發獎金了。

公司成立之後，新的投資人入股價格已經比原始成立的價格漲了一倍。也許是投資人對我們的產品和服務的看好。也許是我們忽悠有功。當然了，一切都是紙上富貴。今年股市表現不錯，把 2008 年崩潰掉了的 401K 和其他退休計畫補償了一些回來。繼續堅持以前的觀點，再也不買 401K。

美國房市持續低迷。好學區的房子 2009 一直處於持續陰跌中。價格大約下降 10%。2010 年前景看不清，壞學區也許已經觸底，但是好學區的房子隨著持續的失業率，一定是應該繼續處於陰跌的下降通道中。 三年不買房政策已經到期。2010 年，好學區的房子也許可以適當尋找機會。

中國房子的行情火爆。房價迅速飆升。2008 年底的時候，嚴重看空上海樓市。幾乎犯下嚴重錯誤。忘了自己在 2006 年對上海長期行情的分析。看來老文章需要經常回去看看，保持頭腦清醒。 好在 2009 年初的時候，及時調整航向，及時入市，好在自己也有自由的時間來分配。 要是工作纏身的話，估計是趕不上這波了。 還是石頭同志說的對。要發財，趕緊辭職。M 大說，投資不能有窮人心態，不能只看著工資小錢。

每年投資的結果都是此消彼長。股票和中國房價上漲。美國房價回落。到了年底，劈劈啪啪一算，扣除一切債務，紙上的富貴一共是 190 萬美元。比去年上升 40%左右。2010 年的展望。希望股價能繼續翻倍。希望我買的一切資產都能迅速飆升。呵呵。夢想而已。1000 萬的投資路需要慢慢走。明年收盤的時候，希望繼續此消彼長，就是長的比消的多。突破 200 萬的關口。

普通人家十年一千萬理財計畫（第五年 2011 年 1 月 21 日）
By Bayfamily

馬克思說，無產階級失去的只是鎖鏈，得到是整個世界。這是理財到了第四年感受之一。通常人們只能看見自己擁有的。但是看不見自己未能擁有的。

這就是為什麼很多人，總是覺得自己住的地方最好，不願意動。 住在加州的認為加州最好，住在紐約的，認為自己在宇宙的中心。住在 DC 的認為，自己這裡的潛力最好，政府在膨脹，機會多多。住在 IOWA 的認為自己最安逸，用不著為房價煩惱。連住在明尼蘇達的，都覺著自己生活在美國最好的州。

這讓我想起一件事情，"為什麼愛斯基摩人在北極"。 發現新大陸的，大家都在往南走，水草豐美。為啥有人會留在北極？因為人都有惰性。害怕失去手中擁有的，看不見自己未能得到的。愛斯基摩人看見手中的海豹，無法判斷遠方草原上是否有野牛。即使有人傳話過來，告訴他們有野牛，多得滿地撿。他們第一未必信，第二覺著自己的日子蠻好的，老婆孩子熱炕頭，有吃有喝，小康生活，何必去搞攀比，野牛再多，也吃不完啊。自己雖然是冰屋子，可是空氣新鮮啊，東西又不會壞。草原上泥巴多，塵土大，每天疲於奔命，有啥好的。

這點對於工程師尤其嚴重，特別是高學歷，高技能的工程師們。英文叫 technology myopia （技術性短視）。擁有了一項手藝，過上小康生活，就不捨

會走路的錢

得放棄。 如同最好的剃頭師傅一樣，只能做重複性的工作，不能開連鎖店。馬雲不會寫程式，卻能指揮寫程式的。不是馬雲手下的程式師不如馬雲聰明。而是因為一旦擁有一項技能，就不捨得放棄。

當大家努力讓自己的孩子爬藤校，當醫生，當工程師，擁有一技之長，金字招牌在社會謀生的時候。別忘了，這些技能同時對他也是有害的。因為，捨得，捨得，有舍，才有得。技能越多，越無法放棄。

春節到了，說說今年的理財成果。今年繼續過著無業遊民的漂泊日子。說起無業，當然是自嘲。主要是時間繼續完全由自己控制。何時工作，做什麼工作，在哪裡工作，都是自己定。這樣的日子一旦習慣了，很難回到坐辦公室打瞌睡的日子。投資方面嘛。和我原先預測的 infiltrating （滲濾）理論一樣。灣區好學區的房價開始放量下行。俺家美國的房子基本上過去 10 年的升值全部歸零，從哪裡來，到哪裡去。俺在美國的確混得夠慘的，要工作沒工作，過去 10 年投資升值幾乎都歸零。

中國的房子房價繼續飆升。加上人民幣升值，所以帳面上很好看。以前存的 401K 去年也漲了不少。自己的公司被投資人追捧，市值漲了幾倍。去年的現金流情況全面好轉，亂七八糟掙了不少，到年底的時候，手上的現金有 30 萬美元。去年一年沒有買房子。劈劈啪啪算了一下。此消彼長，把套現和未套現的都算在一起。扣除全部債務，總資產一共是 280 萬美元。當然這裡面有很多經常在變化的價格，有些價格不好評估。保守算，大約是 260 萬，往高裡算，應該在 300 萬左右。

帳面上雖然不錯。但是這裡面有很多問題。一個問題就是中國占的比重太高。因為美國的房地產升值幾乎全部被 wipe out（抹平）. 財富稀裡糊塗地一下子都集中在中國。另外一個問題，就是財富的不確定性更高。因為資產價格變動很大，特別是公司股票。真正立刻可以變現的，估計在 150 萬到 200 萬之間。明年的計畫是加強在美國的投入。特別是現金流比較好的房子的投入。不知不覺中，中國的一個房子賣了，就可以購買美國 10 個正現金流的房子。所以今年計畫開始動手，先期購房 2-3 間。爭取到了明年這個時候，資產水準保持在 300 萬左右，做到中美進一步平衡。

去年也有投資失敗的例子。一個小項目上，公司破產，投入的幾萬塊錢基本是血本無歸。當然教訓學了不少。明年再接再厲吧。 去年著書一本，不知道今年銷量如何，無論怎樣，也算是對人類精神文明有所貢獻吧。

普通人家十年一千萬理財計畫 （第六年 2012）
by Bayfamily

六年前開始寫這個系列，一年發一篇。每到春節來臨的時候總結一下。在這個罐子上久的人可能還會記得，罐子上新來的人恐怕都不知道是怎麼回事了。

在過去六年裡，如果說最讓我自豪和驕傲的事情，那就是這個罐子，通過介紹經驗和方法，給一大批人帶來財富和信心。大家不再傻乎乎只存 401K 和 529，給華爾街送血汗錢。 這些朋友大部分都是和我一樣，十幾年前來到美國，現在有了一定的積累，進入財富快速積累階段。有時我會收到罐子裡讀者的短信和感謝，這是對寫文章的人最好的慰勞了。

罐子成立之初，當年和我一起寫文章的故友大部分已經離去，有的已經發財了，在沙灘上每天曬太陽數鈔票。有的發財發到看破紅塵，遁入空門，一邊數錢，一邊開始追求終極真理。

我的資金有限，能力也有限，所以還在這裡可憐巴巴地年復一年總結自己的投資體會。我堅持寫下來也是想看看當初一個瘋狂的想法，經過十年的實踐到底會變成啥樣。

2012 年，按照 6 年前的方案繼續我的投資計畫。市場的確如 6 年前預測的那樣，也和加州過去經歷過的4次房地產迴圈一樣，先是大幅下跌，然後攀升和恢復到新的最高點。外部條件滿足了當初的方案，但是我的投資腳步總是比計畫的差一步。應了那句話，理想和現實總是有差距的。

今年最大的教訓是不能書生氣用事，不能靠數學模型指導投資。

舉個例子，同樣是買投資房，如果投資 A 的 IRR 回報是 12%，投資 B 的 IRR 回報是 15%。你買哪個？

如果其他條件都一樣，任何一個學過數學的人都會毫不猶豫地回答 B。

會走路的錢

在 2012 年，數次的經驗和教訓告訴我，上面答案的錯誤的。

如果你的資金很多的話，正確答案是 A 和 B。把他們都買了。因為他們都遠遠高於存款利率。

如果你的資金有限，只能購買一個的話，答案往往也是 A，而不是 B。因為對於 B，你會面臨更多的競爭，最後導致的結果是拿不到這個 Deal，最後 A 和 B 都沒拿到，竹籃打水一場空。對於 A，你面臨的競爭比較少，你有更多的機會拿到。

這就是書本和現實的區別。另外一方面，人的精力是有限的。不可能在比較數個 Deal 的最後，選擇你認為最佳的方案。

2012 年的灣區房市回到瘋搶的階段。2012 年下半年的上海和北京，一天一個價。在瘋搶的階段，搶到籃子就是菜。是否搶到是王道，搶到的是什麼不重要。

這讓我回想起 2000 年的時候中國的房市，關鍵不是你買了什麼，而是你買了還是沒有買。

過去一年，中國的房市漸漸回暖，未來應該可以看到上海和北京的房價如脫韁之馬繼續狂飆。道理很簡單，溫同學不懂經濟。任何一個正常智商的人都知道，如果想讓豬肉價格下來，應該做的事情是鼓勵養豬戶多養豬。可惜溫同學過去幾年一直認為，打擊開發商，讓他們日子不好過，甚至破產，房價會下跌。這樣的政策後果就是房屋供應極度短缺，供求矛盾在 2013 年會集中爆發。

國家大事我們管不了，到了年底，算盤珠子劈裡啪啦算算變天賬。房子漲，股票漲，亂七八糟加在一起，終於總淨資產過了 3 粒米（millions）。啥都漲，不是俺聰明，是因為票子發的太多。中國發得多，美國也發得多。回想過去，從身無分文到第一粒米，用了 6 年的時間，從一釐米到三釐米用了另外 6 年的時間。這樣看來，10 粒米的夢想在未來 4 年裡面實現的希望的確不大。未來四年爭取再長兩粒米，就阿彌陀佛了。等到 10 年到期的時候，比較靠譜的估計大約是 4-5 粒米左右。

在美國衡量一個人的財富其實挺簡單，通過他的稅表厚度就知道。剛到美國的時候，是 1040EZ，簡單的兩張紙。後來是 10 頁，再後來是 20 幾頁，今年已經達到 50 幾頁了。所以吧，要致富，多填稅表，後面自然錢也會隨之而來。以後辦相親節目，不用數男生有多少房子，多高職位，問問稅表厚度就知道對方家底了。哪位同學有機會可以把這個建議給"非誠勿擾"。

過去的幾年裡，其實大約有兩三次的機會，如果能夠正確把握住，現在就已經過 5 釐米了。可惜每次都是失之交臂。這些機會的共同特點是，當他們在你眼前的時候，你是那麼渾然不覺，同時需要的資本投入又讓你有些膽戰心驚。於是機會就稍縱即逝。 我說的不是豪賭股票和期貨，只是房產投資，經歷過的人，可能有同感。未來 4 年，希望自己能吸取教訓，把握住這樣的機會。

展望 2013 年，超額發鈔帶來的資產泡沫會越來越大。搶到大額長期低息貸款的人，就是最終勝利的人。指望人民幣升值的人，可以漸漸打消念頭了。人民幣未來貶值的壓力會越來越大，中國在走韓國的老路。天佑天朝，希望通貨膨脹的猛獸不要讓政權崩潰。當然崩潰了也挺好的，投資人就喜歡泡沫和崩潰，不然哪有機會。

展望未來，身體是革命的本錢，身體是最好的投資。生銹的機器已經開始常常出問題，過去 6 年，2011 年是投資最失敗的一年，這也和身體狀態不佳有關。

投資是體力活，經歷過的人都知道。請大家投入時間鍛煉身體吧，留得青山在，不怕沒柴燒，生命足夠長，機會總會有，這是才是投資中的投資。

普通人家十年一千萬理財計畫 （第七年 2013）

by Bayfamily

今年灣區的天熱，櫻桃已經開花了，春節要到了，又是寫年終總結的時候了，這是第七年寫這個系列。

會走路的錢

在過去的 12 個月裡面，股票漲，房子漲，美國的房子漲價，中國的房子漲價。罈子的各位大財主們都賺翻了天。我也是小小地搭上順風車，各方面的業績也不錯。

今年讓我很有體會的是兩件事情，一個是人對經濟和市場預期的正確判斷到底從哪裡來？一個是應該怎樣做到可持續發展？

先說第一件事情，如果要在投資理財上獲得成功，必須對大的市場有個正確的判斷，但是這個判斷往往事後容易，事先很難。

每天我們都能看到很多大牛，名人對市場未來的判斷。有的是著名基金的經理，有的是著名學者。和很多人一樣，我一開始也被他們的名頭糊弄的不清，但是後來市場血淋淋的現實告訴我們。他們做的預測往往極其不靠譜，甚至根本就是南轅北轍。 就那諾貝爾獎的新科狀元 Robert J. Shiller 來說吧，因為 2008 年前判斷樓市崩盤而出名，但是在房市回暖的時候，他依舊不斷地認為新的 bubble 在形成，讓很多投資者錯失這次探底的良機。

大家可否還記得 2012 年底的時候，媒體和報紙也是充斥了 Foreclosure second wave(第二波法拍屋浪潮) 的說法？ 我隨便翻出來一個。今天看著是否覺得可笑？

http://www.washingtonpost.com/wp-dyn/content/article/2010/03/11/AR2010031104866.html

http://www.zerohedge.com/news/second-foreclosure-tsunami-coming-and-about-kill-any-hopes-housing-bottom

兩年前這個時候，我寫過一篇文章，告誡大家不要去投資黃金。

當時是黃金的頂峰，沒有人聽，反而被嘲笑了一番。

加州大學的心理學家 Philip Tetlock 做了大量的統計資料，他發現越是在媒體上頻繁出現的人， 越是對自己的判斷無比自信的人，做出的判斷往往和市場的結果偏差越大。越是能夠質疑自己的人，說出話帶著猶豫和動搖的人，不斷否定自己的人，預測的結果恐怕越正確。 可惜這樣的人在媒體上不出彩，沒人看。普通投資人往往不明白其中的道理，往往是自己有了一套現成的 belief (信念)，然後通過電視媒體報紙去尋找這個結論的支持，迷信名人和專家，於是在錯誤的道上越走越遠。

我自己也犯過同樣的錯誤，在過去這些年裡最失敗的一次投資，也是在一個無人商量和挑戰我的判斷的情況下做出的。如果把各種機會成本的損失加起來，大約導致半粒米打水漂了。

如果總結第一件事情的話，就是對投資的判斷千萬不要被主流媒體所左右，也不要迷信任何著名人士的判斷，雖然他們口若懸河，振振有詞，但是實際上他們往往和你我一樣無知。

再說說第二件事情吧。就是如何做到可持續發展，如何做到保證持續的增長，特別是自己的規模到達一定數量之後。

世間萬事，不怕慢，就怕停。我發現投資也是，一次撞大運的投資容易，是否能夠重複就變得很重要。以萬達為例，其真實模式很簡單，就是在城市的邊緣建設綜合體。建一個賺一個，於是再去建下一個。

我們投資房地產也是這樣。過去這些年裡，在中國我的確找到一個可以簡單複製的辦法，這裡和大家分享一下。

以上海為例，最簡單的辦法就是在地鐵通車 1-2 年前，在地鐵沿線偏遠的地方購入房產。等到地鐵通車，房價一般都會上揚 50%到 100%。這個簡單的規律屢試不爽。大約 20 年前，地鐵一號線通車的時候，莘莊房價一年攀升一倍。2013 年夏天，我告訴大家應該去臨港買房子，2013 年底，地鐵 16 號線通車，如果你 2013 年中購入惠南到臨港的任何一個社區的話，現在也差不多是漲一倍。這個規律和大盤的規律無關，幾次經濟的大起大落，都保持不變。過去 11 號線，10 號線通車，每次都是這樣。這是個傻瓜都能發財的辦法。如果你過去 20 年裡一直利用這個規律，買進賣出的話，會變得很有規模。上海北京的地鐵還要修很多年，大家還有機會。

在美國，作為可持續發展，我只想出來了一個 16 年退休的懶人投資法。

現在離寫這篇文章的時候，已經過去了近 7 年，如果有人用我的懶人投資法的話，估計離勝利的終點已經過半了。不過懶人投資法看似容易，需要極其懶的人才行。懶得醬油瓶倒了都懶得扶才行，否則前功盡棄。

會走路的錢

我自己是勤快人，無法用懶人投資法，作為勤快人，就使用勤快人投資法，我自己依舊在探索可持續發展的辦法，如果只是靠工資積累去投資，一方面很辛苦，一方面還要時常有市場大環境的風險。希望今年能摸索出一些新路子。

囉囉嗦嗦寫了這麼多，到了數錢的時候。罈子裡有錢人很多，我這裡也不是為了和大家比闊。自己是灣區普通家庭，在過去幾年裡，還經常處於失業狀態，身體也不好，錯失很多投資機會。

2006 年，我第一次寫普通家庭十年一千萬理財計畫的時候。當時我認為加州會重複以前四次房地產週期迴圈一樣的模式，在下調之後，價格重新抬升。當時也是基於這樣的判斷，寫了我的 10 年一千萬的理財計畫。有興趣的讀者可以回去翻翻看我過去的博客。 理論增長和實際增長總是有很大的差距，很遺憾市場底部的時候，因為健康和工作調整錯過一些機會，不然的確可以做的更好。劈裡啪啦算了一下，已經到了 X 粒米，十年 10 粒米看來是無望了，估計需要 15 年左右吧。

普通人家十年一千萬理財計畫（第八年 2014）
by Bayfamily

人生苦短。想到未來 10 年是那麼的漫長，可是回首往事 10 年就在彈指一揮間。每年總是春節開始寫總結，今年春節晚，提前寫了。

今年房價漲，股市漲。美國股市漲，中國股市漲。工資漲，外快漲。這些都沒什麼，最關鍵的是房租漲。今年灣區房租漲到連自己都不敢要價的地步，一個廣告來了 50 多封郵件。你開什麼樣的房租，馬上有人立刻接盤。什麼都漲，唯有體重沒有漲，微降數磅。人生還有什麼能夠再幸福的呢。

言歸正傳，說說投資。投資講究的是資訊優勢。當任何一個專案，你不具備資訊優勢的時候，最好不要去碰。比如投資油井，投資黃金，比如你不瞭解行業股票。每次你獲得某種投資資訊的時候，需要思考一下，這個資訊是怎樣進入我的視野的，然後再做出投資判斷。

　　老中在美國到底有什麼樣的資訊優勢呢？今年我的感受是，我們的視野比大多數的美國人更加寬闊。大部分美國人沉醉在美國的體育和娛樂新聞裡，由於不關心，而不瞭解世界。不知道這個世界正在和已經發生了哪些變革。2012 年，我在買投資房的時候，一個老美仲介帶我看房。她感到非常驚訝，她說這個地區突然冒出來的投資者都是 Asian (亞裔)，她好奇怎麼亞裔突然開始買這個地區的房子呢。我沒有好意思和她仔細講，因為她不知道我們能夠感受到的 IT 行業復蘇，她也不知道成千上萬的中國家庭正在把他們的孩子送往美國中學的路上，她也不知道華人蜂擁而至的溫哥華、悉尼曾經經歷過怎樣翻天覆地的房價變化。

　　在美國的老中因為受到比較好的教育，和全世界華人同呼吸共命運，又能夠在歐洲、亞洲和美國到處走走，所以視野可能更加開闊一點。

　　賺錢其實是個簡單的事情。往往是個偶然的機會，發現了某種投資機會。然後就是不斷複製，一遍遍的重複。比如大富豪萬達的王健林，無非就是把同樣的萬達廣場一遍遍地重新建設。過去 5 年裡，買銀行拍賣屋的也是一樣。一旦熟悉和瞭解法院的拍賣程式，一遍遍地複製。一次次 20-100%的收益，累計起來就很多。

　　這些投資機會肯定不是報紙媒體鋪天蓋地宣傳的。鋪天蓋地宣傳的 401K 是因為背後有利益團體金融公司在做廣告。沒人宣傳的投資機會，才是有價值的機會。過去這些年， 我靠的也是自己摸索出來的兩個可複製的投資規律。可以反復複製。簡單說一下。

　　一個是國內的房地產投資。只要跟著城市的基礎建設開發，在北京和上海這樣的城市，一般不會錯。就是在地鐵規劃好，還沒建成通車的時候，買下離地鐵站非常近的樓盤。等到地鐵開通，房價一般都會有 50%的增幅。投資週期一般是 1 年左右。

　　二是美國的房地產投資。其他州我不瞭解。加州過去四次房地產週期的迴圈特徵非常像。和股票不同，房產週期的變化是可以預測，又有非常大的滯後性，也是可以捕捉的。每次復蘇之後都是租金的狂飆，本來打平的房子立刻變成財源滾滾的正現金流。按照這個週期一遍遍地去複製就是了。

會走路的錢

說說未來，我覺得對未來的美國會持續繁榮一陣子，至少有 5-10 年的成長空間。說出來也許你不信，但是我覺得未來 5-10 年裡，灣區的房價會再有 50-100%的升幅。低價位的房子增值潛力更大。如果投資，穩妥地買正現金流的房子，會有很多機會。喜歡海邊的同學們，經過了這麼多年，夏威夷的房子終於開始有投資價值。變得負擔得起(affordable). 感興趣的同學可以去關注一下。

中國的近期經濟形勢看不清。文革背景下長大的同志。搞經濟不行，整人都是一把好手。我個人估計，不出意外的話，中國未來幾年裡會爆發大的危機。根據經濟學原理，幾乎所有的交易都是好的，都是創造價值的。大家看到的是貪官拿了幾千萬，但是輸送幾千萬的商人，項目能夠批下來，產生的社會效益就是幾個億。腐敗是過去這台破機器破體制還能運作下去的潤滑油。當商人不上項目，官員天天喝茶看報搞清廉的時候，反腐會讓這台經濟的列車在缺少潤滑油的情況下戛然而止。

經濟和政治的風險很多，即使是北京上海同樣存在風險。但是用我說的投資地鐵沿線的辦法過去 20 年裡證明無論什麼樣的大的經濟環境，都是適用的。北京的地鐵已經是世界上里程最長的了，總共 500 多公里。可是到了 2020 年，這個數字還會翻一翻，達到 1000 公里。這是什麼規模？相當於未來 5 年，新建一個完整的紐約地鐵網路。如此巨大的地鐵網路，會對市中心房價產生巨大壓力，同時也是投資遠郊地鐵房的好機會。南邊大興在修新機場，會出現新的望京，北邊在修往張家口的高鐵，會出現新的霧霾移民。多看看規劃，多看看地圖，滿眼都是財富。

中國遠期的經濟形勢非常好。未來 10-20 年裡，不出意外的話，中國的人均 GDP 會達到臺灣相當的水準。中國沒有任何道理比臺灣更窮。上海北京這些中心地區的人均 GDP 會超過美國，達到香港新加坡的水準。上海和北京按照現在的成長速度，最終的人口會突破 4000 萬的規模。如果你投資的時候，心中有這樣的遠景，就會明白，如果中國爆發大的政治經濟危機，就幾乎是此生最好的投資機會了。現在的當務之急是準備現金，等待那個激動人心的時刻。

　　年底劈劈啪啪算帳，第 10 年的時候，完成原來預定任務的一半沒有任何問題，因為現在已經很接近了。罈子裡和我幾乎同時起步的人，有些人已經或者很接近一千萬了。自己沒有實現一千萬的目標的原因有這麼幾個。

　　1. 沒有把投資賺錢作為生活的第一優先。沒有打算做專業的房地產投資人。所以不搞商業地產，不搞開發。人生有很多其他的考慮，也有很多更加有趣的事情，比如自己的事業和愛好。很多時候沒有為金錢做出犧牲。如果專業做投資，更加專注一點，成績會再好一點。

　　2. 沒有承擔更多的風險。小富則安心理嚴重。覺得自己孩子上大學的錢夠了，自己養老的錢也夠了，自己又不是那麼喜歡奢侈浪費的人，不需要那麼急吼吼地實現目標。2012 年正確的做法是賣掉中國的一部分房產，拿到美國來投資，現在應該再多 1-2 粒米。年紀大了，漸漸開始懶得折騰。

　　3. 懶惰。有時明明看著是正確的房產投資。但是因買賣房屋手續複雜，涉及稅財務等等一系列事情，放棄。還是那句老話，投資房地產，需要勤快人。投資股票需要懶人。

　　4. 的確是普通人家。一沒股票，二無高工資。平均收入在灣區貧困線以下的以下。預祝各位新春愉快。實現一千萬的同學們，別忘了出來吼幾嗓子。

普通家庭十年一千萬投資理財計畫（第九年 2015）

by Bayfamily

　　又是春節了。日子一年年地過去了，年年彙報。這是第九個年頭來彙報我的十年計畫了。

　　這一年覺得過得格外的快。不對，應該說過去的九年裡，自己覺得寫彙報的間隔一次比一次短了。此時和百年孤獨裡面的烏蘇拉有同感，她覺得人老了，就會發現孩子們一代比一代長得快。自己的兒子需要漫長的時間才能長大，等到重孫子的時候，覺得一眨眼孩子就長大成人了。

　　9 年過去了，昔日罈子裡的戰友只剩寥寥無幾了，人換了一茬又一茬。當年他們各自的理想和目標，除了網友 va_landlord, 不知道實現的怎樣了。

會走路的錢

拿老朽的話來說，人生就像坐火車，旅程一站又一站。只是發現後來站與站之間的間距越來越短。當然，這對投資理財其實是好事，就是發現自己的財富越長越快。頭一個一百萬是那麼地漫長。後面的一百萬轉眼即過。如果人生再有重來的話，似乎我更喜歡最開始的那個一百萬。人生若只如初見。呵呵。

今年基本什麼都沒有做，只是看自己的錢在生錢。因為以後不打算一個個買房子了，套句時髦的話，正在醞釀經濟轉型。常言道，有苗不愁長。房子也是，房子在手，剩下的事情就是靜等市場推波助瀾。一天天的漲上去就是了。

中國一線城市的房子在漲，灣區的房子也在漲。所以自己年底劈裡啪啦一算，的確是原來的十年目標完成一半了。看來原定的目標十年內難以實現。大約需要 15 年左右的時間。

影響目標實現的最大原因，應該是第 4 年金融危機的時候，悟出來的一個重要教條—"剩者為王"。投資有 20%左右的成長，就不要追求再高的目標了。因為遊戲能夠一直進行下去，比遊戲玩得更好更加重要。所以即使面臨再好的投資機會，也要抱著謹慎穩妥的方式。在過去 9 年裡，我從來還沒有用投資掙的錢再去投資，也沒有放大杠杆比例，也沒有做全職投資的人。不然改變一下的話，也許已經實現目標，但也許也會一敗塗地。畢竟，人生除了掙錢，還有那麼多其他的重要事情要去做。

順便說說這一年的投資感悟吧。最大的感悟就是發現原來說的，房地產就是"Location, Location, Location". 這話不完全對。如果只從表面意義上理解 Location, 那麼投資的回報不會特別理想。

正確的說法應該是 future location, future location, future location。就是說應該投資到因為各種原因，地區會變好的地方。比如東灣著名的 West Oakland。是一個犯罪率高，人人不敢涉足的地方，我的仲介過去也屢次勸我到那邊買房，我因為害怕流彈，從來都懶得去看。但是隨著 gentrification, 事實上過去幾年 West Oakland 是東灣房價增長最快的地方。特別是在地鐵站附近，到三藩市只有一站地，其實那邊很安全。

　　同樣的道理適合在中國。中國投資房地產不是買在市中心就好。而是要看市政府的軌道交通規劃。就拿北京來說，金融街的房價目前是 15-20 萬一平米左右。而未來幾年馬上要竣工的新機場快線，從南六環到金融街只有兩站，耗時 20 分鐘。而南六環的房價目前只有兩萬。可以想像，當過幾年機場快線通車之際，機場快線各站附近的房價翻翻是很容易的事情。上海的虹橋商務中心，同樣的道理，你打開地圖和規劃看看，到處都是翻翻掙錢的機會。這一切其實和宏觀的經濟環境沒有太大的關係。

　　房地產的投資和股票不一樣。有這樣消息的公司股票，一夜之間就會漲價到位。根本不給投資人什麼機會。房地產價格的變動非常有黏性(sticky). 就是眼瞅著利好，價格需要好長一段時間才能上去。因為買房不是點點滑鼠那麼容易，需要走流程辦手續。還是那句話，勤快人買房子，懶人買股票。

　　說到懶人買股票。如果用我 9 年前公佈的 16 年懶人投資法。現在應該進程過半了，賺得盆滿缽滿，收穫頗豐了。可是我知道大部分人只是看看，落實的人基本不會有。因為人改變自己的習性實在太難了。懶人變勤快人不可能，勤快人變懶人更難。所以投資看來還是需要認清自己的習性。

　　再說說宏觀經濟形勢吧。去年預測的中國經濟下滑正在愈演愈烈。但是一線城市的房價還是像打了雞血一樣，尤其是深圳。持幣觀望的還需要繼續持幣觀望。不過今年要稍微說點反話，可能中國正在經歷經濟最糟糕的底部，並且在不知不覺中就會過去了。一般底部的底部就是一些極端事件(dramatic events). 比如破產，群眾事件，大規模下崗之類的，我覺得未來幾年可能就會有。大家看戲的時候，別忘了抄底。

　　好了，明年是 10 年計畫的最後一年。到時候做個最終總結，能夠和大家交流一些自己的心得體會，希望能夠最終完成原計劃的 60%。

普通家庭十年一千萬理財計畫（第十年完 2016）
By Bayfamily

　　這是這個十年序列的最後一篇文章。此刻的投資理財論壇已經物是人非。十年前的大俠們所剩無幾，剩下的，當然有賺的盆滿缽滿，早已過了一

會走路的錢

千萬的,當然也有人看盡了熱鬧,耍夠了嘴皮,最後兩手空空。能堅持寫十年的理財故事,能有幾人?

先說成績,再說道理。到了第十年寫這篇文章,很遺憾,一千萬的目標沒有實現。打開帳本劈裡啪啦算了一下,共有雙位數的房子和一些股票。接著國內房價去年的高歌猛進,總共淨資產是七釐米不到一點。如果不出意外的話,按照最近幾年的財富增長情況,應該在第 13 年到第 15 年實現一千萬的目標。

沒有實現目標的主要原因是自己沒有去做更高風險的事情。比如,從來沒有做過二次投資,就是用投資賺的錢再去投資。從來沒有買過地,從來沒有做過開發專案,從來沒有碰過商業地產,從來沒有大額在中國美國換匯。我做的都是力所能及,不用擔驚受怕的事情。因為遊戲的時間還長著呢, 沒必要為早兩年實現目標去冒那麼多的風險,讓自己寢食難安。國內資產和美國資產正好各占 50%。所以匯率發生什麼變化都完全和我無關。

還有一個原因是人算不如天算吧。過去 10 年裡,有一個階段身體不是很好。沒有把握住幾個機會。

最後一個原因就是投資一直不是生活的主旋律。投資其實是很容易的事情,也是很無聊的事情。人生是否快樂和錢的關係也不大。過去十年裡做了兩個公司. 一個失敗關門,一個奮鬥了 8 年,終於可以活下來了,未來十年打算再做一個初創公司(startup)。人生和玩遊戲一樣, 遊戲是輸贏本身其實不重要,能夠讓自己快樂地把各種遊戲玩下去才是快樂所在。算算自己離退休還有 20 多年,還可以撿幾個有趣的遊戲玩玩。投資理財只是其中的一個。

在過去 10 年裡,我的家庭現金收入情況不是很好。在灣區應該算是中下階層。十年前的年總收入不超過 15 萬,現在不到 20 萬。從來沒有過公司分配的原始股,沒有發過大的橫財。我們也不是特別勤勞的人,每週的工作時間也從來沒有超過 40 個小時。每年也沒耽誤出國度假。

但是我的投資經歷完完整整地呈現給大家。供後人參考。每年的記錄,從來沒有一絲的誇張,也沒有一絲的掩飾。

過去十年，我只是按照自己 2006 年的計畫，在中國和灣區買了一些房子，僅此而已。想看我何時何地買了房子的，可以 Google 一下過去這個系列的每年年終彙報。

要說要總結什麼不成熟的經驗的話，有如下幾個：

1）對宏觀大趨勢需要有正確的判斷。2006 年的時候，當時灣區的房價還在高歌猛進，我第一次提出 10 年一千萬的理想。我的預測是未來 10 年，加州房地產會像之前四次的迴圈一樣，經歷下跌，恢復，再高漲的過程。所有的投資準備也都是按照這個預測做出的。雖然我沒有辦法預測到準確的時間，但是心裡對大趨勢需要有一個明確的概念。老實說，我自己也不知道正確的判斷從哪裡來。記得 2010 年的時候，國內房價大漲。當時正值美國房市破裂。在灣區跟一群人聊天，每個人都說國內房價很快就會崩盤。眾人圍著桌子舉手表決，沒有一個人認為中國房價會漲上去。我沒好意思和大家抬槓，只說我不置可否。

我不知道很多人為什麼對房價的未來形勢總是看不清。我自己覺得市場很多時候是明明白白。再比如，2011 年灣區房價大漲。我覺得這一輪的上漲會持續 3-5 年，所以一路果斷買進。但是還是有很多人看到漲了 20%就猶猶豫豫不再跟進。老實說，我不知道他們在猶豫什麼。是什麼影響了大家正確的判斷。

2）不要停留在空談。空談誤國。我也認識一些人，對形勢的判斷基本正確，但是停留在空談。喜歡給自己找藉口和理由不去做投資。投資股票最簡單。點點滑鼠就行了。房地產投資卻是一個力氣活。需要有堅韌不拔的態度和克服困難的決心。一個人不想做什麼事情，可以找出一萬個理由出來。一個人想做什麼事情，上帝都會來幫忙。

3）不能傲慢。傲慢和偏見害死人。當然，每個深陷其中的人是不知道自己帶著傲慢和偏見的。這點我也很困惑，時時照鏡子問自己，是否自己也帶著傲慢和偏見看投資。投資房地產最常見的傲慢和偏見就是對地段的態度。漲幅最大的永遠是城市的邊緣非核心地段。是 Future Location, 不是 Location。但是有地域歧視的人往往戴著有色眼鏡看世界。 這點在美國可以看到，在中

會走路的錢

國上海和北京也可以看到。我承認我自己對黃金和藝術品投資有很強的歧視偏見。儘管我自己有一堆的理由支持我的論證。

4）利用現有資源，做可重複的事。中國首富王健林的秘密就是找到一個成功的模式，一遍遍的複製。所以全國的萬達廣場看起來都一樣。投資也是一樣，找到一個自己可以複製的模式很重要。我自己 10 年前找到了這個適合自己模式，所以敢給自己樹立一千萬的目標。各位讀者需要結合自己的實際情況，找到自己的模式。每個人的模式都不一樣，不要只看著他人樣子模仿，或者因為無法模仿而歎息。比如中部的人看著灣區和紐約的高房價覺得自己沒有機會投資房地產。灣區和紐約的人看著中部的好現金流，覺得自己生活錯了地方。同樣的事情發生在中國，上海北京人面對已經是天價的房子和限購政策望洋興嘆。投資機會天天有，鑽石就在自己後院。只是你沒有找到它。你每做一個投資的決定，需要想一想，這個行為是否未來可複製，如何有可能，那還是去做吧。比如投資度假屋，很難 copy and paste. 所以還是看看就好，算了吧。

5）房地產市場是粘性很大的市場。就是人人都覺得市場要漲了，還需要3-6 個月左右時間才能飛漲起來。比如 2016 年的上海和北京，比如 2011 年的灣區。因為買房子不是股票，不是簡單滑鼠點點就可以的。所以房地產投資賺錢的道理特別簡單，就是不漲不買，一漲立刻買。你只需要比其他人速度快幾個月就可以了。當市場前景不明朗的時候，比如現在的灣區和中國，持幣觀望就可以了。

既然說到未來的形勢，不妨展望一下未來吧。

1）先說個大膽的預測。預測需要逐步調整。但是大方向需要正確。我有種感覺中國未來 10 年到 20 年可能會變得非常的富裕。 人均 GDP 會達到甚至超過美國的平均水準。一線城市高學歷白領的收入會比美國高 2-3 倍。 中間的道理可以說很久也說不完。 最重要的原因是人口的規模和單一民族，其次是體制和商業環境。當然這不是一路平坦的，中國會遇到很多問題很多危機。能否在這些危機中把握機會，就看諸位各自的本事了。當國內發生大的危機的時候，對未來要有信心。曾幾何時，也就是 20 年前，中國很窮的時候，多

218

少美國華人想著將來老了回國養老，有用不完的錢。當時的人們有想到今天麼？

2）中國一線城市，美國灣區房地產在未來 1-2 年裡會短暫平靜。應該是逐步建倉的好機會。中國限購政策是築壩蓄水，添水止沸。灣區面臨加息政策，未來價格應該相對平穩。

3）中國變化之快讓人有些跟不上趟。以上海北京為例，未來會發生的事情是城市空心化。就是城市中心沒有人了，商業凋零，沒有新興產業支撐。如果你想繼續投資這些城市，要避開傳統市中心和環線概念。北京可以買大興，昌平，通州。上海可以買虹橋，青浦。要是你再有長遠計畫，可以買上海東站。

4）灣區變化也是非常快的。灣區的年均 GDP 成長是 7%-8%的樣子，一點都不輸給中國。房地產未來大家也是基本可想而知。

說了很多。車軲轆話也說了十年了。所有發財的道理我覺得已經說盡了。愛聽的也聽煩了，不愛聽的早已逃之夭夭。自己不知不覺隨著年齡的成長愛嘮叨，一開始是和身邊的人說，後來不過癮在網上寫博客對更多的人說。最後是寫書對全世界說。過去十年我寫了兩本書，過去十年，"普通人家十年一千萬理財計畫"和其他理財博客一共有 100 萬左右人次的閱讀量。基本滿足我的嘮叨欲望，當然我也從大家的回復中受益良多。

最後祝大家新年快樂，送上我體會的房地產投資四原則：

1）"Future Location, Future Location, Future Location"

2）不漲不買

3）正現金流

4）保持 leverage

普通家庭十年一千萬理財計畫（第十一年 2017）

by Bayfamily

微信公眾號：WXC-Bayfamily

會走路的錢

每年春節我都喜歡總結一下自己一年的投資。連續十一年沒有變化。今年依舊是各種資產全面增長的一年。總體資產穩中有升。

有這樣一句名言。"喊空的人只能做三天新聞頭條的紅人，終將一無所有。看多的人，才是默默每天撿錢的"。畢竟無論股市還是房市，價格增長的時段比例，遠遠超過價格暴跌的時候。只是默默地增長，上不了頭條，博不來大家的關注。

總結一下，過去 11 年自己主要是把握住了三次機會。一個是 2000-2010 的中國京滬房地產。一個是 2010 以後的灣區房地產。一個是 2016-2018 年的加密貨幣。另外加上 401K 在過去 11 年持續的增長，所以最終獲得了一個不錯的積累。

我們家庭的收入一直不是很高，按照前一陣子投資理財罈子裡面列的家庭收入，在灣區屬於貧下中農。我想每個常年細心經營自己財務的人都會意識到，工資收入對財富的影響其實不是很大。真正有影響的是能否在關鍵的時間點，抓住關鍵的機會。而這些機會往往 2-3 年就會出現一次。

如果想總結如何抓住這些機會的話。我想就是如何提前把握未來可能出現的共識。建議大家不要跟著新聞和富人去拼財力。你需要到天涯海角，那些還未引人注意的地方，用你獨特的眼睛發現那些機會。

財富的本質上是"共識"。就是大家都覺得這個值錢，這個東西就會值錢。而人們在不同的時代，不同的空間達成不同的共識。比如，現在大家達成共識覺得房子很值錢。曾經大家覺得猴年郵票很值錢。遠一點，大家覺得三代貧農很值錢。再遠一點，大家曾經覺得婦女小腳很值錢。很多共識，你仔細想一下其實沒有什麼道理，都是跟風起哄，都是想像出來的剛需，大部分時候都是為了面子。比如今天的日本，大家不再覺得必須擁有房子。年輕人對買房子沒什麼興趣。而我天朝上國的年輕人，奇葩地形成了一個沒房子不能結婚的共識。

有錢人達成共識的東西就會很值錢，比如最近 20 年中國的古董字畫。同樣的這些古董字畫 20 年前很便宜，因為當時達成共識的人很窮。換句話說，我小時候小朋友達成共識覺得香煙殼子很珍貴。可是香煙殼子不值錢，因為我們小朋友當時口袋沒有錢。投資人的任務就是成功地捕捉到這些共識在人群中的變化。

我舉幾個例子。

首先說說我最熟悉的房地產的例子。在上海過去十幾年買房子的人都會發現，增值幅度最大的不是市中心的傳統好區，既不是徐家匯，也不是黃浦區靜安區。當然這些地方的房價也很貴。如果算起百分比增長的話，漲幅最高的是上海的張江。

為什麼是這樣的呢，因為上海的高校每年畢業的高才生們，他們集中去的地方是張江高新區。這些年輕人很聰明，未來事業發展前途無量。可是在他們剛剛畢業的時候，他們很窮，所以你的錢和他們去競爭，非常佔便宜。當然很快隨著他們的事業起步，薪資增加，他們會把他們工作和生活的地方的價格抬升上去。這些智力超群的年輕人也硬生生靠著他們強大的基因，讓他們的孩子把張江變成了浦東最好的學區。

同樣的現象發生在北京，北京每年高校高才生們，他們集中去的地方是中關村，上地，五道口這些地方。這些地方房價的升值比例也超過了市中心三環裡面。

如果你要投資，你需要跟著年輕人走，跟著未來走。跟著他們未來可能形成的共識，不要和 old money 去拼體力。

回首往事，我第一次意識到需要在上海買房子的時候，是在 1998 年，那個時候我剛到美國不久。但我意識到中美的收入巨大差距不會一成不變。你在美國掙的錢，和當地人比起來是沒有什麼競爭力的，但是和尚處於貧困和低收入的中國，實在是比較合算的買賣。當然，行動永遠都會比自己的想法和計畫差一點，我也是錯過了很多京滬投資的機會，不過好歹總算是抓住了大頭。

美國投資房地產也有同樣類似的規律。大家跟著 Hipsters（趕時髦的人）買房子。哪裡 Hipsters 最集中，未來房價爆發的可能性最大。這個 Hipsters 用現在流行的中文就是屌絲。文化程度高，屌絲集中的地方，就是一個城市的未來。所以有一個專門的研究發現，追蹤屌絲最好的辦法就是跟著星巴克。

會走路的錢

星巴克在那裡開張，你就買附近的房子。 星巴克開每一個店都會仔細計算周圍的屌絲人群。像成功而有錢中年大叔大嬸是很少去星巴克的。

灣區就是這樣一個屌絲彙集的地方。每年無數世界各地來的受過高等教育的屌絲，帶著他們的聰明和勤奮，到這裡成就他們的夢想。可是在他們夢想實現之前，他們還很窮。這和紐約很不一樣，曼哈頓雖然是寸土寸金。但是你需要和華爾街的 old money 去競爭。而你的錢不佔優勢。

時間一晃就到了 2016 年，我開始關注加密貨幣。我最終決定重倉加密貨幣主要的原因是我發現買賣加密貨幣的主流人群都很窮。我去研究比特幣到底是怎麼回事，發現玩家居然經常提起的夢想就是 pay off student loan（付清學生貸款）， 挖礦掙幾個幣吃頓免費批薩。雖然他們都是受的高等教育，名校雲集。可惜他們或者是學生，或者是博士，或者剛剛畢業，還沒有掙到錢。我的錢以一當十。雖然你在 MIT，未來前途無量，但是在你變成富人達成共識之前，我的錢還是很值錢的。

展望未來，我自己的投資趨向保守。我覺得灣區和上海北京的房子，按照現在的價格都不再有暴利的機會了。中國未來幾年的經濟和政策方向看不清。美國利率在提高。所以我打算停止房地產的投資，安心等待後面的機會。加密貨幣的投資也是不再增加倉位，保持長期持有。Ethereum 有一次 core programmers 開會，據說環顧四周，大家發現沒有一個人不是千萬富翁。我在文學城第一次寫帖子介紹 Ethereum 的時候，價格是 10 美元。現在雖然歷經暴跌，價格是 800 美元。

如果你實在忍不住想要投資的話，看看每年矽谷來的年輕人都住在哪裡。不要跟穀歌和蘋果的那些富豪們去成熟好區拼體力。遠離 old money.

過去 11 年我筆耕不斷，經常把自己的心得寫出來和大家分享。BBS 上人多口雜，風涼話不斷。如果感興趣，大家可以翻翻 10 年前的帖子。我提出十年一千萬的時候，冷嘲熱諷遠超過今天的加密貨幣。這些冷嘲熱諷，負面作用就是常年非常打擊我的寫作積極性。中間很長一段時間幾乎我都不寫了。最近發現公眾號挺有趣的，才重新撿起筆來。

2017 我對加密貨幣的介紹，尤其爭議頗多。好像我在搞傳銷一樣。很多次我會想，也許算了，不寫也罷。現在反思一下，這麼多年能夠堅持下來，其實原因只有一個。孟子見梁惠王，曰："獨樂樂，與人樂樂，孰樂乎？"曰"獨樂樂不如眾樂樂。"這是中學背誦的課文。年輕時候被教育洗腦了，無法改變。

自己一個人悶頭發財是個挺沒意思的事情，最多只能說明你運氣好，不能證明你水準高，可複製。換成一句土老冒的話，"一個人富不算本事，帶著全村富才是共同富裕。"我想也許這就是我能寫下去，能夠身體力行實踐下去的動力吧。

邁向一億美元的旅程（2018）

By Bayfamily

微信公眾號：WXC-Bayfamily

過完年了，大家都有這樣的體會。人如果沒有目標，很容易被日常的瑣事所左右。最後忙碌了一年，回頭一想覺得自己一年什麼都沒有做。時間也就稀裡糊塗消失了。而有目標的人，也許平時也不顯得更忙，但是最後總有成果。

投資也是一樣，有目標和沒有目標，幾個月的時間裡面，沒有什麼區別。日子久了就可以顯示出差別來了。

我自己也是，需要不斷給自己設定目標點，給自己打氣。如果一個人真的想做成什麼，上帝都會跑來幫忙。如果一個人不想做什麼事，很多理由會特別體貼地自動跑上門來，讓你順水推舟，借坡下驢。

應該說，我自己都為自己十年新目標嚇了一跳。我開車走神的時候想到這個數字，差點闖了一個紅燈。

一億美元還是很多錢的。美國大約一千萬的個人擁有$1 million to $5 million 的財富。1.3 million 個人擁有$5 million to $25 million 的財富。大約 15 萬個家庭擁有$25 million 以上的財富。但是只有 5000 個家庭擁有超過一億美元的財富。

會走路的錢

美國有 50 個州。如果你擁有一億美元。對於大多數中等規模的州而言，平均下來，你可以是州裡最有錢的 100 個家庭。

這可不是鬧著玩的，不是簡單擁有幾個豪宅就可以做到的。所以我為自己的狂想也嚇了一跳。

世上無難事，只怕肯攀登。

那麼來看看現實情況，對於我而言有沒有可能呢？

如果買房子，考慮通貨膨脹等因素，按照灣區 100 萬美元一套投資房子計算。你需要管理 100-200 套房子。才能淨資產達到 1 億美元。這理論上，可以做到。當然很難，這麼多房子有很多不可控的風險。

如果在上海北京買房子，按照 1000 萬人民幣一套。你大約需要 60 套房子付清貸款。中國買房子是個體力活。買 60 套房子，先不說限購，就是跑這麼多房子，哪怕雇了全職的經紀人也會把你累死。

常言道：

泥瓦匠，住草房；賣鹽的，喝淡湯。種田的，吃米糠；做奶媽，賣兒郎。

錢是為人服務的。我也不想為了一個億把自己累得半死。管錢變成全職工作，每天和淘糞的各種煩惱打交道。今年過節照鏡子，發現鬢角第一根白髮。人生苦短，還是及時行樂為好。

股票市場從一千萬成長到一個億會輕鬆很多。但是需要時間。股票是不可能 time market 的。所以按照 8% 的成長率，你需要大約 20-30 年時間。

所以一個億不是小數字。也是美國只有 5000 個家庭能做到的原因。如果是房地產的積累，大部分人止步于 2000 萬這個數量級。做到一億美元只有通過公司和股票。

蘋果、穀歌、股票市值不到一萬億美元。如果你想擁有一億美元，大約需要持有萬分之一這些公司的股票。

對於我而言，我現在唯一能看到的管道是加密貨幣。我覺得這也很難。但是至少是可能的。因為我覺得有一種很大的可能，整個金融業在未來 10-20 年，會被加密貨幣顛覆掉。

為了更好地理解加密貨幣，我先來說說過去 20 年的互聯網發展歷史。這段歷史對加密貨幣的發展非常有借鑒意義。

整理一下思路，如果我沒有記錯的話。最近一些年，記憶力有時不好使。

在我看來，互聯網的發展，大約有這麼三個階段：

1990-1995 年之間，大約互聯網的"發現"階段。就是大家都覺得這個是能夠改變世界的東西。但是還不確定。互聯網還很難用，最常見的用途是大家通過互聯網傳播黃色圖片。我記得自己用過 telenet, gopher, ACT, 這些現在看來像石器時代一樣的東西。和加密貨幣一樣，那個時候，只有高校的年輕人玩互聯網。我記得最搞笑的一次經驗。一個國內的同學給我寫信，居然把我給他的 email 地址寫在信封上。他以為那是郵遞員用的地址。

這個階段結束的標誌性事件，我覺得是 Netscape 橫空出世。互聯網開始在大眾中普及。可是那個時候大家除了看看黃色圖片，還是不知道有啥用。一個著名的諾獎經濟學獎獲得者總結說，互聯網沒啥了不起，就是一個大的 Fax machine。

1996-2000 年之間，這是互聯網的"基礎設施"建設階段。這是互聯網的第一次高潮。2001 年，Dotcom 泡沫破裂，是這個階段的結束。我覺得應該叫基礎設施階段，那個時候報紙天天叫喊的是如何解決最後一公里的問題。就是如何讓千家萬戶通上寬頻。那個時候如日中天的公司是美國線上 AOL，YAHOO。 但是每個互聯網公司都沒解決自己的盈利模式。不知道怎樣才能賺錢。

2001-2010 年，我覺得是互聯網的"應用"階段。這個階段才是真正的龐然大物出現時候。在 Dotcom 的廢墟上，出現了一批人們今天廣泛使用，並且盈利的公司。比如 Google, Amazon, Facebook,騰訊，阿裡巴巴。

如果你做類似的對比，你看加密貨幣的發展就很清晰了。應該也是類似的三個階段。我覺得所有的變革性的技術都是這樣三個階段。加密貨幣現在處於 1998 左右的互聯網階段，即"基礎設施"建設的中期。

會走路的錢

2009-2015. 這是加密貨幣的"發現"階段。就是一些年輕人，極客，發明了比特幣這樣神奇的東西，然後他們互相玩得很開心。比特幣用了 8 年時間證明這個東西有生命力，很多人意識到區塊鏈，加密貨幣會顛覆性改變人類的生產和合作方式，甚至顛覆掉整個人類的金融系統。但是怎樣實現完全不知道。比特幣和當年的互聯網一樣，主要任務是洗錢，涉及黃賭毒的買賣和交易，以及 Wikileak 這樣的反政府機構。

2016-2019. 我覺得是加密貨幣的基礎"設施"階段。乙太坊橫空出世。ICO 解決了加密貨幣可以有什麼用途的問題。一下子所有的主要區塊鏈網路發生擁塞。大家比的是哪個加密貨幣速度快，容量大。哪個平臺可以承載更多的交易。每天研究爭吵的是擴容問題(scaling problem). 不過你別忘了，要想解決 scaling problem, 你需要先有 scaling problem. 擴容問題鬥爭最激烈的就是比特幣，整個 2017 幾乎全部就是比特幣擴容之爭年。

如果不出意外的話。隨著比特幣閃電網上線，EOS 的縱橫擴容，ETH 的 sharding, plasma 上線，而大量的後起之秀第三代加密貨幣，如 IOTA，Nano 等，擴容問題會在 2018 年末，2019 年初漸漸解決。

2019 年以後，我覺得是加密貨幣的" Deployment (應用)" 真正開始出現的時候。那個時候會有 killer app 出來。Killer app 我覺得至少會有如下這些應用。

首當其衝的是華爾街的債券市場。債券市場是最容易用智慧合約實現的。智慧合約下的債券市場比現在的效率高出不知道多少倍。省去了大量中間商的費用。

其次是股票市場。股票市場會被 tokenize, 或者叫作 ethereumized。24 小時連續交易，沒有交易費用的股票平臺，會漸漸成為主流平臺。STO，或者監管下的 ICO，會取代風投和 ICO。

然後是點對點的支付 killer app。類似現在的微信支付寶的手機支付，但是去中心化手機支付會漸漸取代 Visa。Visa 5%的收費在加密貨幣面前毫無競爭力。大家支付的還是美元或者人民幣，但是底層的交易支持全部是加密貨幣。

其他的應用場景很多。比如房地產，房地產的交易模式，貸款方式和 Title 的保存方式都會被改變。2018 已經有四個 ICO 涉及這個領域。不展開寫了。

最後我覺得才是，Reserve currency。就是讓加密貨幣取代法幣成為真正的全球儲蓄貨幣。我覺得這是最後一步，也是最難的一步，牽涉到的稅務，政治文化因素太多。希望比特幣能完成這個光榮的使命，不過一切尚且未知。

未來的事情太遠了看不清。歷史會重演，但是一般不會簡單重複。

如果歷史有什麼可以借鑒的話，我覺得會在完成加密貨幣基礎設施建設，到 Deployment 階段之間有一次大的泡沫崩潰。這個時間節點應該在 2018 年末到 2020 年初某個時候。需要等到整個華爾街都 fear of missing out （恐慌錯過上車）的時候。

如果這個時間節點有什麼歷史案例可循的話，就是當年的 AOL 吞併了時代華納。在我看來，當年的時代華納是處於極度的恐懼才被 AOL 用很低廉的價格合併掉的。時代華納是做傳媒的，而當時的互聯網的架勢是能夠把所有的傳媒一網打盡。

能讓華爾街感到恐懼的時候，就是華爾街意識到加密貨幣會把傳統金融一網打盡的時候。那個時候會出現大規模的兼併重組。人人都想逃離傳統的金融模式。我想那個時候，應該是泡沫吹到最大的時候。

在這個大的泡沫崩潰的前夜，如果我能順利高點逃出，並且用逃出的資金成功抓到下一個加密貨幣 Deployment 階段的 Google, 下一個 Facebook，擁有它們的萬分之一。那麼我可能可以走上 5000 萬到一億美元這個臺階。而且我需要做的事情很少很少。只需要點點滑鼠賣出和買入各一次即可。一點也不累。有大把的時間享受人生。只是這個時機的判斷我自己也不知道能否把握好。

這很難，不但需要頭腦清晰，還需要命好。因為如意算盤你可以隨便打，事情發展也許完全和你想的不一樣。也是只能走一步看一步。

雖然很難很難，但是不是不可能。

會走路的錢

不過，即使失敗也沒啥，繼續收租子當老地主。

計畫寫完了，加州陽光這麼好，揮揮灰塵迎接春天。

Disclaimer (友情提醒)：本人非專業財經人士，所有言論只供娛樂和酒後吹牛使用，沒有任何財經參考價值。千萬不要輕易模仿和跟隨投資。加密貨幣投資風險極高極高，隨時會暴跌 90%-100%。因為不受政府監管，所以市場價格操縱現象嚴重，市場充斥大量非法集資與傳銷。比特幣等加密貨幣原始程式碼公開，任何人都可以 copy-paste 濫發。歷史上 90%的加密貨幣最終都已死掉和清零，未來也會如此。加密貨幣技術非常不成熟。Coinbase 每天平均有六個客戶被盜。幾乎每月都有大型 coin exchange(幣交易所)被駭客攻陷。因為本人持有加密貨幣，你的每筆買進都是直接間接在幫我抬轎子。

比特幣政策風險很高，隨時會被各國政府取締而清零。加密貨幣涉嫌大量的黃、賭、毒、洗錢等非法交易。你的幣來源可能涉嫌非法活動，所以隨時會被執法人員抄沒，被 FBI 破門而入，被 CIA 跟蹤調查，被銀監會或 IRS 查封銀行帳戶，被支付寶刪除帳號，被朝陽區吃瓜群眾暴力扭送司法機關。

比特幣等加密貨幣被 5000 年歷史悠久的東方巨龍級文明古國明文嚴令取締，被歷史更悠久的金字塔國埃及認定違反神聖教義，被風景優美的湄公河國越南定為非法，被風景更優美的珠穆朗瑪峰尼泊爾國定為違規，被風景最最優美的美女之國委內瑞拉禁止，被同志加兄弟的朝鮮國認定為帝國主義陰謀，被亡我之心不死的櫻花國日本認定為合法貨幣支付手段。希望自覺遵守當地法律，保持和世界五大洲各國真理局統帥部思想始終高度一致。

加密貨幣投資和毒品一樣極其容易上癮，和邪教傳銷模式一樣讓人無法自拔，傾家蕩產。加密貨幣制幻作用強烈，讓人無法分清什麼是真假，什麼是錢什麼是數字，什麼是虛擬什麼是現實。故名虛擬貨幣，魔幻現實。

總之，請勿在現在和將來買進、持有任何一種加密貨幣。遠離毒品，遠離虛擬貨幣。

微信公眾號：WXC-Bayfamily

微信號：key-east

郵箱：Bayfamily2020@gmail.com

免責聲明：本人非專業財經人士，本書所有內容只是提供資訊為目的，你不能用本書中的任何內容作為你法律，稅務，投資和理財的依據。所有的資訊都是泛泛而談的廣義使用的資訊，不適用於你所處的特定環境和特定的個人，和特定的投資項目。歷史也不代表未來。本作者對你的理財決策不負任何責任，風險自擔。